普通话水平测试指导用书

普通话
训练与测试专用教材
（第三版）

普通话水平测试教研中心 ◎ 主编

中国传媒大学 出版社
·北京·

图书在版编目(CIP)数据

普通话训练与测试专用教材／普通话水平测试教研中心主编. -- 3 版. -- 北京：中国传媒大学出版社，2024.9.（2025.8 重印）
ISBN 978-7-5657-3796-1

Ⅰ．H102

中国国家版本馆 CIP 数据核字第 2024ZF8926 号

普通话训练与测试专用教材（第三版）
PUTONGHUA XUNLIAN YU CESHI ZHUANYONG JIAOCAI(DI-SAN BAN)

主　　编	普通话水平测试教研中心
策划编辑	张　笛
责任编辑	张　笛　赵　欣
责任印制	李志鹏
封面设计	拓美设计

出版发行	中国信媒大学出版社		
社　　址	北京市朝阳区定福庄东街 1 号	邮　　编	100024
电　　话	86-10-65450528　65450532	传　　真	65779405
网　　址	http://cucp.cuc.edu.cn		
经　　销	全国新华书店		
印　　刷	北京中科印刷有限公司		
开　　本	787mm×1092mm　1/16		
印　　张	16.25		
字　　数	390 千字		
版　　次	2024 年 9 月第 3 版		
印　　次	2025 年 8 月第 2 次印刷		
书　　号	ISBN 978-7-5657-3796-1	定　　价	58.00 元

本社法律顾问：北京嘉润律师事务所　郭建平

第三版修订说明

　　《普通话训练与测试专用教材》自出版以来,深受广大参加普通话水平测试的人员和普通话学习者喜爱。近年来,随着新媒体技术的应用,普通话学习方式越来越便捷简单,人们使用移动终端就能进入普通话的学习。本次修订正是在这一背景下开展的。

　　此次修订做了以下工作:一是调整单元结构,使之更符合普通话学习循序渐进的原则;二是根据《普通话水平测试实施纲要(2021年版)》编写,理论讲解简明扼要,训练材料丰富多样,训练步骤科学合理;三是优化本书音频资源,由播音与主持艺术专业教师朗读,指导性强。

　　期盼此次修订能为广大读者带来有效的训练和指导。愿所有参加普通话水平测试的朋友掌握方法,勤奋练习,取得理想的考试成绩;愿所有学习普通话的读者热爱我们的母语,说一口纯正、流利、优美的普通话。

编　者

前　言

语言是人类最重要的沟通工具和信息载体。在新时代中国特色社会主义现代化建设的历史进程中，大力推广、积极普及普通话，有利于消除语言隔阂，促进社会交往，对新时代社会主义政治、经济、文化建设和社会发展具有重要意义。

普通话水平测试是普通话推广工作的重要组成部分，是一项国家级考试。播音员、教师、师范类院校学生、国家机关工作人员；旅游、商业、交通、银行、电信等窗口行业服务人员，等等，都应该参加测试并达到相应等级。

现代汉语方言，可以分为7大方言区，即北方方言区、吴方言区、湘方言区、赣方言区、闽方言区、粤方言区、客家方言区。方言之间的差异主要表现在语音上，而在词汇、语法方面的差异相对较小。方言在读音上与普通话有一定的差别，掌握普通话具有一定难度，参加普通话水平测试更需要专业指导并勤加练习。为了帮助大家快速提高普通话水平，掌握测试内容，我们特别编写了这本教材。本书纲领更清晰，内容更全面，讲解更详尽，示范更到位，指导更人性化。

本书严格依据教育部、国家语言文字工作委员会印发的《普通话水平测试大纲》和《普通话水平测试实施纲要(2021年版)》编写而成。在内容编排上，本书具有很强的实用性，从普通话学习及测试实际出发，讲解普通话推广的相关政策、法规，测试大纲、测试流程，评分等级标准；图文并茂地演示了计算机辅助普通话水平智能测试系统操作流程；讲解普通话语音知识，包括：汉语拼音方案，声母、声母的分类、声母发音分析及声母的辨正对比练习，韵母、韵母的分类、韵母发音分析及韵母的辨正对比练习；分析讲解声调、音变、音节、语调；分析讲解"朗读"的测试要求、测试前的准备、测试中的应试技巧及测试要求的50篇朗读作品并加注拼音；分析讲解"说话"测试的基本要求、应试技巧、话题分类总结；提供15套普通话水平测试实测试卷及15套普通话水平测试全真模拟试卷。同时，书中相应的数字内容可通过扫描二维码的方式获取。相信本书的出版，一定能给广大参加普通话水平测试的人员和各行各业参加普通话学习的人员提供很好的帮助。愿本书能够成为大家的良师益友！

本书在编写过程中得到了各大中专院校、各普通话水平测试站老师们的大力协助，在此一并表示衷心的感谢。同时由于我们水平有限，疏失谬误之处，欢迎广大读者给予批评指正。

编　者

目　录

第一单元　普通话水平测试介绍 ……………………………………………… 1
　　一、普通话水平测试简介 ………………………………………………………… 1
　　二、普通话水平测试大纲 ………………………………………………………… 1
　　三、普通话水平测试样卷 ………………………………………………………… 5
　　四、普通话水平测试等级标准(试行) …………………………………………… 8
　　五、有关行业人员普通话合格标准 ……………………………………………… 9
　　六、计算机辅助普通话水平测试指南 …………………………………………… 9

第二单元　普通话语音基础知识 ……………………………………………… 15
第一节　普通话概述 ……………………………………………………………… 15
　　一、以北京语音为标准音 ………………………………………………………… 15
　　二、以北方方言为基础方言 ……………………………………………………… 15
　　三、以典范的现代白话文著作为语法规范 ……………………………………… 15

第二节　声　母 …………………………………………………………………… 17
　　一、什么是声母 …………………………………………………………………… 17
　　二、声母的分类 …………………………………………………………………… 18
　　三、声母发音分析 ………………………………………………………………… 19
　　四、声母辨正 ……………………………………………………………………… 26
　　　　(一) f 和 h ……………………………………………………………………… 26
　　　　(二) n 和 l ……………………………………………………………………… 28
　　　　(三) z、c、s 和 zh、ch、sh …………………………………………………… 31
　　　　(四) r 和 l ……………………………………………………………………… 36
　　　　(五) b、d、g、j、zh、z 和 p、t、k、q、ch、c ……………………………… 37

第三节　韵　母 …………………………………………………………………… 39
　　一、什么是韵母 …………………………………………………………………… 39
　　二、韵母的分类 …………………………………………………………………… 39
　　三、韵母发音分析 ………………………………………………………………… 40

四、韵母辨正 ··· 55
　　（一）单韵母辨正 ··· 55
　　（二）复韵母辨正 ··· 59
　　（三）鼻韵母辨正 ··· 60

第四节　声　调 ··· 66
　一、声调的概念 ··· 66
　二、调值、调类与调号 ··· 67
　　（一）调值 ·· 67
　　（二）调类 ·· 67
　　（三）调号 ·· 68
　三、声调练习 ·· 68
　　（一）阴平 ·· 68
　　（二）阳平 ·· 68
　　（三）上声 ·· 68
　　（四）去声 ·· 69
　四、声调难点 ·· 70
　　（一）阴平与阳平 ··· 70
　　（二）上声与去声 ··· 71
　　（三）消除入声训练 ··· 72

第五节　音　节 ··· 73
　一、普通话音节的结构 ··· 73
　二、普通话声韵拼合规律 ··· 74
　三、普通话音节的拼读 ··· 74

第六节　语流音变 ·· 75
　一、变调 ·· 75
　　（一）上声的变调 ··· 75
　　（二）"一"和"不"的变调 ··· 76
　二、轻声 ·· 77
　　（一）轻声的作用 ··· 78
　　（二）轻声的规律 ··· 78
　　　普通话水平测试用必读轻声词语表 ······························ 79
　三、儿化 ·· 83
　　（一）儿化的作用 ··· 83

（二）儿化韵的规律 ··· 84
　　　普通话水平测试用儿化词语表 ··· 85
　四、"啊"的音变 ··· 89

第七节　语　调 ··· 91
　一、语句总体音高的变化 ··· 91
　二、声调（字调）对语调的影响 ··· 92
　三、掌握词语的轻重格式 ··· 92
　　　（一）双音节词 ··· 92
　　　（二）三音节词 ··· 92
　　　（三）四音节词 ··· 93
　四、掌握普通话的正常语速 ··· 93

第三单元　普通话语音专项练习 ··· 94

第一节　常见、易错单音节和双音节 ··· 94
　一、单音节 ··· 94
　二、双音节 ··· 97

第二节　常见、易错三音节和四音节 ··· 102
　一、三音节 ··· 102
　二、四音节 ··· 105

第四单元　朗　读 ··· 109

第一节　朗读概述 ··· 109
　一、朗读测试及测试要求 ·· 109
　二、朗读准备 ··· 109
　　　（一）熟悉作品内容，把握朗读基调 ··· 109
　　　（二）注意语音规范 ··· 109
　　　（三）朗读时注意避免的几种方式 ··· 110
　三、朗读技巧 ··· 110
　　　（一）停连 ··· 110
　　　（二）重音 ··· 111
　　　（三）语气 ··· 111
　　　（四）节奏 ··· 112

第二节　朗读作品 ··· 113
　　　一、朗读说明 ·· 113
　　　二、朗读作品及注音 ·· 113

第五单元　说　话 ·· 186
第一节　说话概述 ·· 186
　　一、说话的基本要求 ·· 186
　　　（一）语音标准 ··· 186
　　　（二）词汇语法规范 ··· 186
　　　（三）语速自然流畅 ··· 186
　　　（四）口语化 ··· 186
　　二、说话前的准备 ··· 187
　　　（一）认真审题 ··· 187
　　　（二）精心构思 ··· 187
　　　（三）整理定型 ··· 187
　　　（四）反复练习 ··· 187
　　三、临场发挥 ·· 188
　　　（一）从容自信 ··· 188
　　　（二）随机应变 ··· 188
第二节　分析话题类型、理清表达思路 ··· 188
　　一、话题类型 ·· 189
　　　（一）记叙描述类 ·· 189
　　　（二）说明介绍类 ·· 190
　　　（三）议论评说类 ·· 190
　　二、记叙描述类说话的思路 ··· 190
　　三、说明介绍类说话的思路 ··· 191
　　四、议论评说类说话的思路 ··· 191

第六单元　普通话水平测试试卷 ·· 194
　实测试卷（15套）··· 194
　全真模拟试卷（15套）··· 218

附录一　普通话水平测试用普通话常见量词名词搭配 ·············· 233
附录二　普通话水平测试规程 ·· 237
附录三　普通话水平测试管理规定 ··· 242
附录四　国家法律、法规有关推广普通话和普通话水平测试的条文、规定 ············· 245

参考书目 ·· 248

朗读作品目录

作品 1 号 …… 113	作品 14 号 … 132	作品 27 号 … 150	作品 40 号 … 169
作品 2 号 …… 115	作品 15 号 … 134	作品 28 号 … 152	作品 41 号 … 170
作品 3 号 …… 116	作品 16 号 … 135	作品 29 号 … 153	作品 42 号 … 172
作品 4 号 …… 118	作品 17 号 … 136	作品 30 号 … 155	作品 43 号 … 173
作品 5 号 …… 120	作品 18 号 … 138	作品 31 号 … 156	作品 44 号 … 175
作品 6 号 …… 121	作品 19 号 … 139	作品 32 号 … 157	作品 45 号 … 176
作品 7 号 …… 122	作品 20 号 … 140	作品 33 号 … 159	作品 46 号 … 178
作品 8 号 …… 124	作品 21 号 … 142	作品 34 号 … 160	作品 47 号 … 179
作品 9 号 …… 125	作品 22 号 … 143	作品 35 号 … 162	作品 48 号 … 180
作品 10 号 … 127	作品 23 号 … 145	作品 36 号 … 163	作品 49 号 … 182
作品 11 号 … 128	作品 24 号 … 146	作品 37 号 … 164	作品 50 号 … 184
作品 12 号 … 129	作品 25 号 … 148	作品 38 号 … 166	
作品 13 号 … 131	作品 26 号 … 149	作品 39 号 … 167	

第一单元　普通话水平测试介绍

一、普通话水平测试简介

国家推广全国通用的普通话。普通话是以汉语文授课的各级各类学校的教学用语；是以汉语传送的各级广播电台、电视台和汉语电影、电视剧、话剧必须使用的规范用语；是我国党政机关、团体、企事业单位干部在工作中必须使用的工务用语；是不同方言区以及国内不同民族之间人们的交际用语。

掌握和使用一定水平的普通话，是新时代的工作者，特别是教师、播音员、主持人、演员和国家机关工作人员必备的职业素质。因此，有必要在一定范围内对某些岗位的人员进行普通话水平测试，并逐步实行持等级证书上岗制度。

普通话水平测试是推广普通话工作的重要组成部分，是使推广普通话工作逐步走向科学化、规范化、制度化的重要举措。推广普通话、促进语言规范化，是汉语发展的总趋势。普通话水平测试工作的健康开展必将对社会的语言生活产生深远的影响。

普通话水平测试不是普通话系统知识的考试，不是文化水平的考核，也不是口才的评估，而是应试人运用普通话所达到的标准流利程度的检测和评定。

为了突出语音检测的要求，普通话水平测试一律采用口试方式。

普通话水平测试工作按照国家语言文字工作委员会组织审定的《普通话水平测试大纲》统一测试内容和要求。

等级测试须有3名测试员协同工作（分别打分，综合评议）方为有效。评定意见不一致时，以多数人的意见为准。人员不足时，可用加强上级复审的办法过渡。

未进入规定等级或要求晋升等级的人员，须在前次测试5个月之后方能提出受试申请。

二、普通话水平测试大纲

（教育部　国家语委发教语用〔2003〕2号文件）

根据教育部、国家语言文字工作委员会发布的《普通话水平测试管理规定》《普通话水平测试等级标准》,制定本大纲。

(一)测试的名称、性质、方式

本测试定名为"普通话水平测试"(PUTONGHUA SHUIPING CESHI,缩写为PSC)。

普通话水平测试主要测查应试人的普通话规范程度、熟练程度,认定其普通话水平等级,属于标准参照性考试。本大纲规定测试的内容、范围、题型及评分系统。

普通话水平测试以口试方式进行。

(二)测试内容和范围

普通话水平测试的内容包括普通话语音、词汇和语法。

普通话水平测试的范围是国家测试机构编制的《普通话水平测试用普通话词语表》《普通话水平测试用普通话与方言词语对照表》《普通话水平测试用普通话与方言常见语法差异对照表》《普通话水平测试用朗读作品》《普通话水平测试用话题》。

(三)试卷构成和评分

试卷包括5个组成部分,满分为100分。

1.读单音节字词(100个音节,不含轻声、儿化音节),限时3.5分钟,共10分。

(1)目的:测查应试人声母、韵母、声调读音的标准程度。

(2)要求:

①100个音节中,70%选自《普通话水平测试用普通话词语表》"表一",30%选自"表二"。

②100个音节中,每个声母出现次数一般不少于3次,每个韵母出现次数一般不少于2次,4个声调出现次数大致均衡。

③音节的排列要避免同一测试要素连续出现。

(3)评分:

①语音错误,每个音节扣0.1分。

②语音缺陷,每个音节扣0.05分。

③超时1分钟以内,扣0.5分;超时1分钟以上(含1分钟),扣1分。

2.读多音节词语(100个音节),限时2.5分钟,共20分。

(1)目的:测查应试人声母、韵母、声调和变调、轻声、儿化读音的标准程度。

(2)要求:

①词语的70%选自《普通话水平测试用普通话词语表》"表一",30%选自"表二"。

②声母、韵母、声调出现的次数与读单音节字词的要求相同。

③上声与上声相连的词语不少于3个,上声与非上声相连的词语不少于4个,轻声不少于3个,儿化不少于4个(应为不同的儿化韵母)。

④词语的排列要避免同一测试要素连续出现。

(3)评分:

①语音错误,每个音节扣0.2分。

②语音缺陷,每个音节扣0.1分。

③超时1分钟以内,扣0.5分;超时1分钟以上(含1分钟),扣1分。

3.选择判断*,限时**3分钟**,共**10分**。

(1)词语判断(10组)。

①目的:测查应试人掌握普通话词语的规范程度。

②要求:根据《普通话水平测试用普通话与方言词语对照表》,列举10组普通话与方言意义相对应但说法不同的词语,由应试人判断并读出普通话的词语。

③评分:判断错误,每组扣0.25分。

(2)量词、名词搭配(10组)。

①目的:测查应试人掌握普通话量词和名词搭配的规范程度。

②要求:根据《普通话水平测试用普通话与方言常见语法差异对照表》,列举10个名词和若干量词,由应试人搭配并读出符合普通话规范的10组名量短语。

③评分:搭配错误,每组扣0.5分。

(3)语序或表达形式判断(5组)。

①目的:测查应试人掌握普通话语法的规范程度。

②要求:根据《普通话水平测试用普通话与方言常见语法差异对照表》,列举5组普通话和方言意义相对应,但语序或表达习惯不同的短语或短句,由应试人判断并读出符合普通话语法规范的表达形式。

③评分:判断错误,每组扣0.5分。

选择判断合计超时1分钟以内,扣0.5分;超时1分钟以上(含1分钟),扣1分。答题时语音错误,每个错误音节扣0.1分;如判断错误已经扣分,不重复扣分。

4.朗读短文(1篇,400个音节),限时4分钟,共30分。

(1)目的:测查应试人使用普通话朗读书面作品的水平。在测查声母、韵母、声调读音标准程度的同时,重点测查连读音变、停连、语调以及流畅程度。

(2)要求:

①短文从《普通话水平测试用朗读作品》中选取。

②评分以朗读作品的前400个音节(不含标点符号和括注的音节)为限。

(3)评分:

①每错1个音节,扣0.1分;漏读或增读1个音节,扣0.1分。

②声母或韵母的系统性语音缺陷,视程度扣0.5分、1分。

③语调偏误,视程度扣0.5分、1分、2分。

④停连不当,视程度扣 0.5 分、1 分、2 分。

⑤朗读不流畅(包括回读),视程度扣 0.5 分、1 分、2 分。

⑥超时扣 1 分。

5.命题说话,限时 3 分钟,共 30 分。

(1)目的:测查应试人在无文字凭借的情况下说普通话的水平,重点测查语音标准程度、词汇语法规范程度和自然流畅程度。

(2)要求:

①说话话题从《普通话水平测试用话题》中选取,由应试人从给定的两个话题中选定一个话题,连续说一段话。

②应试人单向说话。如发现应试人有明显背稿、离题、说话难以继续等表现时,主试人应及时提示或引导。

(3)评分:

①语音标准程度,共 20 分,分六档:

一档:语音标准或极少有失误。扣 0 分、0.5 分、1 分。

二档:语音错误在 10 次以下,有方音但不明显。扣 1.5 分、2 分。

三档:语音错误在 10 次以下,但方音比较明显;或语音错误在 10—15 次之间,有方音但不明显。扣 3 分、4 分。

四档:语音错误在 10—15 次之间,方音比较明显。扣 5 分、6 分。

五档:语音错误超过 15 次,方音明显。扣 7 分、8 分、9 分。

六档:语音错误多,方音重。扣 10 分、11 分、12 分。

②词汇语法规范程度,共 5 分,分三档:

一档:词汇、语法规范。扣 0 分。

二档:词汇、语法偶有不规范的情况。扣 0.5 分、1 分。

三档:词汇、语法屡有不规范的情况。扣 2 分、3 分。

③自然流畅程度,共 5 分,分三档:

一档:语言自然流畅。扣 0 分。

二档:语言基本流畅,口语化较差,有背稿子的表现。扣 0.5 分、1 分。

三档:语言不连贯,语调生硬。扣 2 分、3 分。

说话不足 3 分钟,酌情扣分:缺时 1 分钟以内(含 1 分钟),扣 1 分、2 分、3 分;缺时 1 分钟以上,扣 4 分、5 分、6 分;说话不满 30 秒(含 30 秒),本测试项成绩计为 0 分。

(四)应试人普通话水平等级的确定

国家语言文字工作部门发布的《普通话水平测试等级标准》是确定应试人普通话水平等级的依据。测试机构根据应试人的测试成绩确定其普通话水平等级,由省、自治区、直辖市以上语言文字工作部门颁发相应的普通话水平测试等级证书。

普通话水平划分为三个级别,每个级别内划分两个等次。其中:

97 分及其以上,为一级甲等;

92 分及其以上但不足 97 分,为一级乙等;

87 分及其以上但不足 92 分,为二级甲等;

80 分及其以上但不足 87 分,为二级乙等;

70 分及其以上但不足 80 分,为三级甲等;

60 分及其以上但不足 70 分,为三级乙等。

*说明:各省、自治区、直辖市语言文字工作部门可以根据测试对象或本地区的实际情况,决定是否免测"选择判断"测试项。如免测此项,"命题说话"测试项的分值由 30 分调整为 40 分。评分档次不变,具体分值调整如下:

1.语音标准程度的分值,由 20 分调整为 25 分。

一档:扣 0 分、1 分、2 分。

二档:扣 3 分、4 分。

三档:扣 5 分、6 分。

四档:扣 7 分、8 分。

五档:扣 9 分、10 分、11 分。

六档:扣 12 分、13 分、14 分。

2.词汇语法规范程度的分值,由 5 分调整为 10 分。

一档:扣 0 分。

二档:扣 1 分、2 分。

三档:扣 3 分、4 分。

3.自然流畅程度,仍为 5 分,各档分值不变。

三、普通话水平测试样卷

(一)读单音节字词(100 个音节,共 10 分,限时 3.5 分钟)

郝	缺	瓷	酸	捺	虞	坑	概	选	仕
耳	膝	苍	粉	遍	垮	谈	热	品	熊
掳	赛	虫	擀	房	拐	凑	铡	永	踞
黑	弱	修	鼎	裹	端	准	腭	粪	抿
群	搜	船	笔	渍	蛙	绫	诏	奎	绢
拈	甩	碟	郡	皇	嫩	翁	帛	家	狭

略	雅	票	乳	颇	外	嗓	臻	雪	逛
沏	魂	幂	脑	宽	甜	寡	鬃	窦	姬
坐	柔	秒	杯	冷	安	腿	尊	凡	柯
存	瞥	水	酿	爽	眸	药	产	绛	迟

覆盖声母情况：

b:5,p:4,m:4,f:3,d:5,t:4,n:5,l:4,g:5,k:5,h:4,j:6,q:4,x:4,zh:4,ch:4,sh:4,r:4,z:4,c:4,s:4,零声母:7。

覆盖韵母情况：

a:4,e:3,-i(前):1,-i(后):2,ai:3,ei:1,ao:4,ou:5,an:5,en:3,ang:3,eng:4,i:5,ia:1,ie:2,iao:2,iou:2,ian:3,in:2,iang:2,ing:2,u:3,ua:2,uo/o:4,uai:2,uei:3,uan:6,uen:4,uang:2,ong:4,ueng:1,ü:2,üe:3,üan:0,ün:2,iong:1,er:1。

覆盖声调情况：

阴平:24次;阳平:24次;上声:27次;去声:25次。

(二)读多音节词语(100个音节，共20分，限时2.5分钟)

把握	风格	越野	森林	飞快	春节
子孙	扭转	音像	昆仑	老伴儿	花生
诺言	旅游	奔跑	恰当	摧残	整理
空中	石榴	地铁	下旬	圆场	欢呼
绝活儿	审美	赞扬	穷苦	露馅儿	关怀
矮小	包袱	温差	窘迫	发财	组装
拳头	日程	玩耍	沉思	儿女	荧光屏
创制	模特儿	曲调	仍然	奥运会	名列前茅

覆盖声母情况：

b:4,p:4,m:6,f:5,d:2,t:7,n:1,l:7,g:7,k:2,h:7,j:5,q:4,x:10,zh:5,ch:6,sh:3,r:1,z:1,c:2,s:2,零声母:7。

覆盖韵母情况：

a:3,e:3,-i(前):3,-i(后):2,ai:2,ei:2,ao:5,ou:3,an:6,en:6,ang:3,eng:4,i:6,ia:2,ie:3,iao:2,iou:2,ian:2,in:2,iang:1,ing:3,u:4,ua:2,uo/o:5,uai:2,uei:2,uan:3,uen:4,uang:3,ong:2,ü:3,üe:2,üan:2,ün:2,iong:2,er:1。

其中儿化音4个:老伴儿、绝活儿、露馅儿、模特儿。

覆盖声调情况：

阴平:23;阳平:30;上声:22;去声:22;轻声:3。

其中上声和上声相连的词语5个:越野、扭转、整理、审美、矮小。

轻声词语 3 个:石榴、包袱、拳头。

(三)选择判断*(共 10 分,限时 3 分钟)为了便于了解题意,样题显示答案

1. 词语判断:请判断并读出下列各组中的普通话词语

(1)**暗中**　　暗头里　　暗肚里

(2)大手节头　**大拇指**　　手指公　　大指拇

(3)**肥皂**　　番碱　　胰子油

(4)翅翻　　翼胛　　**翅膀**　　翼股

(5)无想着　　想唔倒　　估唔到　　**不料**

(6)两公婆　　翁姥　　**夫妻**　　两马老子

(7)角落头　　角下里　　角头　　**角落**

(8)滚水　　**开水**　　滚汤

(9)店头　　**商店**　　铺头　　店欸

(10)**土豆**　　洋山芋　　薯仔　　洋芋头

2. 量词、名词搭配:请搭配并读出下列符合普通话规范的数量名短语(例如:一条鱼)

字典　筷子　道路　桌子　账　眼睛　信息　城市　光盘　桥

本　双　所　张　座　条

3. 语序或表达形式判断:请判断并读出下列各组中的普通话语句

(1)A. **这座山有一千九百五十米高。**

　　B. 这座山有千九五米高。

　　C. 这座山有一千九五米高。

(2)A. 把书把给他。

　　B. **把书给他。**

　　C. 把书把他。

(3)A. 这凳子会坐得三个人。

　　B. 这凳子坐得三个人。

　　C. **这凳子能坐三个人。**

　　D. 这凳子会坐三个人。

(4)A. 雪白白的

　　B. 雪雪白的

　　C. **雪白雪白的**

(5)A. **在黑板上写字。**

　　B. 搁黑板上写字。

　　C. 跟黑板上写字。

(四)朗读短文(400 个音节,共 30 分,限时 4 分钟)

请朗读作品 1 号《北京的春节》。

(五)命题说话(请在下列话题中任选一个,共 30 分,限时 3 分钟)

1. 我喜欢的美食
2. 学习普通话(或其他语言)的体会

*说明:各省、自治区、直辖市、语言文字工作部门可以根据测试对象或本地区的实际情况,决定是否免测"选择判断"测试项。

四、普通话水平测试等级标准(试行)

(国家语言文字工作委员会 1997 年 12 月 5 日颁布,国语〔1997〕64 号)

一 级

甲等 朗读和自由交谈时,语音标准,词汇、语法正确无误,语调自然,表达流畅。测试总失分率在 3% 以内。

乙等 朗读和自由交谈时,语音标准,词汇、语法正确无误,语调自然,表达流畅;偶然有字音、字调失误。测试总失分率在 8% 以内。

二 级

甲等 朗读和自由交谈时,声韵调发音基本标准,语调自然,表达流畅。少数难点音(平翘舌音、前后鼻尾音、边鼻音等)有时出现失误。词汇、语法极少有误。测试总失分率在 13% 以内。

乙等 朗读和自由交谈时,个别调值不准,声韵母发音有不到位现象。难点音(平翘舌音、前后鼻尾音、边鼻音、fu—hu、z—zh—j、送气不送气、i—ü 不分、保留浊塞音和浊塞擦音、丢介音、复韵母单音化等)失误较多。方言语调不明显。有使用方言词、方言语法的情况。测试总失分率在 20% 以内。

三 级

甲等 朗读和自由交谈时,声韵调发音失误较多,难点音超出常见范围,声调调值多不准;方言语调较明显。词汇、语法有失误。测试总失分率在 30% 以内。

乙等 朗读和自由交谈时,声韵调发音失误多,方音特征突出;方言语调明显;词汇、语法失误较多。外地人听其谈话有听不懂情况。测试总失分率在 40% 以内。

五、有关行业人员普通话合格标准

根据各行业的规定,有关从业人员的普通话水平达标要求如下:

中小学及幼儿园、校外教育单位的教师,普通话水平不低于二级,其中语文教师不低于二级甲等,普通话语音教师不低于一级。

高等学校的教师,普通话水平不低于三级甲等,其中现代汉语教师不低于二级甲等,普通话语音教师不低于一级。

对外汉语教学教师,普通话水平不低于二级甲等。

报考中小学、幼儿园教师资格的人员,普通话水平不低于二级。

师范类专业以及各级职业学校的与口语表达密切相关专业的学生,普通话水平不低于二级。

国家公务员,普通话水平不低于三级甲等。

国家级和省级广播电台、电视台的播音员和节目主持人,普通话水平应达到一级甲等;其他广播电台、电视台的播音员和节目主持人的普通话达标要求按国家新闻出版署的规定执行。

话剧、电影、电视剧、广播剧等表演、配音演员,播音、主持专业和影视表演专业的教师、学生,普通话水平不低于一级。

公共服务行业的特定岗位人员(如广播员、解说员、话务员等),普通话水平不低于二级甲等。

普通话水平应达标人员的年龄上限以有关行业的文件为准。

六、计算机辅助普通话水平测试指南

(一)什么是计算机辅助普通话水平测试

计算机辅助普通话水平测试(以下简称"机辅测试")是通过计算机语音识别系统,部分代替人工评测,对普通话水平测试中应试人朗读的第一项"读单音节字词"、第二项"读多音节词语"和第三项"朗读短文"的语音标准程度进行辨识和评测。不同于测试员与应试人面对面的人工测试方式,它采用应试人直接面对计算机这种测试方式,其中第一项至第三项测试由计算机评分,最后一项测试由管理人员把应试人说话录音分配给测试员,测试员不面对应试人直接评分。

(二)机辅测试流程和注意事项

机辅测试过程由候测(信息采集)、正式测试两个主要环节组成。应试人在参加测试的过程中须注意以下步骤和细节:

1. 信息采集

应试人在测试当天需携带身份证、准考证,进行信息采集。

第一步:身份信息验证

将身份证贴到终端设备相应位置上进行身份信息验证。

第二步:照片采集

应试人在管理人员指定位置采集照片。

第三步:系统抽签

系统随机自动分配机器号给应试人,应试人需记住自己的考试机号。

2. 进入测试

第一步：人脸验证登录

应试人进入对应的测试机房后，坐好并正对摄像头，系统将通过人脸识别的方式进行登录。

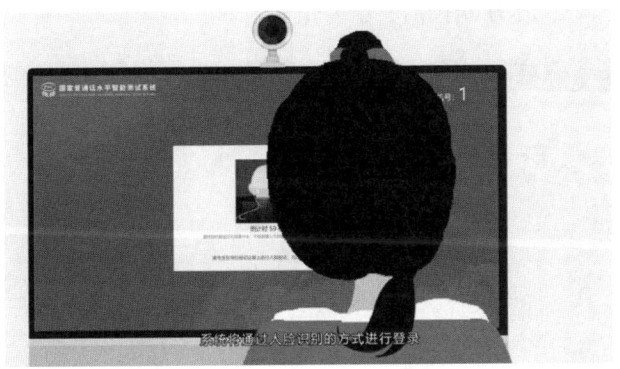

第二步：核对信息

人脸识别验证通过后，电脑界面上会显示应试人的个人信息，应试人认真核对，确认无误后单击"确定"按钮进入下一环节。如果信息错误，请告知老师。

第三步：佩戴耳机

按照屏幕上的提示戴上耳机，并将麦克风调整到距嘴边2—3厘米，等待考场指令准备试音。

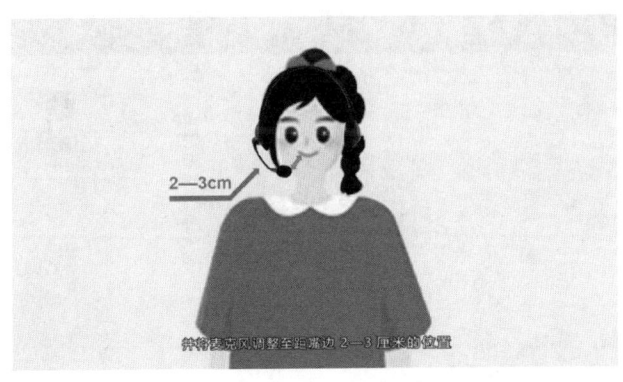

第四步：试音

进入试音页面后,应试人会听到系统的提示语"现在开始试音",听到提示语"嘟"声后朗读文本框中的个人信息。提示语结束后,以适中的音量和语速朗读文本框中的试音文字。

若试音失败,页面会弹出提示框,请点击"确定"按钮重新试音。若试音成功,页面同样会弹出提示框"试音成功,请等待考场指令!"

第五步：正式测试

系统进入第一题提示"第一题,读单音节字词,限时3.5分钟,请横向朗读",应试人听到"嘟"声后,朗读试卷内容。

第1题　读单音节字词

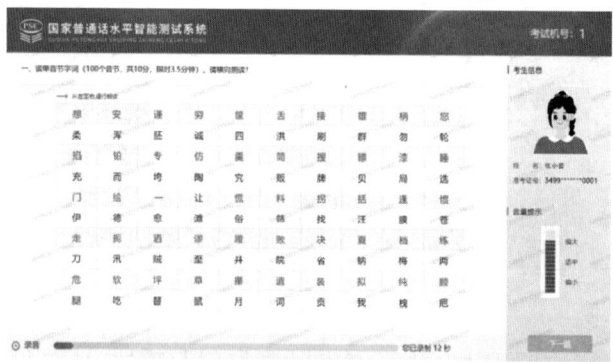

第2题　读多音节词语

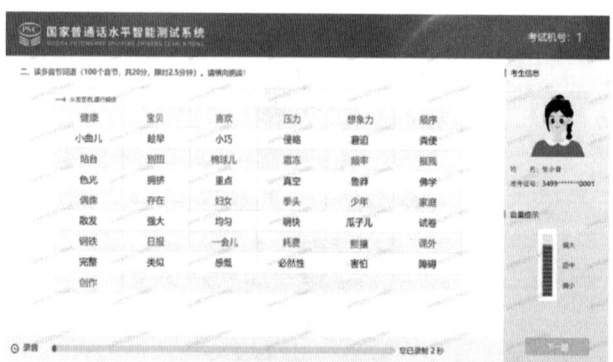

注意:应试人务必横向、逐字、逐行朗读,注意语音清晰,防止增字、漏字。

第3题 朗读短文

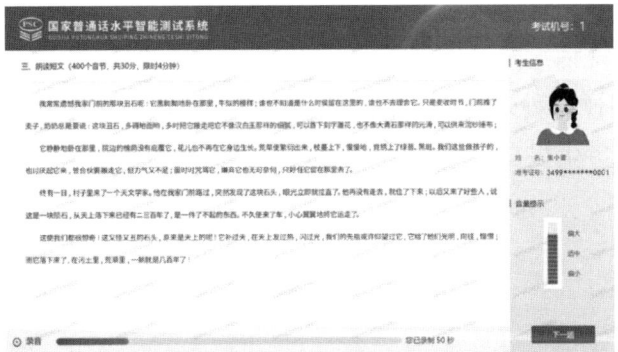

注意:朗读时保持音量稳定,音量大小与试音音量一致,音量过低会导致评测失败。

第4题 命题说话

注意:

(1)应试人按照电脑页面提示,在倒计时10秒内使用鼠标点击选择说话的题目,否则系统默认为第一个话题。确认题目后,应试人有30秒的准备时间,听到"嘟"的一声后,开始答题。答题时请先读出你所选择的题目。

(2)说话内容需符合所选话题,离题或不具有评判价值的语料均会导致丢分;同时严禁携带文字或电子材料进入测试室,朗读文字材料将被取消考试资质。

(3)本题必须说满3分钟,应试人按主屏下方的时间提示条把握时间。

(4)说满3分钟后,系统会自动提交试卷。

计算机辅助测试过程中应注意如下事项:

1.正确佩戴耳机。避免麦克风与嘴唇离得太远或太近影响录音效果。

2.测试时发音要准确、清晰、饱满,音量控制得当。

3.每一题测试前系统都会有一段提示音,在提示音结束并听到"嘟"的一声后,考生再开始朗读。测试的前三题不必读题,直接朗读测试的内容。

4.测试的前两项"读单音节字词"和"读多音节词语",必须横向朗读。注意避免出现漏行、错行,避免出现字词的错、漏、增、改及回读等现象。

5.每题读完后,不要停下来等待,应立即点击右下角"下一题"按钮,进入下一题测试。

6.第四题"命题说话",进入页面后,不必等待,应立即选择话题开始说话。此项测试缺时扣分,考生超过6秒未开口说话,机测系统开始计算缺时。

7.测试结束后,考生提交试卷,摘下耳机,离开考场。

第二单元　普通话语音基础知识

第一节　普通话概述

普通话是现代汉民族的共同语,是现代汉语的标准语,也是当代我国各民族之间进行交流的工具。普通话是全国通用的语言,也是中华人民共和国的官方语言。

1955年召开的全国文字改革会议和现代汉语规范问题学术会议,对普通话的含义作出明确界定:以北京语音为标准音,以北方方言为基础方言,以典范的现代白话文著作为语法规范的现代汉民族共同语。

一、以北京语音为标准音

普通话以北京语音作为标准音,是历史发展的结果。自元、明、清以来,北京一直是我国政治和文化的中心。但是以北京语音作为标准音并不是以某一个北京人或某一些北京人的口语发音作为标准音,而是以北京语音系统作为标准音。北京语音系统中有22个声母、39个韵母和4个声调。除此以外,变调、轻声、儿化等现象,也属于北京语音系统范围。

二、以北方方言为基础方言

普通话在词汇方面以北方方言作为基础方言,充分考虑了北方方言词汇使用人口众多和分布广泛的情况。在我国七大方言中,说北方方言的人占汉族人数的73%,其覆盖区域也很广,分为四个次方言:(1)华北—东北方言;(2)西北方言;(3)西南方言;(4)江淮方言。[①] 北方方言内部比较一致。另外,普通话从其他方言里吸收了许多有特殊表现力的词语,继承了古代汉语中许多仍然有生命力的词语,借用了一些交际必需的外来词,如今,还吸收了一些网络用语。这些都使得普通话的词汇更加丰富。

三、以典范的现代白话文著作为语法规范

普通话的语法是以经过提炼加工的书面语,即典范的现代白话文著作为语法规范的。"典范的"是指典型的可以作为范本的,"现代"划定了时间范围,"白话文"是针对文言文而言的,普通话要遵循白话文的语法规范,这符合推广、普及普通话的要求。

总之,普通话作为现代汉语标准语,是一种服务于全国的通用语。普通话是语音、词汇和语法的统一体,我们在学习普通话时,要把它作为一个整体来把握,任何一个方面都不可缺少。

[①] 黄伯荣,廖序东.现代汉语　上册[M].增订六版.北京:高等教育出版社,2017:绪论4.

汉语拼音方案

(1957年11月1日国务院全体会议第60次会议通过)
(1958年2月11日第一届全国人民代表大会第五次会议批准)

一、字母表

字母名称	Aa	Bb	Cc	Dd	Ee	Ff	Gg
	ㄚ	ㄅㄝ	ㄘㄝ	ㄉㄝ	ㄜ	ㄝㄈ	ㄍㄝ
	Hh	Ii	Jj	Kk	Ll	Mm	Nn
	ㄏㄚ	ㄧ	ㄐㄧㄝ	ㄎㄝ	ㄝㄌ	ㄝㄇ	ㄋㄝ
	Oo	Pp	Qq	Rr	Ss	Tt	
	ㄛ	ㄆㄝ	ㄑㄧㄡ	ㄚㄦ	ㄝㄙ	ㄊㄝ	
	Uu	Vv	Ww	Xx	Yy	Zz	
	ㄨ	ㄪㄝ	ㄨㄚ	ㄒㄧ	ㄧㄚ	ㄗㄝ	

v只用来拼写外来语、少数民族语言和方言。
字母的手写体依照拉丁字母的一般书写习惯。

二、声母表

b	p	m	f	d	t	n	l
ㄅ玻	ㄆ坡	ㄇ摸	ㄈ佛	ㄉ得	ㄊ特	ㄋ讷	ㄌ勒
g	k	h		j	q	x	
ㄍ哥	ㄎ科	ㄏ喝		ㄐ基	ㄑ欺	ㄒ希	
zh	ch	sh	r	z	c	s	
ㄓ知	ㄔ蚩	ㄕ诗	ㄖ日	ㄗ资	ㄘ雌	ㄙ思	

在给汉字注音的时候,为了使拼式简短,zh ch sh可以省作ẑ ĉ ŝ。

三、韵母表

	i 丨 衣	u ㄨ 乌	ü ㄩ 迂
a ㄚ 啊	ia 丨ㄚ 呀	ua ㄨㄚ 蛙	
o ㄛ 喔		uo ㄨㄛ 窝	
e ㄜ 鹅	ie 丨ㄝ 耶		üe ㄩㄝ 约
ai ㄞ 哀		uai ㄨㄞ 歪	
ei ㄟ 欸		uei ㄨㄟ 威	
ao ㄠ 熬	iao 丨ㄠ 腰		
ou ㄡ 欧	iou 丨ㄡ 忧		
an ㄢ 安	ian 丨ㄢ 烟	uan ㄨㄢ 弯	üan ㄩㄢ 冤
en ㄣ 恩	in 丨ㄣ 因	uen ㄨㄣ 温	ün ㄩㄣ 晕
ang ㄤ 昂	iang 丨ㄤ 央	uang ㄨㄤ 汪	
eng ㄥ 亨的韵母	ing 丨ㄥ 英	ueng ㄨㄥ 翁	
ong (ㄨㄥ) 轰的韵母	iong ㄩㄥ 雍		

(1)"知、蚩、诗、日、资、雌、思"等七个音节的韵母用i,即:知、蚩、诗、日、资、雌、思等字拼作zhi,chi,shi,ri,zi,ci,si。

(2)韵母ㄦ写成er,用作韵尾的时候写成r。
例如:"儿童"拼作ertong,"花儿"拼作huar。

(3)韵母ㄝ单用的时候写成ê。

(4)i列的韵母,前面没有声母的时候,写成yi(衣),ya(呀),ye(耶),yao(腰),you(忧),yan(烟),yin(因),yang(央),ying(英),yong(雍)。

u列的韵母,前面没有声母的时候,写成wu(乌),wa(蛙),wo(窝),wai(歪),wei(威),wan(弯),wen(温),wang(汪),weng(翁)。

ü列的韵母,前面没有声母的时候,写成yu(迂),yue(约),yuan(冤),yun(晕);ü上两点省略。

ü列的韵母跟声母j,q,x拼的时候,写成ju(居),qu(区),xu(虚),ü上两点也省略;但是跟声母n,l拼的时候,仍然写成nü(女),lü(吕)。

(5)iou,uei,uen前面加声母的时候,写成iu,ui,un,例如:niu(牛),gui(归),lun(论)。

(6)在给汉字注音的时候,为了使拼式简短,ng可以省作ŋ。

四、声调符号

阴平	阳平	上声	去声
ˉ	ˊ	ˇ	ˋ

声调符号标在音节的主要母音上。轻声不标。
例如:

妈 mā　麻 má　马 mǎ　骂 mà　吗 ma
(阴平) (阳平) (上声) (去声) (轻声)

五、隔音符号

a,o,e开头的音节连接在其他音节后面的时候,如果音节的界限发生混淆,用隔音符号(')隔开,例如:pi'ao(皮袄)。

第二节 声 母

一、什么是声母

声母是音节开头的部分,普通话有 21 个辅音声母,还有一些音节没有辅音声母,我们习惯上叫它们"零声母"。辅音是气流通过口腔或鼻腔时受到阻碍,通过克服阻碍而发出声音。其特点是时程短、音势弱,容易受到干扰,易产生"吃字"现象,从而影响语音的清晰度。声母的发音部位是否准确,是语流中字音是否清晰并具有一定亮度的关键。

表 2-1　普通话声母表

b	巴 步 别	p	怕 盘 扑	m	门 谋 木	f	飞 付 浮		
d	低 大 夺	t	太 同 突	n	南 牛 怒			l	来 吕 路
g	哥 甘 共	k	枯 开 狂			h	海 寒 很		
j	即 结 净	q	齐 求 轻			x	西 袖 形		
zh	知 照 铡	ch	茶 产 唇			sh	诗 手 生	r	日 锐 荣
z	资 走 坐	c	慈 蚕 存			s	丝 散 颂		

零声母　安 言 忘 云

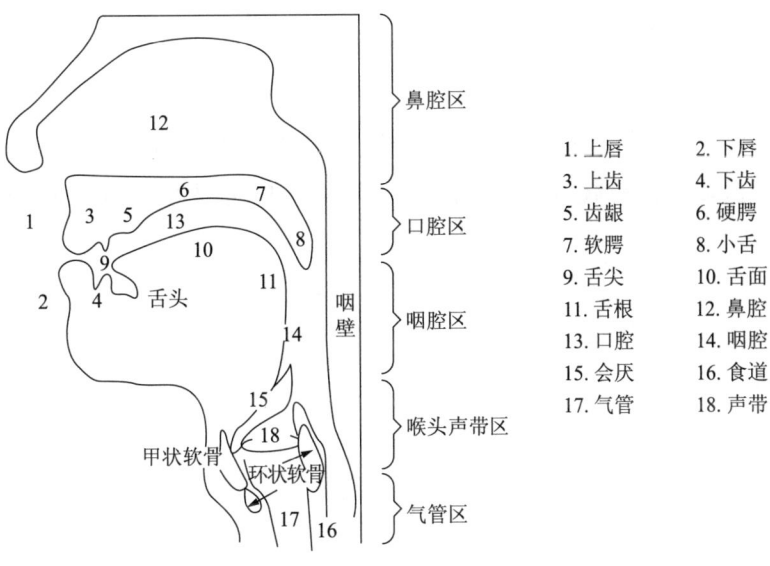

图 2-1　发音器官示意图

二、声母的分类

(一)按发音部位分类

声母按发音部位分为七大类,分别是:双唇音、唇齿音、舌尖前音、舌尖中音、舌尖后音、舌面前音、舌根音。

(1)双唇音(b、p、m):由上唇和下唇阻塞气流而形成。

(2)唇齿音(f):由上齿和下唇接近阻碍气流而形成。

(3)舌尖前音(z、c、s):由舌尖抵住或接近齿背阻碍气流而形成,也叫平舌音。

(4)舌尖中音(d、t、n、l):由舌尖抵住上齿龈阻碍气流而形成。

(5)舌尖后音(zh、ch、sh、r):由舌尖抵住或接近硬腭前部阻碍气流而形成,也叫翘舌音。

(6)舌面前音(j、q、x):由舌面前部抵住或接近硬腭前部阻碍气流而形成,也叫舌面音。

(7)舌面后音(g、k、h、r):由舌面后部抵住或接近软腭阻碍气流而形成,也叫舌根音。

(二)按发音方法分类

声母的发音方法指的是,发音时喉头、口腔和鼻腔节制气流的方式和状况,可以从阻碍的方式[①]、声带是否颤动、气流的强弱等三个方面来观察。

1.看阻碍的方式

(1)塞音(b、p、d、t、g、k):成阻时,发音部位形成闭塞;持阻时,气流积蓄在阻碍的部位之后;除阻时,受阻部位突然解除阻塞,使积蓄的气流冲出,爆发破裂成声。

(2)擦音(f、h、x、sh、s、r):成阻时,发音部位之间接近,形成适度的间隙;持阻时,气流从窄缝中间摩擦成声;除阻时,发音结束。

(3)塞擦音(j、q、zh、ch、z、c):成阻时,发音部位先形成闭塞,软腭上升,堵塞鼻腔的通路;持阻时,气流把阻塞部位冲开一条窄缝,从窄缝中挤出,摩擦成声;除阻时,发音结束。

(4)鼻音(m、n):成阻时,发音部位完全闭塞,封闭口腔通路;持阻时,软腭下降,打开鼻腔通路,声带振动,气流到达口腔和鼻腔,气流在口腔受到阻碍,由鼻腔透出成声;除阻时,口腔阻碍解除。

(5)边音(l):成阻时,舌尖和上齿龈接触,但舌头的两边仍留有空隙;持阻时,软腭上升,阻塞鼻腔的通路,声带振动,气流从舌头两边与两颊内侧形成的空隙通过;除阻时,发音结束。

2.看声带是否颤动

发音时,声带颤动的是浊音,又叫带音;声带不颤动的是清音,又叫不带音。

---

① 发辅音声母时,阻碍形成的过程一般可以分为三个阶段:(1)成阻——阻碍开始形成;(2)持阻——阻碍持续;(3)除阻——阻碍解除。

清音:b、p、f、d、t、g、k、h、j、q、x、zh、ch、sh、z、c、s。
浊音:m、n、l、r。

3.看气流的强弱

塞音、塞擦音有送气音和不送气音的分别。

(1)送气音(p、t、k、q、ch、c):发音时,气流送出比较快和明显。

(2)不送气音(b、d、g、j、zh、z):发音时,呼出的气流较弱。

表2-2 普通话辅音声母发音总表

发音方法 \ 发音部位			唇音		舌尖前音	舌尖中音	舌尖后音	舌面前音	舌面后音
			双唇音	唇齿音					
			上唇下唇	上唇下唇	舌尖上齿背	舌尖上齿龈	舌尖硬腭前	舌面前硬腭前	舌面后软腭
塞音	清音	不送气音	b			d			g
		送气音	p			t			k
擦音		清音		f	s		sh	x	h
		浊音					r		
塞擦音	清音	不送气音			z		zh	j	
		送气音			c		ch	q	
鼻音		浊音	m			n			
边音		浊音				l			

三、声母发音分析

(一)双唇音

双唇音

双唇音 b、p、m 发音示意图

b[p] 双唇 不送气 清 塞音

发音时,双唇紧闭,软腭上升,鼻腔通路闭塞,阻塞气流,声带不颤动,气流从口腔冲破阻碍,爆发成声。注意双唇中部着力,集中蓄气,用力发音。

发音例词:

冰棒 bīngbàng   辨别 biànbié   板报 bǎnbào

p[pʰ] 双唇 送气 清 塞音

发音状况与 b 相近,只是发 p 时有一股较强的气流冲开双唇,两者的差别在于 b 为不送气音,p 为送气音。

发音例词：

批评 pīpíng　　　　　　偏僻 piānpì　　　　　　匹配 pǐpèi

m [m] 双唇　浊　鼻音

发音时,双唇闭合,软腭下降,打开鼻腔通路,声带颤动,气流从鼻腔通过形成鼻音。

发音例词：

美妙 měimiào　　　　　　眉目 méimù　　　　　　牧民 mùmín

◆绕口令◆

【八百标兵】

八百标兵奔北坡,炮兵并排北边跑。炮兵怕把标兵碰,标兵怕碰炮兵炮。

【白庙和白猫】

白庙外蹲一只白猫,白庙里有一顶白帽。白庙外的白猫看见了白帽,叼着白庙里的白帽跑出了白庙。

【一座棚】

一座棚傍峭壁旁,峰边喷泻瀑布长,不怕暴雨瓢泼冰雹落,不怕寒风扑面雪飘扬,并排分班翻山爬坡把宝找,聚宝盆里松柏飘香百宝藏,背宝奔跑报矿炮劈火,篇篇捷报飞伴金凤凰。

(二)唇齿音

f [f] 唇齿　清　擦音

发音时,下唇接近上齿,形成窄缝,软腭上升,堵塞鼻腔通路,气流从唇齿间的窄缝中挤出,声带不颤动。

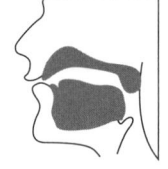

唇齿音 f 发音示意图　　唇齿音

发音例词：

芬芳 fēnfāng　　　　　　方法 fāngfǎ　　　　　　发奋 fāfèn

◆绕口令◆

【画凤凰】

粉红墙上画凤凰,凤凰画在粉红墙。红凤凰、粉凤凰、红粉凤凰、花凤凰,红凤凰、黄凤凰、红粉凤凰、粉红凤凰、花粉花凤凰。

【粉红女发奋缝飞凤】

粉红女发奋缝飞凤,女粉红反缝方法繁。飞凤仿佛发放芬芳,方法非凡反复防范。反缝方法仿佛飞凤,反复翻缝飞凤奋飞。

(三)舌尖前音

z [ts]　舌尖前　不送气　清　塞擦音

发音时,舌尖抵住上齿背产生阻塞,形成窄缝,软腭上升,堵塞鼻腔通路,声带不颤动,气流从窄缝中挤出,摩擦成声。

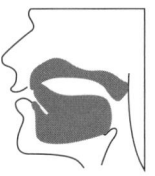
舌尖前音 z、c 发音示意图

舌尖前音

发音例词:

在座 zàizuò　　　　　自尊 zìzūn　　　　　走卒 zǒuzú

c [tsʰ]　舌尖前　送气　清　塞擦音

发音状况与 z 基本相近,只是气流比 z 强。

发音例词:

从此 cóngcǐ　　　　　层次 céngcì　　　　　粗糙 cūcāo

s [s]　舌尖前　清　擦音

发音时,舌尖轻抵上齿背,形成窄缝,软腭上升,堵塞鼻腔通路,声带不颤动,气流从窄缝中挤出,摩擦成声。

发音例词:

思索 sīsuǒ　　　　　色素 sèsù　　　　　洒扫 sǎsǎo

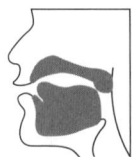
舌尖前音 s 发音示意图

◆绕口令◆

【做早操】

早晨早早起,早起做早操,人人做早操,做操身体好。

【司机买雌鸡】

司机买雌鸡,仔细看雌鸡,四只小雌鸡,叽叽好欢喜,司机笑嘻嘻。

【子词丝】

四十四个字和词,组成了一首子词丝的绕口词。桃子、李子、梨子、栗子、橘子、柿子、槟子、榛子栽满院子、村子和寨子。刀子、钉子、斧子、锯子、凿子、锤子、刨子、尺子做出桌子、椅子和箱子。名词、动词、数词、量词、代词、副词、助词、连词造成语词、诗词和唱词。蚕丝、生丝、热丝、缫丝、染丝、晒丝、纺丝、织丝自制粗丝、细丝、人造丝。

(四)舌尖中音

d [t]　舌尖中　不送气　清　塞音

发音时,舌尖抵住上齿龈,形成阻塞,软腭上升,堵塞鼻腔通路,较弱的气流冲破舌尖的阻碍,迸裂而出,爆发成声。

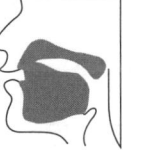
舌尖中音 d、t、n 发音示意图

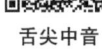
舌尖中音

发音例词:

单调 dāndiào　　　　　到达 dàodá　　　　　地点 dìdiǎn

t [tʰ]　舌尖中　送气　清　塞音

发音状况与 d 相近,只是气流比 d 强。

发音例词:

妥帖 tuǒtiē　　　　　谈吐 tántǔ　　　　　团体 tuántǐ

n [n]　舌尖中　浊　鼻音

发音时,舌尖抵住上齿龈,形成阻塞,软腭下降,打开鼻腔通路,声带颤动,气流从鼻腔透出成声。

发音例词:

南宁 nánníng　　　　　能耐 néngnai　　　　　泥泞 nínìng

l [l]　舌尖中　浊　边音

发音时,舌尖抵住上齿龈,形成阻塞,软腭上升,堵塞鼻腔通路,声带颤动,气流到达口腔,从舌头两边或一边通过。

发音例词:

来历 láilì　　　　　联络 liánluò　　　　　理论 lǐlùn

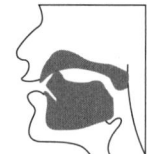

舌尖中音 l
发音示意图

◆绕口令◆

【打特盗】

调到敌岛打特盗,特盗太刁投短刀,挡推顶打短刀掉,踏盗得刀盗打倒。

【谭老汉买蛋和炭】

谭家谭老汉,挑担到蛋摊。买了半担蛋,挑担到炭摊。买了半担炭,满担是蛋炭。老汉忙回赶,回家炒蛋饭。进门跨门槛,脚下绊一绊,跌了谭老汉,破了半担蛋,翻了半担炭,脏了木门槛。老汉看一看,急得满头汗,连说怎么办,老汉怎吃蛋炒饭。

【五老六】

柳林镇有个六号楼,刘老六住在六号楼。有一天,来了牛老六,牵了六个猴;来了侯老六,拉了六头牛;来了仇老六,提了六篓油;来了尤老六,背了六匹绸。牛老六、侯老六、仇老六、尤老六,住上刘老六的六号楼。半夜里,牛抵猴,猴斗牛,撞到了仇老六的油,油坏了尤老六的绸。牛老六帮仇老六收起油,侯老六帮尤老六洗掉绸上油,拴好牛,看好猴,一同上楼去喝酒。

(五)舌尖后音

zh [tʂ]　舌尖后　不送气　清　塞擦音

发音时,舌尖上翘,抵住硬腭前部,软腭上升,堵塞鼻腔通路,声带不颤动。较弱的气流把舌尖阻碍冲开一道窄缝,从窄缝中挤出,摩擦成声。

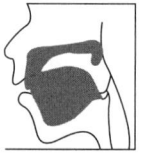

舌尖后音 zh、ch
发音示意图

发音例词：

主张 zhǔzhāng　　　　　　政治 zhèngzhì　　　　　　挣扎 zhēngzhá

ch [tʂʰ]　舌尖后　送气　清　塞擦音

发音状况与 zh 相近，只是气流比 zh 强。

发音例词：

橱窗 chúchuāng　　　　　出差 chūchāi　　　　　　拆穿 chāichuān

sh [ʂ]　舌尖后　清　擦音

发音时，舌尖上翘，接近硬腭前部，形成窄缝，软腭上升，堵塞鼻腔通路，声带不颤动，气流从窄缝中挤出，摩擦成声。

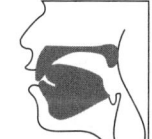

舌尖后音 sh、r
发音示意图

发音例词：

事实 shìshí　　　　闪烁 shǎnshuò　　　　少数 shǎoshù

r [ʐ]　舌尖后　浊　擦音

发音状况与 sh 相近，只是摩擦比 sh 弱，声带颤动。

发音例词：

柔软 róuruǎn　　　　　　仍然 réngrán　　　　　　软弱 ruǎnruò

◆绕口令◆

【大车拉小车】

大车拉小车，小车拉小石头，石头掉下来，砸了小脚指头。

【朱叔锄竹笋】

朱家一株竹，竹笋初长出，朱叔处处锄，锄出笋来煮，锄完不再出，朱叔没笋煮，竹株又干枯。

【施氏食狮史】

石室诗士施氏，嗜狮，誓食十狮。氏时时适市，氏视十狮。恃矢势，使是十狮逝世。氏拾是十狮尸，适石室。石室湿，氏使侍拭石室。石室拭，氏始试食十狮尸。食时，始识十狮尸，实是十石狮尸。试释是事实。

【天上有个日头】

天上有个日头，地下有块石头，嘴里有个舌头，手上有五个手指头。不管是天上的热日头，地下的硬石头，嘴里的软舌头，手上的手指头，还是热日头、硬石头、软舌头、手指头，反正都是练舌头。

(六)舌面前音

j [tɕ]　舌面前　不送气　清　塞擦音

发音时,舌面前部抵住硬腭前部,软腭上升,堵塞鼻腔通路,声带不颤动,较弱的气流把阻碍冲开,形成窄缝,气流从窄缝中挤出,摩擦成声。

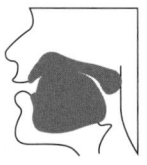

舌面前音 j、q
发音示意图

舌面前音

发音例词:

经济 jīngjì　　　　解决 jiějué　　　　拒绝 jùjué

q [tɕʰ]　舌面前　送气　清　塞擦音

发音状况与 j 相近,只是气流比 j 强。

发音例词:

亲切 qīnqiè　　　　请求 qǐngqiú　　　　确切 quèqiè

x [ɕ]　舌面前　清　擦音

发音时,舌面前部接近硬腭前部,形成窄缝,软腭上升,堵塞鼻腔通路,声带不颤动,气流从窄缝中挤出,摩擦成声。

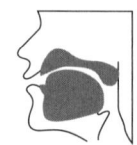

舌面前音 x
发音示意图

发音例词:

学习 xuéxí　　　　详细 xiángxì　　　　相信 xiāngxìn

◆绕口令◆

【京剧与警句】

京剧叫京剧,警句叫警句。京剧不能叫警句,警句不能叫京剧。

【田建贤回家】

田建贤前天从前线回到家乡田家店,只见家乡变化万千,繁荣景象呈现在眼前。连绵不断的青山,一望无际的棉田,新房连成一片,高压电线通向天边。

【漆匠和锡匠】

七巷一个漆匠,西巷一个锡匠,七巷漆匠偷了西巷锡匠的锡,西巷锡匠拿了七巷漆匠的漆,七巷漆匠气西巷锡匠偷了漆,西巷锡匠讥七巷漆匠拿了锡。请问锡匠和漆匠,谁拿谁的锡?谁偷谁的漆?

(七)舌面后音(舌根音)

g [k]　舌面后　不送气　清　塞音

发音时,舌根抵住软腭,软腭后部上升,堵塞鼻腔通路,声带不颤动,较弱的气流冲破阻碍,爆发成声。

舌面后音 g、k
发音示意图

舌面后音

发音例词:

公共 gōnggòng　　　　改革 gǎigé　　　　骨骼 gǔgé

k [kʰ]　舌面后　送气　清　塞音

发音状况与 g 相近,只是气流比 g 强。

发音例词：

可靠 kěkào　　　　宽阔 kuānkuò　　　　困苦 kùnkǔ

h [x]　舌面后　清　擦音

发音时,舌根接近软腭,留出窄缝,软腭上升,堵塞鼻腔通路,声带不颤动,气流从窄缝中挤出,摩擦成声。

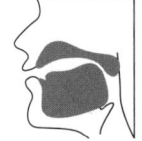

舌面后音 h
发音示意图

发音例词：

呼唤 hūhuàn　　　　缓和 huǎnhé　　　　辉煌 huīhuáng

◆绕口令◆

【哥哥抓鸽】

哥哥过河捉个鸽,回家割鸽来请客,客人吃鸽称鸽肉,哥哥请客乐呵呵。

【哥挎瓜筐过宽沟】

哥挎瓜筐过宽沟,过沟筐漏瓜滚沟。隔沟够瓜瓜筐扣,瓜滚筐空哥怪沟。

【花换瓜】

小花和小华,一同种庄稼。小华种棉花,小花种西瓜。小华的棉花开了花,小花的西瓜结了瓜。小花找小华,商量瓜换花。小花用瓜换了花,小华用花换了瓜。

【老华工葛盖谷】

老华工葛盖谷,刚刚过了海关归国观光,来到了港口公社,观看故国港口风光。昔日港口空空旷旷,如今盖满楼阁,街道宽广。过去高官克扣港口渔工,鳏寡孤独尸骨抛山岗。如今只见桅杆高持帆,渔歌高亢唱海港。归国观光的葛盖谷无限感慨,感慨故国港口无限风光。

(八) 零声母

安　言　忘　云

普通话零声母可以分成两类:(1)开口呼零声母;(2)非开口呼零声母。

零声母

开口呼零声母音节,书面上不用汉语拼音字母表示,但当该音节处于其他音节后面时,在其左上方使用隔音符号'。

发音例词：

傲岸 ào'àn　　　　偶尔 ǒu'ěr　　　　恩爱 ēn'ài

非开口呼零声母即除开口呼以外的齐齿呼、合口呼、撮口呼①三种韵母自成音节的起

---

① "四呼"介绍在本书第 40 页。

始方式。

齐齿呼零声母音节汉语拼音用字母 y 开头,由于起始部分没有辅音声母,实际发音带有轻微摩擦,是半元音①[j]。

发音例词:

洋溢 yángyì　　　　　　谣言 yáoyán　　　　　　游泳 yóuyǒng

合口呼零声母音节汉语拼音用字母 w 开头,实际发音带有轻微摩擦,是半元音[w]。

发音例词:

慰问 wèiwèn　　　　　　外文 wàiwén　　　　　　忘我 wàngwǒ

撮口呼零声母音节汉语拼音用字母 y(yu)开头,实际发音带有轻微摩擦,是半元音[y]。

发音例词:

孕育 yùnyù　　　　　　渊源 yuānyuán　　　　　　元月 yuányuè

四、声母辨正

(一)f 和 h

1.发音辨正

(1)发唇齿音 f 时,上齿与下唇内缘接近,摩擦成声。

(2)发舌根音 h 时,舌头后缩,舌根抬起接近软腭,摩擦成声。

2.辨音对比练习

(1)字对比练习

f—h　　fā—huā　　fān—huān　　fāng—huāng　　fēi—huī　　féng—héng
　　　　发—花　　翻—欢　　　方—慌　　　　飞—灰　　冯—横
　　　　fù—hù　　fǔ—hǔ　　　fáng—huáng　　fèn—hèn　　fàn—huàn
　　　　赴—护　　斧—虎　　　房—黄　　　　愤—恨　　饭—唤

(2)词语对比练习

f—h　　lǐ fà—lǐ huà　　　　fā xiàn—huā xiàn　　　　jiù fù—jiù hù
　　　　理发—理化　　　　　发现—花线　　　　　　舅父—救护
　　　　fèi huà—huì huà　　 fáng chóng—huáng chóng　 fá lì—huá lì
　　　　废话—会话　　　　　防虫—蝗虫　　　　　　乏力—华丽

◆绕口令◆

【理化和理发】

我们要学理化,他们要学理发,理化理发要分清,学会理化却不会理发,学会理发也不懂理化。

---

① 半元音是擦音中摩擦很小的一种音,因为它接近高元音,性质介于元音和辅音之间,所以叫"半元音"。

【卖混纺】

武汉商场卖混纺,红混纺、黄混纺、粉混纺、粉红混纺、黄粉混纺、黄红混纺、红粉混纺很销畅。

【粉红活佛龛】

会糊我的粉红活佛龛,来糊我的粉红活佛龛,不会糊我的粉红活佛龛,不要胡糊、乱糊,糊坏了我的粉红活佛龛。

【黄幌子和方幌子】

老方扛着个黄幌子,老黄扛着个方幌子。老方要拿老黄的方幌子,老黄要拿老方的黄幌子,老黄老方不相让,方幌子碰破了黄幌子,黄幌子碰破了方幌子。

【傅虎虎和胡福福】

前村后刘沟有个傅虎虎,后村前刘沟有胡福福,中伏给队里种萝卜。傅虎虎会种白萝卜不会种红萝卜,胡福福会种红萝卜不会种白萝卜,傅虎虎帮胡福福种白萝卜,胡福福帮傅虎虎种红萝卜。

【灰粪肥】

老队长召开生产会,号召全队来积肥。要想粮成山,必先肥成堆。小飞挑来村南那堆粪,小会挑来村北那堆灰。村北那堆灰要掺上村南那堆粪,村南那堆粪要拌上村北那堆灰。小飞和小会,谁也不怕累,先把灰混粪,再把粪混灰,混成灰粪肥。

f 和 h 声旁代表字类推表

一、f 声母代表字

发—fā 发 fà 发(毛发) fèi 废

乏—fá 乏 fàn 泛

伐—fá 伐阀筏

法—fǎ 法砝

番—fān 翻番藩幡蕃

凡—fān 帆 fán 凡矾

反—fǎn 反返

犯—fàn 犯范饭贩

方—fāng 方芳坊(牌坊) fáng 防妨房肪 fǎng 仿访纺 fàng 放

非—fēi 非菲(芳菲)啡扉绯蜚霏 fěi 诽菲(菲薄)匪悱斐翡 fèi 痱

分—fēn 分(分配)芬吩纷酚氛 fén 汾 fěn 粉 fèn 分(分外)份忿

蜂—fēng 峰烽锋蜂 féng 逢缝(缝补) fèng 缝(缝隙)

风—fēng 风枫疯 fěng 讽

奉—fèng 奉俸

夫—fū 夫肤 fú 芙扶

孵—fū 孵 fú 孚俘浮

甫—fū 敷 fǔ 甫辅脯 fù 傅缚

弗—fú 弗拂佛(仿佛)氟 fó 佛(佛教) fèi 沸费

伏—fú 伏茯袱

福—fú 幅福辐蝠 fù 副富

付—fú 符 fǔ 府俯腑腐 fù 付附咐

父—fǔ 斧釜 fù 父

讣—fù 讣赴

复—fù 复腹馥覆

类推表外的字: fá 罚 fán 繁樊 fàn 梵 fēi 飞妃 féi 肥 fén 坟 fèn 奋愤粪 fēng 丰封 féng 冯 fǒu 否 fú 服 fù 负妇阜赋

二、h声母代表字

禾—hé 禾和

红—hóng 红虹鸿　hòng 讧

洪—hōng 哄（闹哄哄）烘　hóng 洪　hǒng 哄（哄骗）　hòng 哄（起哄）

弘—hóng 弘泓

乎—hū 乎呼

忽—hū 忽惚唿　hú 囫　hù 笏

胡—hú 胡湖葫糊（糨糊）蝴瑚猢　hù 糊（糊弄）

狐—hú 弧狐

虎—hǔ 虎唬琥

户—hù 户护沪

化—huā 花哗（哗啦啦）　huá 华（中华）哗（喧哗）铧骅　huà 化桦华（姓）　huò 货

滑—huá 滑猾

怀—huái 怀　huài 坏

还—huán 还环　huái 怀　huài 坏

寰—huán 寰鬟圜

奂—huàn 奂涣换唤焕痪

荒—huāng 荒慌　huǎng 谎

皇—huáng 皇凰惶徨蝗隍

黄—huáng 黄潢磺簧

晃—huǎng 晃（晃眼）恍幌　huàng 晃（摇晃）

挥—huī 挥晖辉　hūn 荤　hún 浑　hùn 诨

灰—huī 灰咴诙恢

回—huí 回茴蛔洄　huái 徊

悔—huǐ 悔　huì 海晦

惠—huì 惠蕙

会—huì 会荟绘烩

彗—huì 彗慧

昏—hūn 昏阍婚

混—hún 混（混球）馄　hùn 混（混淆）

活—huó 活　huà 话

火—huǒ 火伙

或—huò 或惑

霍—huò 霍藿

类推表外的字： hōng 薨　hóng 宏　hú 壶　hù 互怙　huá 划（划算）　huà 划（规划）画　huái 淮槐踝　huān 欢　huán 桓　huǎn 缓　huàn 幻宦浣患豢　huāng 肓　huī 徽麾　huǐ 毁　huì 卉汇讳秽喙　hún 魂　hé 和（和气）　hè 和（应和）　huó 和（和面）　huò 和（和稀泥）　huō 豁（豁口）　huò 获祸豁（豁达）

(二) n 和 l

1. 发音辨正

(1)相同点：鼻音 n 与边音 l 都是舌尖中音，发音部位相同，发音时舌尖抵住上齿龈。

(2)不同点：鼻音 n 与边音 l 的发音方法不同。发 n 时，舌尖及舌前部两侧先与口腔前上部完全闭合，然后慢慢离开，气流从鼻腔出来，音色比较沉闷；发 l 时，舌尖接触上齿龈，气流从舌头两边透出，然后舌尖轻轻弹开，弹发成声，音色比较清脆。

2. 辨音对比练习

(1) 字对比练习

n—l	nà — là	náo — láo	nán — lán	nǐ — lǐ
	那 — 辣	挠 — 牢	南 — 蓝	你 — 里
	niàn — liàn	niáng — liáng	nuó — luó	nuǎn — luǎn
	念 — 恋	娘 — 凉	挪 — 罗	暖 — 卵

(2)词语对比练习

n—l	nì liú 逆流	nài láo 耐劳	nǎo lì 脑力	nèi lù 内陆	nǔ lì 努力
	nǚ láng 女郎	néng liàng 能量	nián líng 年龄	nuǎn liú 暖流	niǎo lèi 鸟类
l—n	lěng nuǎn 冷暖	liú niàn 留念	liú nián 流年	lǎo nián 老年	lǎo niáng 老娘
	lǎo niú 老牛	lái nián 来年	làn ní 烂泥	lì niào 利尿	liù niǎo 遛鸟

◆绕口令◆

【四辆四轮大马车】

门口有四辆四轮大马车,你爱拉哪两辆来拉哪两辆。

【牛和柳】

河边有棵柳,柳下一头牛,牛要去顶柳,柳枝缠住了牛的头。

【老农闹老龙】

老龙恼怒闹老农,老农恼怒闹老龙,农怒龙恼农更怒,龙恼农怒龙怕农。

【新脑筋】

新脑筋,老脑筋,老脑筋可以改造成新脑筋,新脑筋不学习,就会变成老脑筋。

【牛郎恋刘娘】

牛郎年年恋刘娘,刘娘连连念牛郎,牛郎恋刘娘,刘娘念牛郎,郎恋娘来娘念郎。

【练投篮】

打南边来了两队篮球运动员,一队穿蓝球衣的男运动员,一队穿绿球衣的女运动员。男女运动员都来练投篮,不怕累,不怕难,努力练投篮。

【大娘家里上大梁】

大娘家里上大梁,梁大大娘扛不动,大郎帮大娘扛大梁,大娘不要大郎扛大梁,大郎还要帮大娘扛大梁,大郎大娘扛大梁,大娘家里上大梁。

【拉粮】

老刘和老牛,南宁南岭农场去拉粮,老刘拉了六千六百六十斤六两六的粮,老牛也拉了六千六百六十六斤六两六的粮,俩人拉了两个六千六百六十六斤六两六的粮。

【新郎和新娘】

新郎和新娘,柳林底下来乘凉。新娘问新郎:你是下湖去挖泥,还是下田去扶犁?新郎问新娘:你坐柳下把书念,还是下湖去采莲?新娘抿嘴乐:我采莲,你挖泥,我拉牛,你扶犁。挖完泥,采完莲,扶完犁,咱俩再来把书念。

n 和 l 声旁代表字类推表

一、n 声母代表字

那—Nā 那(姓) nǎ 哪(哪怕) nà 那(那么) 娜(人名用字) né 哪(哪吒) nuó 挪娜(婀娜)

乃—nǎi 乃奶

奈—nài 奈 nà 捺

脑—nǎo 脑恼

呢—ne 呢(语气助词) ní 尼泥(泥巴) 呢(呢绒) nì 昵泥(拘泥)

内—nèi 内 nà 呐纳钠

你—nǐ 你 nín 您

念—niàn 念 niǎn 捻

娘—niáng 娘 niàng 酿

聂—niè 聂镊

孽—niè 孽蘖

宁—níng 宁(宁静)狞拧(拧毛巾) nǐng 拧 nìng 泞宁(宁可)

扭—niǔ 扭纽钮 niū 妞

农—nóng 农浓脓

奴—nú 奴 nǔ 努 nù 怒

懦—nuò 懦糯

诺—nuò 诺 nì 匿

虐—nüè 虐疟

类推表外的字: ná 拿 nài 耐 nán 男难 náng 囊 nào 闹 něi 馁 nèn 嫩 néng 能 nǐ 拟 nì 溺逆腻 nián 年 niǎn 碾 niǎo 鸟 niào 尿 niè 镍 níng 凝 niú 牛 nòng 弄 nuǎn 暖

二、l 声母代表字

拉—lā 拉(拉扯)垃啦 lá 拉(拉了个口子) lǎ 拉(半拉)

喇—lǎ 喇 là 辣 lài 赖癞 lǎn 懒

洛—là 落(丢三落四) lào 络(络子)落(落枕)烙(烙饼)酪 lòu 露(露面) lù 路露(露水)赂 lüè 略 luò 骆络(联络)落(落实)洛烙(炮烙)

腊—là 腊蜡 liè 猎

来—lái 来莱

兰—lán 兰拦栏 làn 烂

蓝—lán 蓝篮 làn 滥

览—lǎn 览揽缆榄

郎—láng 郎廊琅榔 lǎng 朗 làng 浪

捞—lāo 捞唠 láo 劳 lào 涝

老—lǎo 老姥

乐—lè 乐 lì 立

了—le 了(去了) liáo 辽疗 liǎo 了(了解)

雷—léi 雷擂(擂钵) lěi 蕾 lèi 擂(擂台)

累—léi 累(累赘) lěi 累(累计)儡 lèi 累(劳累) luó 骡螺

离—lí 离璃漓篱

里—lǐ 里理 lī 哩 lí 厘狸 liáng 量(测量) liàng 量(产量)

利—lì 利俐莉 lí 梨犁黎

力—lì 力历荔雳励沥 lè 勒(勒索) lēi 勒(勒紧) lèi 肋 liè 劣 lìng 另 lǔ 虏

例—lì 例 liē 咧(大大咧咧) liě 咧(咧嘴) liè 列烈裂

连—lián 连莲 liàn 链 liǎn 琏

廉—lián 廉镰

脸—liǎn 脸敛 liàn 殓

练—liàn 练炼

恋—liàn 恋 luán 峦孪栾

两—liǎng 两俩(伎俩) liǎ 俩(咱俩) liàng 辆

良—liáng 良粮

凉—liáng 凉(凉爽) liàng 亮凉(水太热,凉一凉) 谅晾 lüè 掠	柳—liǔ 柳 liáo 聊
梁—liáng 梁粱	六—liù 六遛
撩—liāo 撩(撩开) liáo 僚疗撩(撩拨) 嘹燎原 liǎo 潦燎(火把头发燎了) liào 瞭镣	龙—lóng 龙聋笼(鸟笼)咙胧 lǒng 拢垄笼(笼罩)
林—lín 林淋(淋巴)琳 lìn 淋(淋病)	娄—lóu 娄偻(佝偻)楼髅 lǒu 搂(搂抱) lǚ 偻(伛偻)屡缕
磷—lín 磷鳞	录—lù 录绿(绿林)碌(劳碌) lǜ 氯绿(绿化)
凛—lǐn 凛廪懔	庐—lú 庐芦炉 lǘ 驴
凌—líng 凌陵菱棱 léng 棱(棱角)	卢—lú 卢颅
令—lìng 令(命令) lěng 冷 līn 拎 lín 邻 líng 令(令狐)伶铃零龄玲翎 lǐng 令(量词)岭领	吕—lǚ 吕侣铝
	虑—lǜ 虑滤
留—liú 留榴馏(蒸馏)瘤 liū 溜(溜走) liù 溜(檐溜)馏(馏馒头)	仑—lún 论(论语)轮仑伦沦 lūn 抡(抡拳) lùn 论(论文)
流—liú 流琉硫	罗—luō 啰(啰唆) luó 罗萝锣箩逻

类推表外的字: láo 牢 lěi 垒 lèi 泪 léng 楞 lǐ 李礼 lì 隶 lián 联 liào 料 lín 临 lìn 吝赁 líng 灵 liú 刘 liǔ 绺 lòu 漏陋 lǔ 卤 lǚ 旅履 lǜ 率律 luǎn 卵 luàn 乱 luō 捋 luǒ 裸

(三) z、c、s 和 zh、ch、sh

1.发音辨正

(1)发平舌音 z、c、s 时,舌尖平伸,抵住或接近上齿背。

(2)发翘舌音 zh、ch、sh 时,舌头放松,舌尖翘起来接触或靠近硬腭前部。

2.辨音对比练习

(1)字对比练习

z—zh	zā—zhā 咂—渣	zuì—zhuì 最—缀	zēng—zhēng 增—蒸	zūn—zhūn 尊—谆	zàn—zhàn 赞—占
c—ch	cái—chái 才—豺	cūn—chūn 村—春	cān—chān 餐—搀	cuī—chuī 崔—吹	cuàn—chuàn 窜—串
s—sh	sù—shù 素—树	sāng—shāng 桑—伤	sǎng—shǎng 嗓—晌	sǎn—shǎn 散—闪	sōu—shōu 搜—收

(2)词语对比练习

z—zh	zǔ zhī 组织	zēng zhǎng 增长	zuì zhèng 罪证	zūn zhòng 尊重	zūn zhào 遵照
zh—z	zhù zuò 著作	zhèng zài 正在	zhǐ zé 指责	zhì zuì 治罪	zhù zào 铸造
c—ch	cāo chí 操持	cán chūn 残春	cán chuǎn 残喘	cún chǔ 存储	cí chéng 辞呈
ch—c	chén cí 陈词	chóu cuò 筹措	chú cǎo 除草	chǔ cún 储存	chǔ cáng 储藏

s—sh	suí shí 随时	suǒ shǔ 所属	sǎo shì 扫视	sǔn shāng 损伤	suǒ shì 琐事
sh—s	shàng sù 上诉	shào suǒ 哨所	shēn sī 深思	shī sè 失色	shōu suō 收缩

◆绕口令◆

z 与 zh

【招租】

早招租,再招租,总找周邹郑曾朱。

【长虫钻砖堆】

长虫围着砖堆转,转完了砖堆钻砖堆。

【抱子看报纸】

报纸是报纸,抱子是抱子,报纸、抱子两回事,抱子不是报纸,看报纸不是看抱子,只能抱子看报纸。

【撕字纸】

隔着窗户撕字纸,一次撕下横字纸,一次撕下竖字纸,是字纸撕字纸,不是字纸,不要胡乱撕一地纸。

【祖传中医】

祖父赵自忠,曾祖赵泽正,祖传中医治心脏病。祖父专治杂难症,曾祖扎针治脓肿。赵泽正传给赵自忠,十四套药书三套针筒,赵自忠学赵泽正,扎针、拔罐儿再去肿。

c 与 ch

【蚕和蝉】

爬来爬去是蚕,飞来飞去是蝉。蚕常在桑叶里藏,蝉藏在树林里唱。

【晒白菜】

大柴和小柴,比赛晒白菜,大柴晒大白菜,小柴晒小白菜。大柴晒了四十斤大白菜,小柴才晒十四斤小白菜。

【粗出气和出气粗】

粗出气种谷,出气粗喂猪。粗出气种的谷,谷穗长得长又粗。出气粗喂的猪,身子长得胖乎乎。出气粗的胖乎乎的大肥猪,偷吃了粗出气又长又粗的品种谷。粗出气用锄打出气粗胖乎乎的大肥猪,出气粗家胖乎乎的大肥猪,再也不吃粗出气家的又长又粗的品种谷。

s 与 sh

【三山撑四水】

三山撑四水,四水绕三山,三山四水春常在,四水三山四时春。

【石狮寺前石狮子】

石狮寺前有四十四个石狮子,寺前的树上结了四十四个涩柿子,四十四个石狮子,不吃四十四个涩柿子,四十四个涩柿子,倒吃了四十四个石狮子。

【三月三】

三月三,阿三撑伞上深山。上山又下山,下山又上山,出了满身汗,湿透一身衫。上山走了四里四,下山跑了三里三,还剩一里金花闪,唱支山歌手摇扇,来了精神跑下山。

z 和 zh 声旁代表字类推表

一、z 声母代表字

匝—zā 匝咂　zá 砸

咋—zǎ 咋　zuó 昨　zuò 作柞

哉—zāi 哉栽　zǎi 载(记载)　zài 载(装载)

宰—zǎi 宰　zǐ 滓

赞—zǎn 攒(积攒)　zàn 赞

脏—zāng 脏(肮脏)脏　zàng 脏(内脏)

臧—zāng 臧　zàng 藏(宝藏)

澡—zǎo 澡藻　zào 燥躁噪

责—zé 责啧

泽—zé 泽择

曾—zēng 曾憎增　zèng 赠

子—zī 孜　zǐ 子仔(仔细)籽　zì 字

zǎi 仔(打工仔)

资—zī 资姿咨　zì 恣

兹—zī 兹嗞滋孳

甾—zī 辎淄缁锱

呲—zī 呲　zǐ 紫　zì 眦

宗—zōng 宗综踪鬃　zòng 粽

奏—zòu 奏揍

租—zū 租　zǔ 阻祖诅俎　zuǐ 咀

卒—zú 卒　zuì 醉

纂—zuǎn 纂　zuàn 攥

尊—zūn 尊遵樽鳟

左—zuǒ 左佐

坐—zuò 坐座

类推表外的字: zā 扎　zá 杂　zāi 灾　zài 在　zán 咱　zàn 暂　zàng 葬　záo 凿　zǎo 早枣蚤　zào 皂灶造　zé 则　zè 仄　zéi 贼　zěn 怎　zǐ 姊　zì 自　zǒng 总　zòng 纵　zōu 邹　zǒu 走　zú 足族　zuān 钻(钻空子)　zuàn 钻(钻井)　zuǐ 嘴　zuì 罪最　zuò 做

二、zh 声母代表字

乍—zhà 炸(炸弹)榨诈　zhǎi 窄　zhá 炸(炸酱面)

占—zhān 占(占卜)沾粘毡　zhàn 占(占领)站战

詹—zhān 詹瞻

斩—zhǎn 斩崭

章—zhāng 章彰樟　zhàng 障

长—zhǎng 长涨　zhāng 张　zhàng 胀帐账

丈—zhàng 丈仗杖

召—zhāo 招昭　zhǎo 沼

折—zhé 折哲　zhè 浙

遮—zhē 遮　zhè 蔗

者—zhě 者　zhū 诸猪　zhǔ 煮　zhù 著

贞—zhēn 贞侦帧

珍—zhēn 珍　zhěn 诊疹

真—zhēn 真　zhèn 镇

枕—zhěn 枕　zhèn 鸠

振—zhèn 振震

正—zhēng 正(正月)征　zhèng 正症怔证政

之—zhī 之芝

支—zhī 支枝肢吱
只—zhī 只(一只)织 zhí 职 zhǐ 只(只要) zhì 帜识
知—zhī 知蜘 zhì 智
旨—zhī 脂 zhǐ 旨指
执—zhí 执 zhì 挚
直—zhí 直值殖 zhì 置
止—zhǐ 止趾址
至—zhì 至致室 zhí 侄
中—zhōng 中忠钟衷 zhǒng 种(种子)肿 zhòng 仲种(种田)
州—zhōu 州洲周

朱—zhū 朱珠蛛株
主—zhǔ 主 zhù 住注柱驻蛙
抓—zhuā 抓 zhuǎ 爪
专—zhuān 专砖 zhuǎn 转(转运) zhuàn 传(传记)转(转速)
庄—zhuāng 庄桩
壮—zhuāng 装妆 zhuàng 壮状
撞—zhuàng 撞幢
隹—zhuī 锥椎 zhǔn 准(榫)
桌—zhuō 桌 zhuó 卓 zhào 罩(啜绰)
啄—zhuó 啄琢

类推表外的字: zhā 渣 zhá 扎闸轧 zhǎ 眨 zhà 栅 zhāi 斋 zhái 宅 zhài 寨 zhǎn 展 zhàn 绽 zhǎng 掌 zhe 着(走着) zháo 着(着急) zhǎo 找 zhào 兆 zhé 辙辄 zhè 这 zhēn 针斟 zhèn 阵 zhèng 郑 zhī 汁 zhì 秩痔滞制 zhōng 终 zhòng 重 zhōu 舟粥 zhǒu 帚 zhòu 咒骤昼 zhú 竹竺逐 zhù 助祝铸筑 zhuài 拽 zhuàn 篆撰赚 zhuī 追 zhuì 缀赘 zhūn 谆 zhuō 捉 zhuó 着(着想)酌

c 和 ch 声旁代表字类推表

一、c 声母代表字

才—cái 才材财
采—cǎi 采睬彩踩 cài 菜
参—cān 参(参加) cǎn 惨 cēn 参(参差)
仓—cāng 仓伧(伧俗)沧苍舱
曹—cáo 曹漕嘈槽螬
侧—cè 侧测厕恻
曾—cēng 噌 céng 曾 cèng 蹭
此—cī 疵 cí 雌 cǐ 此
次—cí 茨瓷 cì 次
慈—cí 慈磁糍鹚

词—cí 词祠 cì 伺(伺候)次
从—cōng 苁枞 cóng 从丛
匆—cōng 匆葱
粗—cū 粗 cú 徂殂 cù 猝
窜—cuān 蹿撺 cuàn 窜
崔—cuī 崔催摧 cuǐ 璀
萃—cuì 萃翠淬瘁粹啐悴
搓—cuō 搓磋蹉
措—cuò 措错 挫锉
痤—cuó 痤矬
村—cūn 村 cǔn 忖 cùn 寸

类推表外的字: cā 擦 cāi 猜 cài 蔡 cān 餐 cán 蚕残 cán 惭 càn 灿 cāo 操糙 cǎo 草 cè 册策 cén 岑 céng 层 cī 差(参差) cí 辞 cì 刺赐 cōng 囱聪 cóng 淙 cù 促簇醋蹴 cuān 氽 cuán 攒 cún 存

二、ch 声母代表字

叉—chā 叉(叉子) chǎ 衩 chà 叉(劈叉)杈
查—chā 喳 chá 查(检查)[zhā 查(姓)]

搀—chān 搀 chán 馋
产—chǎn 产铲
颤—chàn 颤

昌—chāng 昌猖菖阊娼鲳　chàng 唱倡

场—cháng 场(打场)肠　chǎng 场　chàng 畅

尝—cháng 尝偿

抄—chāo 抄钞吵(别瞎吵吵)　chǎo 炒吵

朝—cháo 朝(朝代)潮嘲

车—chē 车

撤—chè 撤澈

辰—chén 辰晨　chún 唇纯

乘—chéng 乘

呈—chéng 呈程　chěng 逞

成—chéng 成城诚盛(盛饭)

橙—chéng 橙澄

丞—chéng 承

池—chí 池驰弛

尺—chǐ 尺　chí 迟

斥—chì 斥　chāi 拆

虫—chóng 虫　chù 触

筹—chóu 筹畴

愁—chóu 愁　chǒu 瞅

出—chū 出　chǔ 础

刍—chú 刍雏(zhòu 皱绉)

厨—chú 厨橱

喘—chuǎn 喘　chuāi 揣(怀揣)　chuǎi 揣(揣测)

吹—chuī 吹炊

垂—chuí 垂捶锤

春—chūn 春椿　chǔn 蠢

类推表外的字：chā 插差(差别)　chá 察　chà 岔差(差劲)诧刹　chāi 差(出差)　chán 缠蟾　chǎn 谄阐 chàn 忏　chāo 超　cháo 巢　chě 扯　chè 掣彻　chēn 嗔琛　chén 沉忱陈尘臣　chèn 趁　chéng 惩　chī 吃 chí 匙持　chǐ 侈耻　chì 赤翅炽　chōng 冲(冲锋)充　chóng 重　chǒng 宠　chòng 冲(冲床)　chōu 抽　chóu 酬仇(复仇)　chū 初　chú 锄除蹰　chǔ 储楚处(处理)　chù 处(处长)矗　chuān 穿　chuàn 串　chuáng 床幢 chuǎng 闯　chuō 戳　chuò 绰

s 和 sh 声旁代表字类推表

一、s 声母代表字

散—sā 撒(撒手)　sǎ 撒(撒播)　sǎn 傘散(散文)
　　sàn 散(散步)

腮—sāi 腮鳃

桑—sāng 桑　sǎng 嗓噪

嫂—sǎo 嫂　sōu 溲搜嗖馊飕螋艘　sǒu 叟

司—sī 司思锶　sì 伺 (伺机)饲

斯—sī 斯厮撕嘶澌

四—sì 四泗驷

隋—suí 隋随　suǐ 髓

遂—suí 遂(半身不遂)　suì 遂(毛遂自荐)隧燧邃

孙—sūn 孙荪狲

锁—suǒ 锁琐唢

梭—suō 梭唆

类推表外的字：sǎ 洒　sà 飒萨　sān 三　sǎn 伞　sāng 丧(丧事)　sàng 丧(丧失)　sāo 臊(腥臊)　sǎo 扫 sào 臊(害臊)　sè 涩色　sēn 森　sēng 僧　sī 丝私　sǐ 死　sì 似肆　sōng 松嵩　sòng 送颂诵宋　sǒu 擞薮 sū 苏稣　sú 俗　sù 肃素诉塑　suī 尿虽睢　suí 绥　suì 岁穗祟碎　sǔn 损笋榫　suō 蓑婆挲缩　suǒ 所索

二、sh 声母代表字

衫—shān 衫杉(杉树)　shā 杉(杉木)

删—shān 删珊

单—shàn 单(姓)　(chán 蝉　chǎn 阐)

善—shàn 善鳝
上—shàng 上尚 shǎng 赏
稍—shāo 稍捎梢 shào 哨
勺—sháo 勺芍
少—shǎo 少
舌—shé 舌 shě 舍(舍命) shè 舍 shì 适 shá 啥
申—shēn 申伸呻绅 shén 神 shěn 审婶
生—shēng 牲笙甥 shèng 胜乘(千乘之国)
师—shī 师狮 shāi 筛(sī 蛳)
诗—shī 诗 shì 恃侍
失—shī 失(zhì 秩)
十—shí 十什

史—shǐ 史驶
市—shì 市柿
式—shì 式试拭
寿—shòu 寿
受—shòu 受授
叔—shū 叔淑
疏—shū 疏蔬梳
暑—shǔ 暑署薯曙属
刷—shuā 刷 shuàn 涮
率—shuài 率(表率)蟀 shuāi 摔
栓—shuān 栓拴
说—shuō 说(说服) shuì 税说(游说)

类推表外的字: shā 煞 shǎ 傻 shà 厦霎 shǎn 闪陕 shāng 伤 shàng 上 shāo 烧 shé 蛇 shè 摄设社赦 shēn 身深 shěn 沈 shèn 慎 shēng 声升 shéng 绳 shèng 盛圣 shī 失施虱湿 shí 拾实 shǐ 始矢 shì 事势室似(似的) shōu 收 shǒu 手守首 shòu 售兽瘦 shū 书枢输 shú 赎 shǔ 蜀鼠数(数一数二) shù 数(数字)墅树竖戍恕束漱庶 shuǎ 耍 shuāi 衰 shuǎi 甩 shuǎng 爽 shuǐ 水 shuì 睡 shùn 顺 shuò 朔烁

(四)r和l

1.发音辨正

(1)发r时,舌尖翘起接近硬腭前部,形成一条缝隙,声带颤动,气流从缝隙中挤而出。

(2)发l时,舌尖在上齿龈上轻轻弹一下,声带颤动,呼出气流。

这两个声母的主要区别:一是舌尖接近或接触的部位不同;二是r是摩擦成声,l是弹发成声。发音时应该仔细揣摩自己的发音部位和发音方法是不是符合这两个要领。

2.辨音对比练习

(1)字对比练习

| r—l | ràng—làng | rè—lè | róu—lóu | rǔ—lǔ | ruǎn—luǎn |
| | 让—浪 | 热—乐 | 柔—楼 | 乳—鲁 | 软—卵 |

(2)词语对比练习

r—r	réngrán	róuruǎn	róngrěn	rǎnrǎn	róuruò	ruǎnruò
	仍然	柔软	容忍	冉冉	柔弱	软弱
r—l	rèliàng	rǎnliào	rǎoluàn	liáorào	liǎorán	lièrén
	热量	染料	扰乱	缭绕	了然	猎人

r声旁代表字类推表

然—rán 然燃髯	戎—róng 戎绒
冉—rǎn 冉苒	荣—róng 荣嵘蝾
嚷—rāng 嚷(嚷嚷) ráng 瓤 rǎng 攘壤(土壤)	柔—róu 柔揉糅蹂
饶—ráo 饶桡娆 rào 绕	如—rú 如茹 rǔ 汝
人—rén 人 rèn 认	儒—rú 儒蠕孺嚅濡
壬—rén 壬任(姓) rěn 荏 rèn 任(任务)妊饪	辱—rǔ 辱 rù 褥蓐
忍—rěn 忍 rèn 刃纫韧仞	阮—ruǎn 阮朊
扔—rēng 扔 réng 仍	若—ruò 若偌
容—róng 容溶熔蓉榕	闰—rùn 闰润

类推表外的字: rǎn 染 ràng 让 rǎo 扰 rè 热 rén 仁 rěn 稔 rì 日 róng 融茸 rǒng 冗 ròu 肉 rǔ 乳 rù 入 ruǎn 软 ruǐ 蕊 ruì 锐睿瑞枘 ruò 弱

(五) b、d、g、j、zh、z 和 p、t、k、q、ch、c

1.发音辨正

(1)发不送气音 b、d、g、j、zh、z 时呼出的气流较弱。

(2)发送气音 p、t、k、q、ch、c 时呼出的气流较强。

2.辨音对比练习

(1)字对比练习

b—p	bá—pá 拔—爬	bài—pài 败—派	bàn—pàn 伴—叛	bèi—pèi 倍—配	bì—pì 避—僻
d—t	dàn—tàn 蛋—炭	dào—tào 稻—套	dí—tí 笛—提	dú—tú 毒—涂	duó—tuó 夺—砣
g—k	guī—kuī 规—亏	guì—kuì 柜—匮	gōng—kōng 公—空	guài—kuài 怪—快	gū—kū 姑—哭
j—q	jí—qí 集—齐	jiān—qiān 歼—千	jié—qié 截—茄	jìn—qìn 近—沁	jú—qú 局—渠
zh—ch	zhá—chá 铡—茶	zhāo—chāo 招—超	zhí—chí 植—迟	zhóu—chóu 轴—稠	zhuài—chuài 拽—踹
z—c	zì—cì 字—刺	zuì—cuì 罪—脆	záo—cáo 凿—曹	zuò—cuò 坐—错	zāi—cāi 灾—猜

(2)词语对比练习

b—p	bīpò 逼迫	bǎipǔr 摆谱儿	bèipò 被迫	bànpiào 半票
p—b	pāibǎn 拍板	pángbiān 旁边	páibǐ 排比	pànbié 判别

d—t	dǐng tì 顶替	dì tǎn 地毯	dòng tan 动弹	dēng tǎ 灯塔
t—d	tǎn dàng 坦荡	tài dù 态度	táng dàn 糖弹	tè diǎn 特点
g—k	gōng kè 功课	gū kǔ 孤苦	gāo kàng 高亢	gōng kāi 公开
k—g	kǎi gē 凯歌	kān guǎn 看管	kǎo gǔ 考古	kè gǔ 刻骨
j—q	jī qì 机器	jiā qī 佳期	Jiā qìng 嘉庆	jiān qiáng 坚强
q—j	qiān jīn 千金	qǔ jù 曲剧	qīng jiǎo 清剿	qún jū 群居
zh—ch	zhī chí 支持	zhǎn chì 展翅	zhàn chē 战车	zhāng chéng 章程
ch—zh	chā zhēn 插针	chá zhèng 查证	chē zhàn 车站	chéng zhì 诚挚
z—c	zì cí 字词	zǎo cāo 早操	zào cì 造次	zá cǎo 杂草
c—z	cì zì 刺字	cái zǐ 才子	cān zàn 参赞	cāo zuò 操作

第三节　韵　母

一、什么是韵母

韵母是音节中声母后面的部分。普通话韵母共有 39 个。韵母和元音不相等。零声母音节全部由韵母构成。普通话韵母主要由元音构成,完全由元音构成的韵母有 23 个,由元音加上辅音构成的韵母(包括鼻韵母)有 16 个。元音发音比较响亮,与辅音声母相比,韵母没有呼读音。

表 2-3　普通话韵母表

韵母

		i	闭地七益	u	布亩竹出	ü	女律局域
a	巴打铡法	ia	加佳瞎压	ua	瓜抓刷画		
e	哥社得合	ie	爹界别叶			üe	靴月略确
o	波魄抹佛			uo	多果若握		
ai	该太白麦			uai	怪坏帅外		
ei	杯飞黑贼			uei	对穗惠卫		
ao	包高茂勺	iao	标条交药				
ou	头周口肉	iou	牛秋九六				
an	半担甘暗	ian	边点减烟	uan	短川关碗	üan	捐全远
en	本分枕根	in	林巾心因	uen	吞寸昏问	ün	军训孕
ang	当方港航	iang	良江向样	uang	壮窗荒王		
eng	蓬灯能庚	ing	冰丁京杏	ueng	翁		
				ong	东龙冲公	iong	兄永穷
ê	欸						
-i(前)	资此思						
-i(后)	支赤湿日						
er	耳二						

二、韵母的分类

(一)按结构特点分类

可分为单韵母、复韵母和鼻韵母三类。

(1)单韵母:共 10 个,a、o、e、ê、i、u、ü、-i(前)、-i(后)、er。

(2) 复韵母：共 13 个，ai、ei、ao、ou、ia、ie、ua、uo、üe、iao、iou、uai、uei。

(3) 鼻韵母：共 16 个，an、en、in、ün、ang、eng、ing、ong、ian、uan、üan、uen、iang、uang、ueng、iong。

(二) 按韵母开头元音的发音口形分类

可分为开口呼、齐齿呼、合口呼、撮口呼四类，统称"四呼"。

(1) 开口呼：指没有韵头 i、u、ü，韵腹也不是 i、u、ü 的韵母，共有 15 个。它们是 a、o、e、ai、ei、ao、ou、an、en、ang、eng、ê、-i(前)、-i(后)、er。

(2) 齐齿呼：韵母是 i 或用 i 起头的，共有 9 个。它们是 i、ia、ie、iao、iou、ian、in、iang、ing。

(3) 合口呼：韵母是 u 或用 u 起头的，共有 10 个。它们是 u、ua、uo、uai、uei、uan、uen、uang、ueng、ong。

(4) 撮口呼：韵母是 ü 或用 ü 起头的，共有 5 个。它们是 ü、üe、üan、ün、iong。

表 2-4 普通话韵母分类总表

按结构分 \ 按四呼分	开口呼	齐齿呼	合口呼	撮口呼
单韵母 (10)	-i(前)、-i(后)	i	u	ü
	a			
	o			
	e			
	ê			
	er			
复韵母 (13)	ai	ia	ua	üe
	ei	ie	uo	
	ao	iao	uai	
	ou	iou	uei	
鼻韵母 (16)	an	ian	uan	üan
	en		uen	
		in		ün
	ang	iang	uang	
	eng		ueng	
		ing	ong	iong

三、韵母发音分析

下面分单韵母、复韵母和鼻韵母三类说明普通话的发音。

(一)单韵母的发音

单韵母的发音特点是发音过程中,舌位和唇形始终不变,保持固定的口形。

第 1 组:a

a[A]　舌面、央、低、不圆唇元音

口大开,舌尖微离下齿背,舌面中部微微隆起和硬腭后部相对。

发音例词:

马达 mǎdá　　　沙发 shāfā　　　大麻 dàmá　　　发达 fādá

◆绕口令◆

【小华和胖娃】

小华和胖娃,两个种花又种瓜,小华会种花不会种瓜,胖娃会种瓜不会种花。

【爸爸和娃娃】

看爸爸娃娃插花穿花褂,手拿仁果仁虾仁蛤蟆,八月爬山看爸爸。巴铺山高巴路滑,雨大风刮树枝扎。瓜哭虾跳蛤蟆叫,累死蛤蟆累瘪瓜。爸爸翻山修公路,路通山富家发达。娃捧仁虾见爸爸,礼轻情重爸爸夸。

第 2 组:o、e

o[o]　舌面、后、半高、圆唇元音

上下唇自然拢圆,舌体后缩,舌面后部隆起和软腭相对,舌位介于半高半低之间。发音时,声带振动,软腭上升,关闭鼻腔通路。舌位比国际音标中的[o]略低一点,圆唇程度也比[u]略低。唇音声母之后的 o,如"波 bō""婆 pó""默 mò""佛 fó"里的 o,并非语言学意义上的单韵母,只是拼写形式与单韵母相同,实际读音与复韵母 uo 相同。

发音例词:

默默 mòmò　　　婆婆 pópo　　　剥削 bōxuē　　　佛寺 fósì

e[ɤ]　舌面、后、半高、不圆唇元音

口半闭,展唇,舌体后缩,舌面后部隆起和软腭相对,声带颤动,软腭上升,关闭鼻腔通路。

发音例词:

客车 kèchē　　　折合 zhéhé　　　特赦 tèshè　　　苛刻 kēkè

◆绕口令◆

【墨与馍】

老伯伯卖墨,老婆婆卖馍,老婆婆卖馍买墨,老伯伯卖墨买馍。墨换馍老伯伯有馍,馍换墨老婆婆有墨。

【颠倒歌】

太阳从西往东落,听我唱个颠倒歌。天上打雷没有响,地下石头滚上坡;江里骆驼会下蛋,山里鲤鱼搭成窝;腊月苦热直流汗,六月暴冷打哆嗦;姐在房中头梳手,门外口袋把驴驮。

【鹅和河】

坡上立着一只鹅,坡下就是一条河。宽宽的河,肥肥的鹅,鹅要过河,河要渡鹅,不知是鹅过河,还是河渡鹅?

【黄贺和王克】

一班有个黄贺,二班有个王克,黄贺王克二人搞创作,黄贺搞木刻,王克写诗歌。黄贺帮助王克写诗歌,王克帮助黄贺搞木刻。由于二人搞协作,黄贺完成了木刻,王克写好了诗歌。

第3组:ê

ê[ɛ] 舌面、前、半低、不圆唇元音

口自然打开,展唇,舌尖抵住下齿背,使舌面前部隆起和硬腭相对,声带颤动,软腭上升,关闭鼻腔通路。(韵母 ê 除语气词"欸"外单用的机会不多,只出现在复韵母 ie、üe 中。)

ê

发音例词:

裂变 lièbiàn　　　解体 jiětǐ　　　绝技 juéjì　　　雪白 xuěbái

第4组:i、ü

i[i] 舌面、前、高、不圆唇元音

口微开,两唇呈扁平形,上下齿相对(齐齿),舌尖接触下齿背,使舌面前部隆起和硬腭前部相对。

i、ü

发音例词:

比例 bǐlì　　　地皮 dìpí　　　契机 qìjī　　　气息 qìxī

ü[y] 舌面、前、高、圆唇元音

两唇拢圆,略向前突,舌尖抵住下齿背,使舌面前部隆起和硬腭前部相对。

发音例词:

序曲 xùqǔ　　　语句 yǔjù　　　区域 qūyù　　　聚居 jùjū

◆绕口令◆

【拖拉机】

一台拖拉机,拉着一张犁,拖拉机拉犁,犁翻地,翻地翻得深又细。拖拉机出的力,犁翻的地,你说是犁犁的地,还是拖拉机翻的地?

【李玉举】

郊区李玉举,家居拥军渠,娶女金云玉,生活如意又宽裕。玉举草场放群驴,云玉河里捕鲫鱼,远近约村民,逢年过节演大戏。玉举唱京剧,云玉唱昆曲,演出遇大雨,躲进屋里改豫剧。

【女小吕和女老李】

这天天下雨,体育局穿绿雨衣的女小吕,去找穿绿运动衣的女老李。穿绿雨衣的女小吕,没找到穿绿运动衣的女老李,穿绿运动衣的女老李,也没见着穿绿雨衣的女小吕。

第5组:u

u[u] 舌面、后、高、圆唇元音

两唇收拢成圆形,略向前突出,舌体后缩,舌面后部隆起和软腭相对。

发音例词:

部署 bùshǔ　　　幅度 fúdù　　　入股 rùgǔ　　　住户 zhùhù

◆绕口令◆

【苏胡子和胡胡子】

苏州有个苏胡子,湖州有个胡胡子。苏州的苏胡子,家里有个梳胡子的梳子,湖州的胡胡子,家里有个梳子梳胡子。

【破布补烂鼓】

屋里一个破烂鼓,扯点破布就来补。也不知是破布补烂鼓,还是破鼓补烂布。只见布补鼓,鼓补布,鼓补布,布补鼓,补来补去,布不成布,鼓不成鼓。

第6组:er

er[ɚ] 卷舌、央、中、不圆唇元音

口自然开启,舌位居中,舌前、中部上抬,舌尖向后卷,和硬腭前部相对。

发音例词:

然而 rán'ér　　　饵料 ěrliào　　　二胡 èrhú　　　儿童 értóng

第7组:-i(前)、-i(后)

-i(前)[ɿ] 舌尖、前、高、不圆唇元音

口略开,展唇,舌尖和上齿背相对,保持适当距离。气流通路虽狭窄,但气流经过时不发生摩擦。这个韵母在普通话里只出现在声母 z、c、s 的后面。

发音例词:

自私 zìsī　　　私自 sīzì　　　辞职 cízhí　　　姿势 zīshì

-i(后)[ʅ] 舌尖、后、高、不圆唇元音

口略开,展唇,舌前端抬起和硬腭前部相对。气流通路虽狭窄,但气流经过时不发生摩擦。这个韵母在普通话里只出现在声母 zh、ch、sh、r 的后面。

发音例词：

支持 zhīchí　　　　试纸 shìzhǐ　　　　时日 shírì　　　　指使 zhǐshǐ

(二)复韵母的发音

复韵母的发音有两个特点：一是发音过程中舌位、唇形一直在变化，由一个元音的发音快速地向另一个元音的发音过渡；二是元音之间的发音有主次之分，主要元音清晰响亮，其他元音轻短或含混模糊。

第1组：前响复韵母 ai、ei、ao、ou

发音时，前头的元音清晰响亮，后头的元音含混模糊，前、后元音发音过渡自然。

ai [aɪ]

起点元音是比单元音 a[A]的舌位靠前的前低不圆唇元音[a]，可以简称为"前 a"。发音时，舌面前部隆起与硬腭相对。从"前 a"开始，舌位向 i 的方向滑动升高，大体停在次高元音[ɪ]。

发音例词：

灾害 zāihài　　　　爱戴 àidài　　　　择菜 zháicài　　　　拍卖 pāimài

◆绕口令◆

【小艾和小戴】

小艾和小戴，一起去买菜。小艾把十斤菜给小戴，小戴有比小艾多一倍的菜；小戴把一半菜给小艾，小艾的菜是小戴的三倍菜。请你想想猜猜，小艾小戴各买了几斤菜？

【白菜和海带】

买白菜，搭海带，不买海带就别买大白菜。买卖改，不搭卖，不买海带也能买到大白菜。

ei [ei]

起点元音是前半高不圆唇元音 e[e]。发音时，舌面前部（略后）隆起对着硬腭中部。从 e 开始，舌位升高，向 i 的方向往前、往高滑动。

发音例词：

配备 pèibèi　　　　非得 fēiděi　　　　沸腾 fèiténg　　　　内涵 nèihán

◆绕口令◆

【冬天雪花是宝贝】

北风吹，雪花飞，冬天雪花是宝贝。去给麦苗盖上被，明年麦子多几倍。

【大妹和小妹】

大妹和小妹，一起去收麦。大妹割大麦，小妹割小麦。大妹帮小妹挑小麦，小妹帮大妹挑大麦。大妹小妹收完麦，噼噼啪啪齐打麦。

ao [ɑu]

起点元音是比单元音 a[A]的舌位靠后的后低不圆唇元音[ɑ]，可以简称为"后 a"。发音时，舌体后缩，使舌面后部隆起。从"后 a"开始，舌位向 u（汉语拼音写作 o，实际发音接近 u）的方向滑动升高。

发音例词：

报道 bàodào　　懊恼 àonǎo　　草帽 cǎomào　　逃跑 táopǎo

◆绕口令◆

【猫闹鸟】

东边庙里有个猫，西边树上有只鸟，不知是猫闹树上鸟，还是鸟闹庙里猫？

【老老道小老道】

高高山上有座庙，庙里住着俩老道，一个年纪老，一个年纪少。庙前长着许多草，有时候老老道煎药，小老道采药，有时候小老道煎药，老老道采药。

ou [ou]

起点元音比单元音 o 的舌位略高、略前，唇形略圆。发音时，从[o]迅速滑向[u]，收尾的 u 接近[ʊ]。

ou

发音例词：

抖擞 dǒusǒu　　守候 shǒuhòu　　叩头 kòutóu　　丑陋 chǒulòu

◆绕口令◆

【黄狗咬我手】

清早上街走，走到周家大门口，门里跳出大黄狗，朝我汪汪大声吼。我捡起砖头打黄狗，黄狗跳起来咬手。不知石头打没打着周家的狗，也不知周家的狗咬没咬着我手指头。

【彩楼、锦绣】

咱队有六十六条沟，沟沟都是大丰收，东山果园像彩楼，西山棉田似锦绣，北山有条红旗渠，滚滚清泉绕山走。过去瞧见这六十六条秃石沟，心里就难受，如今这六十六条彩楼、锦绣、万宝沟，瞧也瞧不够。

第 2 组：中响复韵母 iao、iou、uai、uei

发音时，前头的元音轻短，中间的元音清晰响亮，后头的元音含混模糊，前、中、后元音发音过渡自然。

iao [iau]

在 ao 的基础上增加 i(韵头)到 ao 的发音动程。ao 中的 a 舌位稍高且唇形略扁。① 发音时，舌位先降后升，由前到后，曲折幅度大。唇形从后低不圆唇元音[ɑ]逐渐拢圆。

iao

发音例词：

渺小 miǎoxiǎo　　疗效 liáoxiào　　窈窕 yǎotiǎo　　巧妙 qiǎomiào

◆绕口令◆

【鸟看表】

水上漂着一只表，表上落着一只鸟，鸟看表，表瞪鸟，鸟不认识表，表也不认识鸟。

---

① 王璐,吴洁茹.语音发声[M].4 版.北京:中国传媒大学出版社,2019:56.

【巧巧和小小】

巧巧过桥找嫂嫂,小小过桥找姥姥。巧巧桥上碰着小小,小小让巧巧去找姥姥,巧巧让小小去找嫂嫂,小小、巧巧同去找姥姥、嫂嫂。

iou [iou]

舌位由 i(韵头)向后向低过渡,先降后升,由前到后,曲折幅度较大。唇形从后半高元音[o]逐渐拢圆。

复合元音 iou 在阴平(第一声)和阳平(第二声)的音节里,中间的元音(韵腹)弱化,甚至接近消失,舌位动程主要表现为前后的滑动,成为[iʊ]。如:优[iʊ]、流[liʊ]、究[tɕiʊ]、求[tɕʰiʊ]。这是汉语拼音 iou 省写为 iu 的依据。这种音变是随着声调自然变化的,在语音训练中不必过于强调。

iou

发音例词:

求救 qiújiù　　悠久 yōujiǔ　　优秀 yōuxiù　　流通 liútōng

◆绕口令◆

【一葫芦酒】

一葫芦酒,九两六,一葫芦油,六两九。六两九的油,要换九两六的酒,九两六的酒,不换六两九的油。

【豆和油】

东邻有囤豆,西邻有篓油,我家有只鸡,又有一条狗。鸡啄了豆囤,豆囤漏了豆,狗啃了油篓,油篓流了油。鸡不啄豆囤,豆囤不漏豆,狗不啃油篓,油篓不流油。

uai [uai]

由后高元音 u 开始,舌位向前滑降到前低不圆唇元音[a](即"前 a"),然后再向前高不圆唇元音[i]的方向滑升。发音时,u 发得轻短,a 发得响亮,唇形从前 a 逐渐展唇。

uai

发音例词:

外婆 wàipó　　衰落 shuāiluò　　情怀 qínghuái　　作怪 zuòguài

◆绕口令◆

【槐树歪歪】

槐树歪歪,坐个乖乖。乖乖用手,摔了老酒。酒瓶摔坏,奶奶不怪。怀抱乖乖,出外买买。

【槐树槐】

槐树槐,槐树槐,槐树底下搭戏台,人家的姑娘都来了,我家的姑娘还没来。说着说着就来了,骑着驴,打着伞,歪着脑袋上戏台。

uei [uei]

由后高圆唇元音 u 开始,舌位向前、向下滑到前半高不圆唇元音[e]的位置,然后向前高不圆唇元音[i]的方向滑升。舌位先降后升,前舌面向硬腭上升,曲折幅度较大。唇形从 e 逐渐展唇。

在音节中,uei 受声母和声调的影响,中间的元音弱化,大致有四种情况:(1)在阴平(第一声)或阳平(第二声)的零声母音节里,韵母 uei 中间的元音音素弱化接近消失。例如,"微""围"的韵母弱化为[uɪ]。(2)在声母为舌尖音 z、c、s、d、t、zh、ch、sh、r 的阴平(第一声)和阳平(第二声)的音节里,韵母 uei 中间的元音音素弱化接近消失。例如,"催""推""垂"的韵母弱化为[uɪ]。(3)在声母为舌尖音的上声(第三声)或去声(第四声)的音节里,韵母 uei 中间的元音音素只是弱化,但不会消失。例如,"嘴""腿""最""退"的韵母都弱化成[uᵉɪ]。(4)在声母为舌面后音 g、k、h 的阴平(第一声)或阳平(第二声)音节里,韵母 uei 中间的 e 也只是弱化而不消失。例如,"规""葵"的韵母弱化成[uᵉɪ]。这种音变是随着声母和声调的条件变化的,语音训练中不必过于强调。

发音例词:

退回 tuìhuí　　　未遂 wèisuì　　　垂危 chuíwēi　　　摧毁 cuīhuǐ

◆绕口令◆

【嘴和腿】

嘴说腿,腿说嘴,嘴说腿爱跑腿,腿说嘴爱卖嘴。光动嘴不动腿,光动腿不动嘴,不如不长腿和嘴。

【谁胜谁】

梅小卫叫飞毛腿,卫小辉叫风难追。两人参加运动会,百米赛跑快如飞。飞毛腿追风难追,风难追追飞毛腿。梅小卫和卫小辉,最后不知谁胜谁。

第3组:后响复韵母 ia、ua、ie、üe、uo

发音时,前头的元音轻短,后头的元音清晰响亮,前、后元音发音过渡自然。

ia [iA]

发音时,a 受高元音 i 的影响,舌位稍高,口腔开度比单发时稍闭。i 的发音较短,a 的发音响而长。

ia

发音例词:

夏天 xiàtiān　　　假象 jiǎxiàng　　　惊讶 jīngyà　　　关卡 guānqiǎ

◆绕口令◆

【鸭和霞】

天上飘着一片霞,水上漂着一群鸭。霞是五彩霞,鸭是麻花鸭。麻花鸭游进五彩霞,五彩霞网住麻花鸭。乐坏了鸭,拍碎了霞,分不清是鸭还是霞。

【贾家养虾】

贾家有女初出嫁,嫁到夏家学养虾。喂养的对虾个头儿大,卖到市场直加价。贾家爹爹会养鸭,鸭子虽肥伤庄稼,邻里吵架不融洽,贾家也学养对虾。小虾卡住了鸭子牙,大鸭咬住了虾的夹。夏家公公劝,贾家爹爹压,大鸭不怕吓,小虾装得噔,夏家、贾家没办法。

ua [uA]

舌位由后高位置的 u 渐降,前移至央 a,唇形由圆逐渐展开。u 的发音较短,a 的发音响而长。

ua

发音例词:

挂帅 guàshuài　　华贵 huáguì　　书画 shūhuà　　印刷 yìnshuā

◆绕口令◆

【墙头有个瓜】

墙头上有个老南瓜,掉下来砸着胖娃娃。娃娃叫妈妈,妈妈抱娃娃,娃娃骂南瓜。

【画蛤蟆】

一个胖娃娃,画了三个大花活蛤蟆,三个胖娃娃,画不出一个大花活蛤蟆。画不出一个大花活蛤蟆的三个胖娃娃,真不如画了三个大花活蛤蟆的一个胖娃娃。

ie [iɛ]

舌位由前高元音 i 的位置逐渐下降后移至 ê。i 的发音较短,e 的发音响而长。

ie

发音例词:

贴切 tiēqiè　　结业 jiéyè　　接洽 jiēqià　　熄灭 xīmiè

◆绕口令◆

【捉蝴蝶】

杰杰和姐姐,花园里面捉蝴蝶。杰杰去捉花中蝶,姐姐去捉叶上蝶。

【谢老爹和薛大爹】

谢老爹在街上扫雪,薛大爹在屋里打铁。薛大爹见谢老爹在街上扫雪,就放下手里打着的铁,到街上帮谢老爹扫雪。谢老爹扫完了雪,进屋去帮薛大爹打铁。二人同扫雪,二人同打铁。

üe [yɛ]

舌位由前高位置的 ü 逐渐下降后移至 ê,唇形由圆到不圆。ü 的发音较短,e 的发音响而长。

üe

发音例词:

攫取 juéqǔ　　乐章 yuèzhāng　　缔约 dìyuē　　的确 díquè

◆绕口令◆

【喜鹊】

一群灰喜鹊,一群黑喜鹊。灰喜鹊飞进黑喜鹊群,黑喜鹊群里有灰喜鹊。黑喜鹊飞进灰喜鹊群,灰喜鹊群里有黑喜鹊。

【瘸子和茄子】

打南边来个瘸子,担了一挑子茄子,手里拿着个碟子,地下钉着木头橛子。没留神那橛子绊倒了瘸子,弄撒了瘸子茄子,砸了瘸子碟子,瘸子猫腰拾茄子。

uo [uo]

舌位由后高位置的 u 逐渐下降至 o,唇形始终为圆唇,舌位动程较短。

发音例词：

堕落 duòluò　　　错过 cuòguò　　　国货 guóhuò　　　陀螺 tuóluó

◆绕口令◆

【菠萝和陀螺】

坡上长菠萝,坡下玩陀螺。坡上掉菠萝,菠萝砸陀螺。砸破陀螺补陀螺,顶破菠萝剥菠萝。

【骆驼之国】

骆驼之国骆驼多,骆驼多得数不过。出门骑骆驼,骆驼就是车;汽车遇骆驼,车让骆驼过。你想骑骆驼,请到"骆驼之国":索马里、科威特,还有沙特阿拉伯。

(三)鼻韵母的发音

鼻韵母的发音有两个特点:一是发音时由元音向鼻辅音过渡,逐渐增加鼻音色彩;二是发音不以鼻辅音为主,而是以元音为主,鼻韵母音节在语流中往往受到音节协同发音的影响而丢失鼻尾辅音,使主要元音鼻化。①

除了 ong 与 üan 外,其他前鼻音韵母和后鼻音韵母是一一对应的关系:an—ang、ian—iang、uan—uang、en—eng、uen—ueng、in—ing、ün—iong。

1.前鼻音韵母

第 1 组: an、en、in、ün

发音时,先发元音,发完元音后,软腭下降,逐渐增强鼻音色彩,舌尖贴向上齿龈,作出发 n 的状态即可。

an [an]

由前 a 为起点,舌位逐渐上升,舌尖贴向硬腭前部,气流从鼻腔透出,口形开合度由大渐小,舌位动程较大。

发音例词：

斑斓 bānlán　　　黯然 ànrán　　　参展 cānzhǎn　　　贪婪 tānlán

---

① 王璐,吴洁茹.语音发声[M].4 版.北京:中国传媒大学出版社,2019:58.

◆绕口令◆

【盛饭】

红饭碗、黄饭碗,红饭碗盛满饭碗,黄饭碗盛饭半碗。黄饭碗添了半碗饭,红饭碗减了饭半碗,黄饭碗比红饭碗又多半碗饭。

【蓝布棉门帘】

出南门,往正南,有个面铺面冲南,门口挂着蓝布棉门帘。摘了它的蓝布棉门帘,面铺面冲南,给它挂上蓝布棉门帘,面铺还是面冲南。

en [ən]

以央元音 e[ə]为起点,舌位向上滑动,舌尖贴向上齿龈,气流从鼻腔透出,口形开合度由大渐小,舌位动程较小。

en

发音例词:

本分 běnfèn　　　粉尘 fěnchén　　　沉闷 chénmèn　　　恩人 ēnrén

◆绕口令◆

【小陈和小沈】

小陈去卖针,小沈去卖盆。俩人挑着担,一起出了门。小陈喊卖针,小沈喊卖盆。不知是谁卖针,也不知是谁卖盆。

【盆和瓶】

这边一个人,挑了一挑瓶。那边一个人,担了一挑盆。瓶碰烂了盆,盆碰烂了瓶。卖瓶买盆来赔盆,卖盆买瓶来赔瓶。瓶不能赔盆,盆不能赔瓶。

in [in]

舌尖抵往下齿背发 i 音,然后舌尖贴向上齿龈,软腭下降,气流从鼻腔透出。开口度始终很小,几乎没有变化,舌位动程小。

in

发音例词:

濒临 bīnlín　　　殷勤 yīnqín　　　亲信 qīnxìn　　　拼音 pīnyīn

◆绕口令◆

【土变金】

你也勤来我也勤,生产同心土变金,工人农民亲兄弟,心心相印团结紧。

ün [yn]

先发前高圆唇元音 ü,然后舌尖伸抵上齿龈,软腭下降,气流从鼻腔透出,唇形从圆唇逐渐展开。注意:ün 在 j、q、x 及零声母后汉语拼音写作 un,不要把此音读作[un]。

ün

发音例词:

军训 jūnxùn　　　均匀 jūnyún　　　围裙 wéiqún　　　俊美 jùnměi

◆绕口令◆

【白云和羊群】

蓝天上是片片白云,草原上是银色的羊群。近处看,这是羊群,那是白云;远处看,分不清哪是白云,哪是羊群。

第 2 组:ian、uan、uen、üan

发音时,第一个元音轻而短,第二个元音清晰响亮,发完第二个元音后,软腭下降,逐渐增强鼻音色彩,舌尖贴向上齿龈,作出发 n 的状态即可。

ian [iɛn]

发音时,以 i 为起点,舌位向前低不圆唇元音 a[a]的方向滑降,但只滑到半低元音[ɛ];再升高贴住硬腭前部,舌动程较大。

ian

发音例词:

变迁 biànqiān　　沿线 yánxiàn　　简练 jiǎnliàn　　惦念 diànniàn

◆绕口令◆

【大姐编辫】

大姐梳辫,两个人编。二姐编那半边,三姐编这半边,三姐编这半边,二姐编那半边。

【谁眼圆】

山前有个阎圆眼,山后有个阎眼圆,二人山前来比眼,不知是阎圆眼的眼圆,还是阎眼圆的眼圆。

uan [uan]

发音时,从后高圆唇元音 u 开始,口形迅速由合口变为开口,舌位向前滑降到前低不圆唇元音 a;然后舌位升高,直到舌面前部抵住硬腭前部形成鼻音 n。

uan

发音例词:

贯穿 guànchuān　　婉转 wǎnzhuǎn　　专款 zhuānkuǎn　　换算 huànsuàn

◆绕口令◆

【苏州两判官】

苏州有个玄妙观,观里有两个判官,一个判官姓潘,一个判官姓管。是潘判官先去打管判官呢?还是管判官先去打潘判官呢?

【小范儿边编蒜辫儿边盘算儿】

小范儿编蒜辫儿,边编蒜辫儿边盘算儿,编半辫儿蒜,比编一辫儿蒜少半辫儿,编一辫儿蒜比编半辫儿蒜多半辫儿。小范边编蒜辫儿边盘算儿,编了一辫儿又一辫儿。

uen [uən]

发音时,从后高圆唇元音 u 开始,向央元音 e[ə]滑降,然后舌位升高,直到舌面前部抵住硬腭前部形成鼻音 n。唇形由圆至半开。

uen 受声母和声调的影响,中间的元音(韵腹)弱化,音变条件与 uei 相同。

uen

发音例词:

论文 lùnwén   混沌 hùndùn   温存 wēncún   温顺 wēnshùn

◆绕口令◆

【炖冻冬瓜】

冬瓜冻,冻冬瓜,炖冻冬瓜是炖冻冬瓜,不炖冻冬瓜不是炖冻冬瓜。炖冻冬瓜吃炖冻冬瓜,不炖冻冬瓜不吃炖冻冬瓜。

【初春时节访新村】

初春时节访新村,喜看新村处处春。村前整地做秧床,村后耕田锄草忙。出村来到耕山队,林木茂盛果实壮。农业政策威力大,建设新村处处春。

üan [yæn]

发音时,在 an 音基础上添加由 ü 到 a 的动程,以 ü 为起点,舌位向前 a 方向下降再升高,直到舌面前部抵住硬腭前部形成鼻音 n。唇形由圆至展再到合。

üan

发音例词:

全权 quánquán   圆圈 yuánquān   渊源 yuānyuán   源泉 yuánquán

◆绕口令◆

【画圆圈】

圆圈圆,圈圆圈,圆圆娟娟画圆圈。娟娟画的圈连圈,圆圆画的圈套圈。娟娟圆圆比圆圈,看看谁的圆圈圆。

【男演员 女演员】

男演员、女演员,同台演戏说方言。男演员说吴方言,女演员说闽南言。男演员演远东劲旅飞行员,女演员演鲁迅著作研究员。研究员、飞行员,吴语言、闽南言,你说男女演员演得全不全。

2.后鼻音韵母

ng 是舌面后、浊、鼻音。发音时,软腭下降,关闭口腔,打开鼻腔通道,舌面后部后缩,抵住软腭,声带颤动。

第 1 组:ang、eng、ing、ong

发音时,先发元音,而后软腭下降,逐渐增强鼻音色彩,舌面后部后缩,抵住软腭,作出发 ng 的状态即可。

ang [aŋ]

以后低不圆唇元音 a 为起点,口打开,舌面后部抬起贴向软腭,气流从鼻腔透出。开口度由大渐小,舌位动程较大。

发音例词：

帮忙 bāngmáng　　上场 shàngchǎng　　账房 zhàngfáng　　螳螂 tángláng

◆绕口令◆

【帆布黄】

长江里帆船帆布黄,船舱里放着一张床,床上躺着两位老大娘,她俩亲亲热热拉家常。

【同乡不同行】

辛厂长、申厂长,同乡不同行。辛厂长声声讲生产,申厂长常常闹思想。辛厂长一心只想革新厂,申厂长满口只讲加薪饷。

eng [əŋ]

以后半高不圆唇元音 e 为起点,口半闭,展唇,舌位向上滑动贴向软腭发 e 之后,软腭下降,打开鼻腔通路,同时,舌面后部与软腭闭合,气流从鼻腔透出。

发音例词：

萌生 méngshēng　　省城 shěngchéng　　整风 zhěngfēng　　更正 gēngzhèng

◆绕口令◆

【台灯和屏风】

郑政捧着盏台灯,彭澎扛着架屏风,彭澎让郑政扛屏风,郑政让彭澎捧台灯。

【放风筝】

刮着大风放风筝,风吹风筝挣断绳。风筝断绳风筝松,断绳风筝随风行。风不停,筝不停,风停风筝自不行。

ing [iŋ]

以 i 为起点,舌尖接触下齿背,软腭上升,关闭鼻腔通路。发 i 之后,软腭下降,打开鼻腔通路,同时,舌面后部与软腭闭合,气流从鼻腔透出。唇形没有明显变化。

发音例词：

冰晶 bīngjīng　　硬性 yìngxìng　　精明 jīngmíng　　评定 píngdìng

◆绕口令◆

【天上七颗星】

天上七颗星,树上七只鹰,梁上七个钉,台上七盏灯。拿扇扇了灯,用手拔了钉,举枪打了鹰,乌云盖了星。

【民兵排选标兵】

民兵排选标兵,六班的标兵、七班的标兵、八班的标兵,评比台前比输赢。标兵比标兵,全排选八名,选出前八名,一起上北京。

ong [uŋ]

起点元音略低于 u,舌尖离开下齿背,舌体后缩,舌面后部隆起,软腭上升,气流从鼻腔透出。唇形始终拢圆。

ong

发音例词:

动工 dònggōng　　溶洞 róngdòng　　从容 cóngróng　　瞳孔 tóngkǒng

◆绕口令◆

【两个女孩都穿红】

昨日散步过桥东,看见两个女孩儿都穿红。一个叫红粉,一个叫粉红。两个女孩都摔倒,不知粉红扶红粉,还是红粉扶粉红。

【栽葱和栽松】

冲冲栽了十畦(qí)葱,松松栽了十棵松。冲冲说栽松不如栽葱,松松说栽葱不如栽松。是栽松不如栽葱,还是栽葱不如栽松?

第 2 组:iang、uang、ueng、iong

发音时,第一个元音轻而短,第二个元音清晰响亮,发完第二个元音后,软腭下降,逐渐增强鼻音色彩,舌面后部后缩,抵住软腭,作出发 ng 的状态即可。

iang [iaŋ]

发音时,舌位从前高元音 i 开始,向后滑降到后低元音 a[a],然后升高,接续鼻音 ng。唇形从展唇到开再到微合。

iang

发音例词:

踉跄 liàngqiàng　　像样 xiàngyàng　　想象 xiǎngxiàng　　响亮 xiǎngliàng

◆绕口令◆

【羊撞墙】

杨家养了一只羊,蒋家修了一道墙。杨家的羊撞倒了蒋家的墙,蒋家的墙压死了杨家的羊。杨家要蒋家赔杨家的羊,蒋家要杨家赔蒋家的墙。

【大和尚与小和尚】

大和尚常常上哪厢? 大和尚常常过长江。过长江为哪厢? 过长江看小和尚。大和尚原住襄阳家姓张,小和尚原住良乡本姓蒋,大和尚和小和尚,有事常商量。大和尚说小和尚强,小和尚说大和尚棒。小和尚煎汤,请大和尚尝,大和尚赏小和尚好檀香。

uang [uaŋ]

发音时,舌位从圆唇的后高元音 u 开始,滑降至后低元音 a[a],然后升高,接续鼻音 ng。唇形从圆到开再到微合。

uang

发音例词：

矿床 kuàngchuáng　　往往 wǎngwǎng　　装潢 zhuānghuáng　　狂妄 kuángwàng

◆绕口令◆

【王庄和匡庄】

王庄卖筐,匡庄卖网,王庄卖筐不卖网,匡庄卖网不卖筐,你要买筐别去匡庄去王庄,你要买网别去王庄去匡庄。

ueng [uəŋ]

以后高元音 u 为起点,舌位向下滑动至央 e,再抬起贴向软腭,气流从鼻腔透出。唇形从圆至展。在普通话里,韵母 ueng 只有一种零声母的音节形式 weng。

ueng

发音例词：

翁 wēng　　　　瓮 wèng　　　　富翁 fùwēng　　　　瓮城 wèngchéng

◆绕口令◆

【老翁和老翁】

老翁卖酒老翁买,老翁买酒老翁卖。老翁买酒老翁卖,老翁卖酒老翁买。

iong [yŋ]

从实际发音看,iong 读作[yuŋ]。发音时,先发前高圆唇元音[y],接着软腭下降,打开鼻腔通道,舌面后部向软腭贴近,气流从鼻腔透出。

iong

发音例词：

炯炯 jiǒngjiǒng　　汹涌 xiōngyǒng　　贫穷 pínqióng　　甬道 yǒngdào

四、韵母辨正

(一)单韵母辨正

1. i 与 ü 分辨

i 与 ü 的区别在于不圆唇与圆唇,在保持舌位不变的情况下,i 展唇,ü 圆唇。

2. u 与 ü 分辨

u 和 ü 的区别在于:(1)u 舌位在后,ü 舌位在前。(2)u 的圆唇与 ü 的圆唇形状略有不同,u 最圆,ü 略扁;u 双唇向前突出,ü 双唇不太突出。

3. e 与 o 分辨

e 与 o 的发音情况大致相同,它们之间的主要区别在于唇形,e 不圆唇,o 圆唇。

4.辨音对比练习

i 与 ü

(1)字对比练习

i—ü	qī — qū	nǐ — nǚ	yǐ — yǔ	lǐ — lǚ	xī — xū
	期 — 屈	你 — 女	椅 — 雨	李 — 屡	稀 — 虚
ie—üe	qié — qué	jié — jué	xiē — xuē	xié — xué	yè — yuè
	茄 — 瘸	节 — 决	歇 — 靴	鞋 — 学	页 — 悦
ian—üan	yān — yuān	qián — quán	jiǎn — juǎn	yǎn — yuǎn	jiān — juān
	烟 — 冤	前 — 全	减 — 卷	眼 — 远	兼 — 娟
in—ün	qín — qún	yīn — yūn	xìn — xùn	yǐn — yǔn	jìn — jùn
	琴 — 群	因 — 晕	信 — 讯	引 — 陨	尽 — 郡

(2)词语对比练习

i—ü	bǐ yì — bǐ yù	bàn lǐ — bàn lǚ	bù jí — bù jú
	比翼 — 比喻	办理 — 伴侣	不及 — 布局
ie—üe	xiēzi — xuēzi	qièshí — quèshí	xiéhuì — xuéhuì
	蝎子 — 靴子	切实 — 确实	协会 — 学会
ian—üan	qiáncái — quáncái	yóuyán — yóuyuán	qiánshuǐ — quánshuǐ
	钱财 — 全才	油盐 — 游园	潜水 — 泉水
in—ün	cānjīn — cānjūn	xīnzhì — xūnzhì	báiyín — báiyún
	餐巾 — 参军	心智 — 熏制	白银 — 白云

u 与 ü

(1)字对比练习

u—ü	lù — lǜ	shǔ — xǔ	rú — yú	shū — xū	chū — jū
	路 — 率	属 — 许	如 — 鱼	书 — 虚	出 — 居
uan—üan	shuān — xuān	chuǎn — quǎn	huán — xuán	guān — juān	ruǎn — xuǎn
	栓 — 轩	喘 — 犬	环 — 旋	关 — 鹃	软 — 选
uen—ün	shùn — xùn	shǔn — yǔn	dùn — jùn	chūn — jūn	wén — yún
	顺 — 迅	吮 — 陨	盾 — 郡	春 — 均	文 — 云

(2)词语对比练习

u—ü	shùmù — xùmù	jì shù — jì xù	jì lù — jì lǜ
	树木 — 畜牧	技术 — 继续	记录 — 纪律
uan—üan	huáchuán — huáquán	shuānzi — xuànzi	chuánshuō — quànshuō
	划船 — 划拳	栓子 — 楦子	传说 — 劝说
uen—ün	shùndào — xùndǎo	wēnshùn — xùnshùn	shuǐwén — shuǐyùn
	顺道 — 训导	温顺 — 驯顺	水纹 — 水运

e 与 o

(1)字对比练习

e—o	gē — bō	gé — pó	kē — pō	hé — fó	hé — mō	gé — bó
	歌 — 播	阁 — 婆	科 — 坡	禾 — 佛	河 — 摸	格 — 博

(2)词语对比练习

e—o　　hé gé — pò gé　　tè sè — pǒ cè　　dà hé — dà fó　　kē pò — mó pò
　　　　合格　—　破格　　特色　—　叵测　　大河　—　大佛　　磕破　—　磨破

◆绕口令◆

i 与 ü

【驴踢梨】

一头驴,驮筐梨,驴一跑,滚了梨。驴跑梨滚梨绊驴,梨绊驴蹄驴踢梨。

【吕里和李丽】

李丽栽了一园李,吕里栽了满园梨。李丽摘李送吕里,吕里摘梨送李丽。吕里向李丽学摘李,李丽向吕里学栽梨。吕里和李丽,互相来学习。

【小曲、小菊去储蓄】

小曲、小菊去储蓄。小菊存了两千一百七十一元一角七,小曲存一千七百一十七元七角一。储蓄员告诉小曲和小菊,七年后所得利息每人可买一台电视机。

u 与 ü

【吴先生和余先生】

徐州吴先生骑驴去泸州,屡次遇见雨和雾。苏州余先生上路去徐州,五次买回布与醋。

【金锯锯金柱】

朱家有个金柱子,曲家有个金锯子。曲家的主人拘了朱家的举人,金锯子锯断了金柱子。

e 与 o

【大哥和二哥】

大哥有大锅,二哥有二锅,大哥要换二哥的二锅,二哥不换大哥的大锅。

【鹅过河】

哥哥弟弟坡前坐,坡上卧着一只鹅,坡下流着一条河,哥哥说:宽宽的河。弟弟说:白白的鹅。鹅要过河,河要渡鹅。不知是鹅过河,还是河渡鹅。

i 和 ü 韵母代表字类推表

一、i 韵母代表字类推表

几—jī 几(几率)机肌饥讥叽玑矶　jǐ 几(几何)

及—jí 圾芨 jí 及级极汲岌

疾—jí 疾蒺嫉

即—jí 唧 jí 即 jì 暨鲫既

己—jǐ 己 jì 记纪忌 qǐ 岂起杞

技—jì 屐 jī 技伎妓 qí 歧岐

冀—jì 冀骥 yì 翼

离—lí 离篱漓璃蓠

里—lǐ 厘狸 lǐ 里哩理鲤俚娌

立—lì 立粒苙笠 qì 泣 yì 翌

丽—lí 鹂鲡 lì 丽俪郦

厉—lì 厉励砺蛎

利—lí 梨犁黎 lì 利莉俐痢猁蜊

力—lì 力历沥栃雳

尼—nī 妮 ní 尼泥(泥土)呢(呢喃)怩 nǐ 旎
　　nì 昵伲泥(拘泥)

倪—ní 倪霓猊 nì 睨

妻—qī 妻凄萋

沏—qī 沏 qì 砌

齐—qí 齐脐蛴 jī 跻 jǐ 济(人才济济)挤 jì 剂荠济
　　（救济）

其—qī 期欺 qí 其棋旗萁骐琪祺綦麒 jī 箕

奇—qí 奇骑崎 qǐ 绮 jī 畸犄 jì 寄 yī 漪
　　yǐ 椅倚旖

乞—qǐ 乞 qì 迄讫 yì 屹

西—xī 西牺茜栖

膝—xī 膝 qī 漆

析—xī 析晰淅蜥 yí 沂

奚—xī 奚溪蹊

息—xī 息熄螅 qì 憩

希—xī 希稀郗唏

喜—xī 嘻嬉僖熹 xǐ 喜

昔—xī 昔惜

衣—yī 衣依 yì 裔

夷—yí 夷姨胰咦痍荑

怡—yí 怡贻

乙—yǐ 乙 yì 亿艺忆呓 qì 气汽

以—yǐ 以苡

役—yì 役疫

意—yì 意臆薏噫癔

益—yì 益溢缢

义—yí 仪 yǐ 蚁 yì 义议

易—yì 易蜴 tī 踢剔 tì 惕

揖—yī 揖 jī 缉 jí 辑楫

译—yì 译绎驿(zé 择泽 duó 铎)

亦—yì 亦弈奕

类推表外的字： jī 激积鸡击羁姬 jí 吉棘集急亟籍 jǐ 给(给养) jì 寂计季祭际继绩 qī 七 qí 祁畦芪 qǐ 启企 qì 弃契器 xī 熙兮夕犀 xí 席檄袭习 xǐ 洗徙玺 xì 戏系细隙 yī 医伊 yí 疑沂宜颐移遗彝 yǐ 矣 yì 弋抑诣逸肄熠异

二、ü韵母代表字类推表

居—jū 居裾据(拮据) jù 锯剧据(根据) 踞倨

且—jū 且(古助词)狙疽 jǔ 沮龃咀(咀嚼)
　　qū 蛆

菊—jū 鞠掬 jú 菊

句—jū 拘驹 jù 句 xù 煦

具—jù 具惧俱飓

巨—jǔ 矩 jù 巨距拒炬苣 qú 渠

屡—lǚ 屡缕褛偻(伛偻)

吕—lǚ 吕铝侣

虑—lǜ 虑滤

区—qū 区驱躯岖

曲—qū 曲(弯曲)蛐 qǔ 曲(歌曲)

瞿—qú 瞿衢癯

取—qǔ 取娶 qù 趣 jù 聚

虚—xū 虚嘘墟 qù 觑

胥—xū 胥 xù 婿

畜—xù 畜(畜牧)蓄

于—yū 迂吁(象声词) yú 于盂竽 yǔ 宇 yù 芋
　　xū 吁(长吁短叹)

禹—yú 禹愚隅 yù 遇寓

於—yū 於(姓)淤瘀

余—yú 余 xú 徐 xù 叙

俞—yú 俞榆愉瑜喻揄逾渝 yù 愈喻谕

欲—yù 欲峪浴裕

予—yǔ 予 yù 预 xù 序

臾—yú 臾 谀 腴 萸 yǔ 庾 瘐

鱼—yú 鱼 渔

与—yú 欤 yǔ 与(与其)屿 yù 与(参与)

语—yǔ 语 圄

雨—yǔ 雨 xū 需

羽—yǔ 羽 xǔ 诩 栩

禹—yǔ 禹 qǔ 龋

昱—yù 昱 煜

玉—yù 玉 钰

聿—yù 聿 lǜ 律

域—yù 域 阈

类推表外的字: jū 车 jú 桔橘 jǔ 举 jù 遽 qū 屈 qù 去 xū 须 xǔ 许浒(浒浦) xù 旭恤绪续絮 xu 蓿(首蓿)

(二)复韵母辨正

读复韵母要重点处理好韵头、韵腹和韵尾的关系,发音过程中要滑行到位,不要跳跃分割。在许多方言中,都有韵头丢失、归音不准确、口腔开度不够、圆展唇不到位等问题,我们在学习时要尤为注意。

1.单韵母和复韵母分辨不清

在有些方言中,常有把单韵母读成复韵母或把复韵母读成单韵母的情况。

2.辨音对比练习

(1)字对比练习

u—ou	zǔ — zǒu 组 — 走	dǔ — dǒu 堵 — 斗	shū — shōu 书 — 收	lù — lòu 路 — 漏	sū — sōu 苏 — 搜
i—ei	bǐ — běi 比 — 北	mǐ — měi 米 — 美	bì — bèi 碧 — 背	mì — mèi 密 — 妹	nǐ — něi 你 — 馁
ü—ou	xiū — lóu 修 — 楼	yù — ròu 欲 — 肉	xiù — lòu 锈 — 陋	yú — róu 于 — 揉	jǔ — chǒu 举 — 丑
ü—iou	qū — qiū 屈 — 丘	jù — jiù 巨 — 舅	qū — qiū 区 — 邱	jú — jiǔ 局 — 九	qú — qiú 渠 — 球
ü—ei	lǜ — lèi 绿 — 类	nǚ — nèi 女 — 内	lǚ — lèi 铝 — 泪	qú — lěi 渠 — 蕾	jù — bèi 句 — 被
uo—o	tuō — fó 拖 — 佛	luò — mò 落 — 末	suō — bō 缩 — 波	zuò — pò 做 — 迫	zuǒ — bǒ 左 — 跛
ai—e	chāi — chē 拆 — 车	zhāi — zhē 斋 — 遮	gāi — gē 该 — 歌	mái — me 埋 — 么	cài — cè 菜 — 册
ai—a	pài — pà 派 — 怕	mǎi — mǎ 买 — 马	cāi — cā 猜 — 擦	zāi — zā 灾 — 匝	mài — mà 卖 — 骂
ia—a	qià — kā 恰 — 咖	xià — hā 吓 — 哈	qiā — gā 掐 — 旮	jiā — zá 夹 — 砸	yā — sǎ 鸭 — 洒
iao—ao	qiáo — cháo 桥 — 潮	xiāo — zhāo 宵 — 招	qiǎo — zǎo 巧 — 早	miào — mào 妙 — 貌	xiào — sào 笑 — 臊
ian—an	qián — chán 前 — 馋	xiān — shān 先 — 山	piàn — pàn 骗 — 盼	miàn — màn 面 — 慢	biān — bān 边 — 班

uen—en	sūn—sēn 孙—森	tūn—shēn 吞—身	shùn—shèn 顺—甚	zhǔn—zhěn 准—枕	hùn—hěn 混—很
uei—ei	zuǐ—zéi 嘴—贼	tuǐ—děi 腿—得	suí—shéi 随—谁	guǐ—gěi 鬼—给	cuì—fèi 脆—费

(2) 词语对比练习

u—ou	xiǎozǔ—xiǎozōu 小组—小邹	dúzhēn—dòuzhēng 毒针—斗争	mùhuà—móuhuà 募化—谋划	dàlù—dàlóu 大陆—大楼
i—ei	zìbì—zìbēi 自闭—自卑	xúnmì—xúnméi 寻觅—寻梅	pífū—pèifú 皮肤—佩服	mǐlì—měilì 米粒—美丽
ü—ou	xùyì—shòuyì 蓄意—授意	júshì—lóushì 局势—楼市	qūzhǎng—shǒuzhǎng 区长—首长	yùzú—róuzú 狱卒—揉足
ü—iou	xùmù—xiǔmù 序幕—朽木	qūcái—xiùcái 屈才—秀才	jùzi—jiùzi 句子—舅子	yǔyán—yóuyān 语言—油烟
ü—ei	lǚcì—lěicì 屡次—累次	nǚrén—nèirén 女人—内人	qùwèi—měiwèi 趣味—美味	jǔlì—fèilì 举例—费力
uo—o	zhuómó—zhuōmō 琢磨—捉摸	luōsuo—mōsuǒ 啰唆—摸索	bōluò—bōduó 剥落—剥夺	bóruò—pòluò 薄弱—破落
ai—e	mùchái—mùchē 木柴—木车	kāibá—kē ba 开拔—磕巴	bǐsài—bìsè 比赛—闭塞	cáilüè—cèlüè 才略—策略
ai—a	càidì—cādì 菜地—擦地	hǎibá—hǎdá 海拔—哈达	kāishǐ—kāshí 开始—喀什	zhāiyào—zhàyào 摘要—炸药
ia—a	jià zi—chā zi 架子—叉子	xiàtiān—shātián 夏天—沙田	qià sì—shā sǐ 恰似—杀死	jiā fǎ—shā fā 加法—沙发
iao—ao	jiǎofèi—gǎofèi 缴费—稿费	qiāodǎ—kǎodǎ 敲打—拷打	miáotou—máotóu 苗头—矛头	xì piào—xì páo 戏票—戏袍
ian—an	xiānrén—shānrén 仙人—山人	xiàntóu—shàntóu 线头—汕头	miǎnyì—mǎnyì 免疫—满意	piānzhāng—pánzhàng 篇章—盘账
uen—en	sǔnrén—sēnlín 损人—森林	tūn tǔ—shēnshǒu 吞吐—身手	kùnfá—kěnhuāng 困乏—垦荒	zūnshǒu—zěnyàng 遵守—怎样
uei—ei	huīsè—hēisè 灰色—黑色	xiǎozuǐ—xiǎozéi 小嘴—小贼	duìhuàn—děikuī 兑换—得亏	zhuīsuí—lèibié 追随—类别

(三) 鼻韵母辨正

1. an 与 ang

an 与 ang 在发音上有三点不同:第一,韵腹 a 舌位前后不同,an 由"前 a"开始发音,ang 由"后 a"开始发音。第二,舌位的滑动路线和终点位置不同,发 an 音时,舌尖贴向硬腭前部,舌面稍抬;发 ang 音时,舌尖离开下齿背,舌头后缩,舌根抬起贴向软腭。收 an 音时,舌前伸;收 ang 音时,舌头后缩。第三,收音时,比较二者口形,an 上下齿闭拢,ang 口微开。

2. en 与 eng

en 与 eng 在发音上有三点不同:第一,起点元音不同,en 由央 e 开始发音,eng 由后半高不圆唇元音 e 开始发音。第二,发 en 音舌头前伸,发 eng 音舌头后缩。第三,发 en 音舌头位置变化不大,收音时,上下齿闭拢,而发 eng 音舌根上抬,软腭下降,收音时,口微开,上下齿不闭拢。

3. in 与 ing

in 由 i 开始发音,舌尖抵住下齿背,软腭下降,气流从鼻腔透出。ing 也是由 i 开始发音的,舌尖接触下齿背,舌根抵住软腭,气流从鼻腔透出。注意由 i 滑动到 n、ng 时,舌位不要降低,不要发成 ien、ieng。

4. 辨音对比练习

(1) 字对比练习

an—ang	mǎn—mǎng 满—莽	lán—láng 蓝—狼	hán—háng 寒—航	dān—dāng 单—当	shǎn—shǎng 闪—赏
	zàn—zàng 赞—葬	sān—sāng 叁—桑	gān—gāng 干—刚	bǎn—bàng 板—棒	wán—wǎng 完—网
en—eng	mén—méng 门—蒙	bèn—bèng 笨—蹦	shēn—shēng 身—声	zhēn—zhēng 真—争	hén—héng 痕—横
	sēn—sēng 森—僧	cén—céng 岑—层	zhēn—zhēng 珍—睁	zěn—zhěng 怎—整	wén—wēng 文—翁
in—ing	bīn—bīng 宾—兵	pín—píng 贫—平	yīn—yīng 因—英	jǐn—jǐng 紧—井	pīn—pīng 拼—乒
	xìn—xìng 信—姓	jìn—jìng 进—竟	pín—píng 贫—凭	bīn—bīng 彬—冰	mín—míng 民—名

(2) 词语对比练习

an—ang	lànmàn—làngmàn 烂漫—浪漫	xīnfán—xīnfáng 心烦—新房	zànsòng—zàngsòng 赞颂—葬送
	dǎnliàng—dāngliàng 胆量—当量	bānshǒu—bāngshǒu 扳手—帮手	fǎnwèn—fǎngwèn 反问—访问
en—eng	shēnmíng—shēngmíng 申明—声明	qīngzhēn—qīngzhēng 清真—清蒸	shěnshì—shěngshì 审视—省事
	qiūfēn—qiūfēng 秋分—秋风	zhěnzhì—zhěngzhì 诊治—整治	fēnfù—fēngfù 吩咐—丰富
in—ing	rénmín—rénmíng 人民—人名	línshí—língshí 临时—零食	pínmín—píngmín 贫民—平民
	qīnshēng—qīngshēng 亲生—轻生	bùjǐn—bùjǐng 不仅—布景	jǐnbào—jǐngbào 紧抱—警报

◆绕口令◆

an 与 ang

【船和床】

对河过来一只船,这边漂去一张床,行到河中互相撞,不知床撞船,还是船撞床。

【扁担长板凳宽】

扁担长,板凳宽。板凳没有扁担长,扁担没有板凳宽。扁担要绑在板凳上,板凳偏不让扁担绑在板凳上。

en 与 eng

【真冷】

冷冷,真冷,真正冷,冷冰冰,冰冷冷。人人都说冷,猛的一阵风,更冷。

【陈和程】

姓陈不能说成姓程,姓程也不能说成姓陈。禾木边是程,耳东边是陈,如果陈程不分,就会认错人。

【棚倒盆碎】

老彭捧着一个盆,路过老闻干活儿的棚,老闻的棚碰了老彭的盆,棚倒盆碎棚砸盆,盆碎棚倒盆撞棚。老彭要赔老闻的棚,老闻要赔老彭的盆,老闻陪着老彭去买盆,老彭陪着老闻来修棚。

in 与 ing

【银星】

天上有银星,星旁有阴云,阴云要遮银星,银星躲过阴云,不让阴云遮银星。

【夫新的父亲】

夫新的父亲名叫福清,福清就是夫新的父亲,福清要夫新叫他父亲,福清不要夫新叫他福清。

【敬母亲】

生身亲母亲,谨请您就寝,请您心宁静,身心很要紧。新星伴月明,银光澄清清,尽是清静境,敬铃不要惊。您醒我进来,进来敬母亲。

an 和 ang 韵母代表字类推表

一、an 韵母代表字

安—ān 安鞍氨 àn 案按

庵—ān 庵鹌 ǎn 俺

暗—àn 暗黯

般—bān 般搬瘢 pán 磐

扮—bàn 扮 bān 颁 pàn 盼

半—bàn 半伴拌绊 pàn 叛畔判

参—cān 参(参加) cǎn 惨 sān 叁

搀—chān 搀 chán 谗馋

单—dān 单(单据)郸殚 dǎn 掸 dàn 弹(子弹)惮 chán 单(单于)婵禅蝉 tán 弹(弹簧) shàn 单(姓单)

旦—dǎn 胆 dàn 旦但担 tǎn 坦袒

淡—dàn 淡氮啖 tán 谈痰 tǎn 毯

番—fān 番翻蕃 pān 潘 pán 蟠

凡—fān 帆 fán 凡矾

反—bān 扳 bǎn 板坂版舨 fǎn 反返 fàn 贩饭

甘—gān 甘柑泔疳 hān 酣 hán 邯

敢—gǎn 敢橄 hān 憨 kàn 瞰阚

干—gān 干(干净) 肝竿杆 gǎn 赶 gàn 干(干劲)

àn 岸 hān 犴 hán 邗 hǎn 罕 hàn 旱焊捍悍汗 kān 刊

感—gǎn 感 hǎn 喊 hàn 撼
函—hán 函涵 hàn 菡
砍—kǎn 砍坎
兰—lán 兰拦栏 làn 烂
蓝—lán 蓝褴篮 làn 滥
阑—lán 阑澜斓
览—lǎn 览揽榄缆
瞒—mán 瞒 mǎn 满
曼—mán 馒鳗 màn 谩蔓漫蔓(蔓草)
难—nán 难 tān 滩摊瘫
南—nán 南楠 nǎn 蝻腩
攀—pān 攀 pàn 襻
冉—rǎn 坤 rǎn 冉苒

然—rán 然燃
山—shān 山舢 shàn 汕疝疝
扇—shān 扇(扇动)煽 shàn 扇(扇子)
膻—shān 膻 shàn 擅 chàn 颤(颤抖) tán 檀 zhàn 颤(颤栗)
珊—shān 珊珊删姗
潭—tán 潭谭 qín 覃(姓氏)
炭—tàn 炭碳
赞—zǎn 攒(积攒) zàn 赞瓒 cuán 攒(人头攒动)
占—zhān 占(占卜)沾粘(粘贴) zhàn 占(占领)站战 nián 黏
詹—zhān 詹瞻 shàn 赡 dàn 澹
斩—zhǎn 斩崭 cán 惭 zàn 暂 jiàn 渐
展—zhǎn 展辗(辗转)

类推表外的字： àn 暗 bàn 办瓣 cān 餐 cán 蚕 chán 缠 chǎn 谄 chàn 忏 dān 耽 dàn 诞蛋 fàn 犯范泛 gān 尴 gàn 赣 hán 寒含韩 hàn 汉 kàn 看 lán 婪岚 lǎn 懒 mán 蛮 nán 男 pán 盘 pàn 盼 rǎn 染 sān 三 sǎn 散(散文)伞 sàn 散(分散) shān 衫杉 shǎn 闪陕 tān 贪 tán 坛 tǎn 忐 tàn 叹探 zán 咱 zhàn 湛蘸栈绽

二、ang 韵母代表字

邦—bāng 邦帮梆 bǎng 绑
仓—cāng 仓沧苍舱
昌—chāng 昌菖猖鲳 chàng 唱倡
长—cháng 长(长短) chàng 怅 zhāng 张 zhǎng 长涨(高涨) zhàng 帐胀账涨(涨红了脸)
场—cháng 场(场院)肠 chǎng 场(会场) chàng 畅 dàng 荡 shāng 殇觞 tàng 烫
当—dāng 当裆 dǎng 挡(挡箭牌) dàng 档挡(摒挡)
方—fāng 方芳 fáng 防妨房坊 fǎng 仿访纺 fàng 放
冈—gāng 冈纲钢刚 gǎng 岗
缸—gāng 缸肛扛(扛鼎) gàng 杠 káng 扛(扛活)
康—kāng 康慷糠

亢—kàng 亢炕抗伉 āng 肮 háng 杭吭(引吭高歌)航 hàng 沆
良—liáng 良粮 liàng 踉 lāng 啷 láng 狼郎廊榔螂琅 lǎng 朗 làng 浪 niáng 娘
忙—máng 忙芒氓盲茫
莽—mǎng 莽蟒
旁—pāng 膀(膀肿)滂 páng 旁磅螃膀(膀胱) bǎng 榜膀(臂膀) bàng 傍谤磅镑
桑—sāng 桑 sǎng 嗓搡
上—shàng 上 ràng 让
尚—shàng 赏 tǎng 躺 shàng 尚 shang 裳 cháng 常嫦 chǎng 敞 dǎng 党 táng 堂膛螳 tàng 淌倘躺 tàng 趟 zhǎng 掌
襄—xiāng 襄镶 rāng 嚷(嚷嚷) ráng 瓤 rǎng 嚷(叫嚷)壤攘

唐—táng 唐塘搪糖
庄—zhuāng 庄桩　zāng 赃脏(肮脏)　zàng 脏
　　(内脏)

章—zhāng 章彰樟蟑　zhàng 障瘴嶂幛
丈—zhàng 丈杖仗

类推表外的字： áng 昂　àng 盎　bàng 棒蚌(河蚌)　chǎng 厂　gǎng 港　hāng 夯　háng 行(银行)　xíng 行(行为)　pāng 乓　páng 庞　pàng 胖　sāng 丧(丧事)　sàng 丧(丧失)　shāng 伤　xiàng 向　zàng 葬藏(西藏)　cáng 藏(矿藏)

en 和 eng 韵母代表字类推表

一、en 韵母代表字

本—bēn 奔　běn 本苯　bèn 笨
辰—chén 辰晨　shēn 娠　zhèn 震振赈
恩—ēn 恩　èn 摁
分—fēn 分纷芬吩氛酚　fén 汾　fěn 粉　fèn
　　忿份　pén 盆
沈—shěn 沈　chén 忱　zhěn 枕　zhèn 鸩
甚—shèn 甚　zhēn 斟
艮—gēn 根跟　gěn 艮　hén 痕　hěn 狠很
　　hèn 恨　kěn 恳垦
肯—kěn 肯啃
真—zhēn 真　zhěn 缜　zhèn 镇　chēn 嗔
　　shèn 慎

门—mēn 闷(闷热)焖　mén 门扪　mèn 闷(闷
　　不乐)　men 们
贲—bēn 贲　pēn 喷　fèn 愤
人—rén 人　rèn 认
刃—rěn 忍　rèn 刃仞纫韧
壬—rén 壬任(姓任)　rèn 任(任务)妊
参—shēn 参(人参)　shèn 渗
申—shēn 申绅伸呻砷　shén 神　shěn 审婶
　　chēn 抻(抻面)
珍—zhēn 珍　zhěn 疹诊　chèn 趁
贞—zhēn 贞侦桢祯
臻—zhēn 臻蓁榛

类推表外的字： chén 沉臣尘陈　chèn 衬称(相称)　fén 坟焚　fèn 粪　gèn 亘　nèn 嫩　rén 仁　sēn 森　shēn 身　shén 什　zěn 怎　zhèn 阵朕

二、eng 韵母代表字

曾—cēng 噌　céng 曾(曾经)　cèng 蹭
　　sēng 僧　zēng 增憎　zèng 赠
成—chéng 成城诚盛(盛饭)　shèng(盛大)
呈—chéng 呈程　chěng 逞　zèng 锃
丞—chéng 丞　zhēng 蒸　zhěng 拯
乘—chéng 乘　shèng 乘(千乘之国)剩
登—dēng 登蹬　dèng 瞪澄(把水澄清)凳
　　chéng 澄(澄清事实)橙
风—fēng 风枫疯　fěng 讽　fèng 凤

丰—fēng 丰　bèng 蚌
奉—fèng 奉俸　pěng 捧(bàng 棒)
封—fēng 封葑
锋—fēng 锋烽蜂峰　féng 逢缝(缝纫)　fèng 缝
　　(缝隙)　péng 蓬篷
更—gēng 更(更新)　gěng 埂梗哽　gèng 更(更
　　加)(yìng 硬)
庚—gēng 庚赓
亨—hēng 亨哼　pēng 烹
坑—kēng 坑吭(吭声)

楞—léng 楞楞(楞角) lèng 愣
蒙—mēng 蒙(蒙骗) méng 蒙(蒙蔽)檬朦
　　měng 蒙(蒙古族)
萌—méng 萌盟
孟—měng 猛锰勐 mèng 孟
朋—péng 朋硼棚鹏 bēng 绷(绷带)崩嘣
　　běng 绷(绷着脸) bèng 蹦绷(绷瓷)
砰—pēng 砰怦抨

彭—pēng 嘭 péng 彭澎膨
扔—rēng 扔 réng 仍
生—shēng 生笙甥牲 shèng 胜
誊—téng 誊腾滕藤
争—zhēng 争挣(挣扎)峥筝铮狰 zhèng 挣(挣钱)
正—zhēng 正(正月)征症(症结) zhěng 整
　　zhèng 正(正确)政证怔症(症状) chéng 惩

类推表外的字: béng 甭 bèng 迸泵 céng 层 chēng 撑瞠称(称赞) chéng 承 chěng 骋 chèng 秤 dēng 灯 děng 等 dèng 邓 féng 冯 gēng 羹耕 gěng 耿 héng 恒横衡 kēng 铿 léng 棱 lěng 冷 néng 能 pèng 碰 shēng 声升 shéng 绳 shěng 省 shèng 圣 téng 疼 zhèng 郑

in 和 ing 韵母代表字类推表

一、in 韵母代表字

宾—bīn 宾滨缤傧槟(槟子) bìn 殡鬓膑摈
　　pín 嫔
今—jīn 今矜 qín 琴 yín 吟
斤—jīn 斤 jìn 靳近 qín 芹 xīn 欣新昕(tīng 听)
堇—jǐn 堇谨馑瑾 jìn 觐 qín 勤
尽—jǐn 尽(尽快) jìn 尽(尽力)烬
禁—jīn 禁(不禁)襟 jìn 禁(禁止)
磷—lín 磷麟磷嶙鳞粼
林—lín 林淋霖琳 bīn 彬
凛—lǐn 凛廪懔(bǐng 禀)
民—mín 民岷珉 mǐn 泯抿

频—pín 频颦 bīn 濒
侵—qīn 侵寝 jìn 浸
禽—qín 禽擒噙
心—xīn 心芯 qìn 沁(ruǐ 蕊)
辛—xīn 辛莘(莘庄)锌新薪 shēn 莘(莘莘学子)
因—yīn 因茵姻洇
引—yǐn 引蚓
阴—yīn 阴 yìn 荫
银—yín 银垠龈
隐—yǐn 隐瘾

类推表外的字: bīn 斌 jīn 津巾金筋 jǐn 锦仅 jìn 晋进 lín 临 lìn 吝 mǐn 皿敏闽 nín 您 pín 贫 pǐn 品 pìn 聘 qīn 亲钦 qín 秦 xīn 馨 xìn 信衅 yīn 音殷 yín 寅 yǐn 饮尹 yìn 印

二、ing 韵母代表字

兵—bīng 兵槟(槟榔) pīng 乒
丙—bǐng 丙柄炳 bìng 病
并—bǐng 饼屏(屏气) bìng 并摒 píng 屏(屏风)瓶(pīn 姘)

丁—dīng 丁叮盯仃钉(钉子)疔 dǐng 顶酊
　　dìng 订钉(钉扣子) tīng 厅汀 tíng 亭
宁—níng 宁(宁静)狞咛拧(拧毛巾) nǐng 拧(拧螺丝) nìng(宁可)泞拧(脾气拧)
定—dìng 定锭腚(zhàn 绽)

京—jīng 京鲸惊 jǐng 景憬 yǐng 影

经—jīng 经茎 jǐng 颈 jìng 劲(刚劲)径胫 qīng 轻氢

井—jǐng 井阱

竟—jìng 竟镜境竞

敬—jīng 警 jìng 敬 qíng 擎

令—líng 令(令狐)玲岭铃伶苓零羚龄囹聆翎 lǐng 领岭 lìng 令(līn 拎 lín 邻)

陵—líng 陵菱凌绫

名—míng 名茗铭 mǐng 酩

冥—míng 冥溟螟暝瞑

平—píng 平苹评坪

青—qīng 清清蜻 qíng 晴情氰 qǐng 请 jīng

晴精菁睛 jìng 靖靓

磬—qìng 磬罄

顷—qīng 倾 qǐng 顷

亭—tíng 亭停婷葶

廷—tíng 廷庭蜓霆 tǐng 挺铤艇

星—xīng 星腥猩惺 xǐng 醒

形—xíng 形刑型邢 jīng 荆

性—xìng 性姓

幸—xìng 幸悻

英—yīng 英瑛

婴—yīng 婴樱缨鹦

萤—yīng 莺 yíng 萤莹荧营萦鉴荥

盈—yíng 盈楹

类推表外的字: bīng 冰 bǐng 禀秉 dǐng 鼎 jīng 旌兢晶 líng 灵 lìng 另 míng 明鸣 mìng 命 níng 凝 píng 凭 qīng 卿 qìng 庆 tīng 听 xīng 兴(兴奋) xíng 行 xǐng 省(不省人事) xìng 杏兴(高兴) shěng 省(省会) yīng 应(应该)鹰 yíng 赢蝇迎 yǐng 颖 yìng 应(应考)硬映

第四节 声 调

一、声调的概念

字音的高低升降叫作声调,又叫作字调。① 例如,"马"(mǎ)和"骂"(mà)就是靠声调区别意义的。

声调的高低升降主要决定于音高,而音高的变化又是由发音时声带的松紧决定的。发音时,声带越紧,在一定时间内振动的次数越多,音高就越高;声带越松,在一定时间内振动的次数越少,音高就越低。在发音过程中,声带可以随时调整,有时可以一直绷紧,有时可以先放松后绷紧,或先绷紧后放松,有时松紧相间。这样造成不同音高的变化,就构成了不同的声调。

普通话声调是区别词意的重要条件,如果说话时没有声调,就无法准确表达汉语的意义,也不能完整地标注汉语的语音。相同的声母、韵母组合在一起,可以因为声调的不同而表示不同的意思。例如:

---

① 中国社会科学院语言研究所词典编辑室.现代汉语词典[M].7版.北京:商务印书馆,2016:1171.

dá yí	dá yì	dà yí	dà yì	gū lì	gǔ lì
答疑	达意	大姨	大意	孤立	鼓励

tǔ dì	tú dì	huì yì	huí yì	kǒu zi	kòu zi
土地	徒弟	会议	回忆	口子	扣子

zhū zi	zhú zi	zhǔ zi	zhù zi	lí zǐ	lǐ zi
珠子	竹子	主子	柱子	梨子	李子

wǒ yào yān	wǒ yào yán	wǒ yào yǎn	wǒ yào yàn
我要烟	我要盐	我要演	我要砚

二、调值、调类与调号

(一)调值

调值是声调的实际读法,通常用"五度标调法"表示:一条竖线表示高低,竖线的左边用线条表示声调高低、升降、曲直的变化。竖线的高低分为"低、半低、中、半高、高"五度,用1、2、3、4、5表示,阴平为55,阳平为35,上声为214,去声为51。

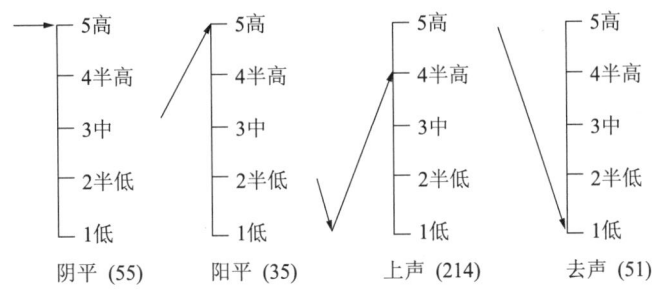

图2-2 普通话声调的四种调值

表2-5 普通话声调表

调类(四声)	调号	例字	调型	调值	调值说明
阴平	ˉ	妈 mā	高平	55	起音高高一路平
阳平	ˊ	麻 má	中升	35	由中到高往上升
上声	ˇ	马 mǎ	降升	214	先降然后再扬起
去声	ˋ	骂 mà	全降	51	从高降到最下层

声调

(二)调类

调类就是声调的分类,是根据声调的实际读法归纳出来的。有几种实际读法,就有几种调类。普通话有四种基本的调值,可以归纳出四个调类。

普通话音节中,凡调值为55的,归为一类,叫阴平,如"江山多娇"等;凡调值为35

的,归为一类,叫阳平,如"人民团结"等;凡调值为 214 的,归为一类,叫上声,如"美好理想"等;凡调值为 51 的,归为一类,叫去声,如"庆祝大会"等。调类名称也可以用序数表示,称为一声、二声、三声、四声,简称"四声"。

(三)调号

调号就是标记普通话调类的符号。《汉语拼音方案》规定的调号是:阴平"ˉ"、阳平"ˊ"、上声"ˇ"、去声"ˋ"。声调是音节高低升降的调子,声调的变化主要体现在韵腹,即主要元音上,所以调号要标在韵腹上。

汉语的六个主要元音中,发音最响亮的是 a,其他依次是 o、e、i、u、ü。一个音节有 a,调号就标在 a 上,如 chāo(超);没有 a,就标在 o 或 e 上,如 zhōu(周)、pèi(配);碰到 iu、ui 组成的音节,就标在最后一个元音上,如 niú(牛)、duì(队)。调号如标在 i 上,i 上面的圆点可以省去,如 yīng(英)、xīn(欣)。轻声不标调,如 māma(妈妈)、yuèliang(月亮)。

三、声调练习

(一)阴平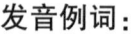

发音时,声带绷到最紧("最紧"是相对的,下同),没有明显变化,保持高音。

发音例词:

| 低微 dīwēi | 吃亏 chīkuī | 交叉 jiāochā | 嚣张 xiāozhāng |
| 供需 gōngxū | 摔跤 shuāijiāo | 军官 jūnguān | 拖车 tuōchē |

阴平

(二)阳平

发音时,声带从不松不紧开始,逐渐绷紧,到最紧为止,声音由不低不高升到最高。

发音例词:

| 闸门 zhámén | 航程 hángchéng | 神灵 shénlíng | 尤为 yóuwéi |
| 顽强 wánqiáng | 抉择 juézé | 黄连 huánglián | 从而 cóng'ér |

阳平

(三)上声

发音时,声带从略微有些紧张开始,立刻松弛下来,稍稍延长,然后迅速绷紧,但没有绷到最紧。发音过程中,声音主要表现在低音段 1—2 度之间,这是上声的基本特征。上声的音长在普通话 4 个声调中是最长的。

上声

发音例词:

| 法典 fǎdiǎn | 好转 hǎozhuǎn | 领主 lǐngzhǔ | 打鼓 dǎgǔ |
| 旅馆 lǚguǎn | 口语 kǒuyǔ | 勉强 miǎnqiǎng | 奶粉 nǎifěn |

(四)去声

发音时,声带从紧开始,然后松弛。声音由高到低。去声的音长在普通话4个声调中是最短的。

去声

发音例词:

| 正派 zhèngpài | 变动 biàndòng | 械斗 xièdòu | 救济 jiùjì |
| 树立 shùlì | 剧烈 jùliè | 势必 shìbì | 驾驭 jiàyù |

◆绕口令◆

【大猫毛短】
大猫毛短,小猫毛长,大猫毛比小猫毛短,小猫毛比大猫毛长。(阴平、阳平)

声调绕口令

【刘兰柳蓝】
布衣履刘兰柳,布履蓝衣柳兰刘,兰柳拉犁来犁地,兰刘播种来拉耧。(阳平、上声)

【任命不是人名】
任命是任命,人名是人名,任命不是人命,人名不是任命,人名不能任命。人是人,任是任,名是名,命是命,人、任、名、命,要分清。(阳平、去声)

【不怕不会】
不怕不会,就怕不学,一回不会,再来一回,决不后悔,直到学会。(阳平、上声、去声)

【梨和栗】
老罗拉了一车梨,老李拉了一车栗。老罗人称大力罗,老李人称李大力。老罗拉梨做梨酒,老李拉栗去换梨。(阳平、上声、去声)

【小柳和小妞】
路东住着刘小柳,路南住着牛小妞,刘小柳拿着大皮球,牛小妞抱着大石榴,刘小柳把皮球送给牛小妞,牛小妞把石榴送给刘小柳。(阴平、阳平、上声)

【妈妈骑马】
妈妈骑马,马慢,妈妈骂马。舅舅搬鸠,鸠飞,舅舅揪鸠。姥姥喝酪,融酪,姥姥捞酪。妞妞哄牛,牛拧,妞妞拧牛。(阴平、上声、去声)

【磨坊磨墨】
磨坊磨墨,墨抹磨坊一磨墨。小猫摸煤,煤飞小猫一毛煤。(阴平、阳平、上声、去声)

【啃嘴泥】
你说一,我对一,一个阿姨搬桌椅,一个小孩不注意,绊一跟斗,啃一嘴泥。(阴平、阳平、上声、去声)

【老史捞石老师】
老师叫老史去捞石,老史老是没有去捞石,老史老是骗老师,老师老说老史不老实。(阴平、阳平、上声、去声)

四、声调难点

(一)阴平与阳平

阴平与阳平训练时应防止出现的问题:阴平,一是不能达到调值 55 的高度,有的读成 44 或 33 的调值;二是前后高度不一致,即在普通话水平测试的第一题单音节字词的朗读中,阴平忽高忽低,音高不稳定。阳平,一是升调带曲势,即出现所谓"拐弯"现象;二是为避免"拐弯"而发声急促,影响普通话应有的舒展的音感。

1.阴平练习

(1)全阴平练习

丹 dān	蹲 dūn	装 zhuāng	机 jī	颁 bān
猜 cāi	趴 pā	薪 xīn	该 gāi	烘 hōng
呼吸 hūxī	几乎 jīhū	沙滩 shātān	期间 qījiān	贪污 tānwū
悄悄 qiāoqiāo	弯曲 wānqū	分工 fēngōng	安心 ānxīn	风光 fēngguāng

春天花开 chūntiānhuākāi　　江山多娇 jiāngshānduōjiāo　　珍惜光阴 zhēnxīguāngyīn

(2)阴平在前的词语练习

凄凉 qīliáng	清查 qīngchá	今年 jīnnián	珊瑚 shānhú	山河 shānhé
安稳 ānwěn	班长 bānzhǎng	包裹 bāoguǒ	参考 cānkǎo	缺点 quēdiǎn
机构 jīgòu	家教 jiājiào	开办 kāibàn	科室 kēshì	勘探 kāntàn

(3)阴平在后的词语练习

儿孙 érsūn	繁多 fánduō	国家 guójiā	寒暄 hánxuān	胡说 húshuō
保温 bǎowēn	把关 bǎguān	厂家 chǎngjiā	处方 chǔfāng	打击 dǎjī
旱灾 hànzāi	耐心 nàixīn	间接 jiànjiē	抗击 kàngjī	客观 kèguān

2.阳平练习

(1)全阳平练习

才 cái	蝉 chán	随 suí	言 yán	权 quán
敌 dí	成 chéng	人 rén	驴 lǘ	蚀 shí
来由 láiyóu	离奇 líqí	茫然 mángrán	然而 rán'ér	神奇 shénqí
熟人 shúrén	杂文 záwén	颓唐 tuítáng	萌芽 méngyá	察觉 chájué

豪情昂扬 háoqíng'ángyáng　　回国华侨 huíguóhuáqiáo　　人民团结 rénmíntuánjié

(2)阳平在前的词语练习

麻花 máhuā	南方 nánfāng	泥坑 níkēng	旁边 pángbiān	服务 fúwù
毒品 dúpǐn	而且 érqiě	罚款 fákuǎn	烦恼 fánnǎo	国有 guóyǒu
鼻涕 bítì	白炽 báichì	裁判 cáipàn	常见 chángjiàn	答案 dá'àn

(3)阳平在后的词语练习

超额 chāo'é	当局 dāngjú	单词 dāncí	阿谀 ēyú	恩情 ēnqíng
椭圆 tuǒyuán	网球 wǎngqiú	委员 wěiyuán	整洁 zhěngjié	主持 zhǔchí
课程 kèchéng	破除 pòchú	那时 nàshí	内容 nèiróng	漫长 màncháng

(二)上声与去声

上声,调值是214,它是普通话四个声调里最不易读好的。常见的问题:一是调头太高(读成314),二是调尾太高(读成215),三是调尾太低(读成212或213),四是整个声调偏高(几乎无曲势,读成324),五是声调中断(读成21-4),六是声调曲折生硬。去声的主要问题是缺乏音高概念,不是从最高降到最低,而是加大音强,读成调值31或53。

1.上声练习

(1)全上声练习

使 shǐ	扰 rǎo	保 bǎo	笔 bǐ	管 guǎn	奖 jiǎng	党 dǎng	此 cǐ
主 zhǔ	损 sǔn	紧 jǐn	所 suǒ	产 chǎn	港 gǎng	品 pǐn	打 dǎ
感 gǎn	委 wěi	粉 fěn	赶 gǎn	鼓 gǔ	舞 wǔ	海 hǎi	守 shǒu

(2)上声在前的词语练习(上声读为半上21,属于变调现象)

海滨 hǎibīn	口腔 kǒuqiāng	假装 jiǎzhuāng	检修 jiǎnxiū	可观 kěguān
法人 fǎrén	改革 gǎigé	果实 guǒshí	海拔 hǎibá	广博 guǎngbó
倘若 tǎngruò	损耗 sǔnhào	体力 tǐlì	统治 tǒngzhì	往日 wǎngrì

(3)上声在后的词语练习

撒谎 sāhuǎng	三角 sānjiǎo	听讲 tīngjiǎng	贪嘴 tānzuǐ	微小 wēixiǎo
如果 rúguǒ	食品 shípǐn	外语 wàiyǔ	田野 tiányě	提审 tíshěn
窃取 qièqǔ	入口 rùkǒu	授予 shòuyǔ	特点 tèdiǎn	神勇 shényǒng

2.去声练习

(1)全去声练习

件 jiàn	滥 làn	事 shì	布 bù	器 qì
告 gào	侧 cè	面 miàn	澳 ào	浪 làng
目录 mùlù	面貌 miànmào	那样 nàyàng	耐力 nàilì	怄气 òuqì
确定 quèdìng	锐利 ruìlì	售货 shòuhuò	腊月 làyuè	浪漫 làngmàn
日夜变化 rìyèbiànhuà	运动大会 yùndòngdàhuì		胜利闭幕 shènglìbìmù	

(2)去声在前的词语练习

爱心 àixīn	报销 bàoxiāo	弊端 bìduān	刺激 cìjī	扩张 kuòzhāng
个人 gèrén	汉学 hànxué	好奇 hàoqí	价格 jiàgé	鉴别 jiànbié
号码 hàomǎ	见解 jiànjiě	教养 jiàoyǎng	电子 diànzǐ	矿井 kuàngjǐng

(3) 去声在后的词语练习

帆布 fānbù　　干脆 gāncuì　　关注 guānzhù　　黑夜 hēiyè　　呵斥 hēchì

敌对 díduì　　额外 éwài　　然后 ránhòu　　扶助 fúzhù　　泊位 bówèi

讨论 tǎolùn　　水利 shuǐlì　　请假 qǐngjià　　品质 pǐnzhì　　暖气 nuǎnqì

(三)消除入声训练

1.消除入声

普通话里没有入声。古代的入声字分别归到普通话的阴平、阳平、上声、去声四个声调里了,其中归到去声里的最多。许多方言里都有入声,吴方言里的入声几乎都带有塞音韵尾,读音短促。这种短促的入声残留会明显影响整体语调,所以学习普通话声调时,要特别注意消除入声。

2.声调对比练习

gēnggǎi—gěnggài　　xiāngjiāo—xiàngjiāo　　tícái—tǐcái
更改—梗概　　　　香蕉—橡胶　　　　题材—体裁

jìnqū—jìnqǔ　　diāolíng—diàolìng　　bǎowèi—bāowéi
禁区—进取　　　凋零—调令　　　　保卫—包围

huānyíng—huànyǐng　　chūnjié—chúnjié　　bānjí—bānjī
欢迎—幻影　　　　春节—纯洁　　　　班级—班机

fénhuǐ—fēnhuì　　féiliào—fèiliào　　ānhǎo—ànhào
焚毁—分会　　　肥料—废料　　　　安好—暗号

liánxì—liànxí—liánxī　　chéngshì—chéngshí—chēngshì
联系—练习—怜惜　　　　城市—诚实—瞠视

chéngbāo—chéngbǎo—chéngbào　　huāxiāng—huáxiáng—huàxiàng
承包—城堡—呈报　　　　　　花香—滑翔—画像

dìzhǐ—dìzhì—dǐzhì—dìzhī　　biānzhì—biǎnzhí—biānzhī—biànzhì
地址—地质—抵制—地支　　　编制—贬值—编织—变质

yǔyán—yúyàn—yùyán—yùyǎn　　gōngshì—gòngshì—gōngshí—gōngshǐ
语言—鱼雁—预言—预演　　　公式—共事—工时—公使

fángzhǐ—fǎngzhī—fàngzhì—fángzhì—fǎngzhì—fāngzhì
防止—纺织—放置—防治—仿制—方志

3.四声练习

sānhuáng wǔ dì　　qūbié hǎo jì　　shēn móu yuǎn lǜ　　bīng qiáng mǎ zhuàng
三皇五帝　　　区别好记　　　深谋远虑　　　兵强马壮

gāo péng mǎn zuò　　yīng xióng hǎo hàn　　wàn lǐ cháng zhēng　　bèi jǐng lí xiāng
高朋满座　　　　英雄好汉　　　　万里长征　　　背井离乡

nòng qiǎo chéng zhuō　　xì qǔ yán jiū　　tòng gǎi qián fēi　　mù gǔ chén zhōng
弄巧成拙　　　　戏曲研究　　　痛改前非　　　暮鼓晨钟

sì hǎi wéi jiā　　wàn gǔ liú fāng　　miào shǒu huí chūn　　mò shǒu chéng guī
四海为家　　　万古流芳　　　妙手回春　　　墨守成规

第五节 音 节

一、普通话音节的结构

音节是语音的基本结构单位,由一个或几个音素按一定规律组合而成。普通话音节一般由声母、韵母和声调三部分组成,韵母内部又分韵头、韵腹、韵尾。其结构类型如表 2-6。

表 2-6 音节的结构

结构成分 例 字	声母 (辅音)	韵母			声调
		韵头 (介音)	韵腹 (主要元音)	韵尾	
				元音	辅音	
鹅 é	零		e			阳平
我 wǒ	零	u	o			上声
袄 ǎo	零		a	o		上声
安 ān	零		a		n	阴平
优 yōu	零	i	o	u		阴平
王 wáng	零	u	a		ng	阳平
姑 gū	g		u			阴平
雀 què	q	ü	ê			去声
才 cái	c		a	i		阳平
针 zhēn	zh		e		n	阴平
怪 guài	g	u	a	i		去声
爽 shuǎng	sh	u	a		ng	上声

从表中我们可以看出普通话音节结构有以下特点:

1.每一个音节都必须有声母、韵腹和声调,可以没有韵头和韵尾。韵腹一般是元音,声母可以是零声母,所以元音和声调是普通话音节读音不可缺少的成分。

2.元音最多可以有三个,而且连续排列,分别充当韵母的韵头、韵腹和韵尾。

3.辅音只出现在音节的开头和末尾,没有辅音连续排列的情况,zh 声母、ng 韵尾是双字母的音素符号,表示一个辅音音位。

4.韵头只能由 i、u、ü 充当。

5.元音韵尾由 i、o、u 充当,辅音韵尾只能由 n、ng 充当。

6.各元音都能充当韵腹。如果韵母不止一个元音,一般总是开口度较大、舌位较低的元音充当韵腹(如 a、o、e),只有在韵母中没有其他元音成分时,i、u、ü 才能充当韵腹。

二、普通话声韵拼合规律

普通话声母、韵母的组合有很强的规律性,掌握了普通话声韵的拼合规律,可以更清楚地认识普通话的语音系统,区别普通话音节和方言音节,对学习普通话有很大帮助。

普通话声母和韵母的拼合规律主要表现在声母的发音部位和韵母"四呼"的关系上。根据声母的发音部位和韵母的"四呼"的不同,普通话声母和韵母的拼合规律如表 2-7。

表 2-7　声母和韵母拼合规律

	开口呼	齐齿呼	合口呼	撮口呼
双唇音 b、p、m	＋	＋	只跟 u 相拼	
唇齿音 f	＋		只跟 u 相拼	
舌尖中音 d、t	＋	＋	＋	
舌尖中音 n、l	＋	＋	＋	＋
舌根音 g、k、h	＋		＋	
舌面音 j、q、x		＋		＋
舌尖后音 zh、ch、sh、r	＋		＋	
舌尖前音 z、c、s	＋		＋	
零声母 ϕ	＋	＋	＋	＋

注:"＋"表示声韵能相拼,空白表示不能相拼。

三、普通话音节的拼读

拼读就是按照普通话音节的构成规律,把声母、韵母、声调组合成音节的过程。初学者可用两拼法、三拼法和声介合拼法。

(1)两拼法:把音节分为声母、韵母两部分进行拼读。如:n—uǎn→nuǎn(暖)。

(2)三拼法:把音节分成声母、韵头、韵腹(有韵尾的包括韵尾)三部分进行拼读,这种方法只适用于有介音的音节。如:n—u—ǎn→nuǎn(暖)。

(3)声介合拼法:先把声母和介音 i、u、ü 拼合为一个整体,然后与后面的韵母相拼。但这种方法只适用于有介音的音节。如:nu—ǎn→nuǎn(暖)。

第六节　语流音变

我们在语言表达的过程中,不是孤立地发出一个个音节,而是根据语意的需要将一连串的音节连续发出,形成语流。在这个过程中,相邻的音素与音素之间、音节与音节之间、声调与声调之间不可避免地会发生相互影响,使语音产生一定的变化,这就是语流音变。普通话的语流音变现象主要表现在变调、轻声、儿化和语气词"啊"的音变等四个方面。音变是有一定规律的,学习和掌握这些规律,能使我们的语言表达更流畅、更自然、更准确。

一、变调

在语流中,由于相连音节的相互影响,有的音节的基本调值会发生变化,这种变化就叫变调。普通话中比较明显的变调有两种:一是上声的变调;二是"一"和"不"的变调。

(一)上声的变调

上声在阴平、阳平、去声、轻声前都会发生变调,只有在单念或处在词语、句子的末尾才读原调。上声的变调有以下几种情况:

1.在阴平、阳平、去声、轻声前,上声调值由214变为半上声21

发音例词:

上声＋阴平

产生 chǎnshēng	女兵 nǚbīng	脚跟 jiǎogēn	垦荒 kěnhuāng	卷烟 juǎnyān
雨衣 yǔyī	九江 jiǔjiāng	史诗 shǐshī	许多 xǔduō	首先 shǒuxiān
许昌 xǔchāng	禹州 yǔzhōu	语音 yǔyīn	百般 bǎibān	摆脱 bǎituō
口腔 kǒuqiāng	北方 běifāng	小心 xiǎoxīn	主张 zhǔzhāng	指标 zhǐbiāo

上声＋阳平

语言 yǔyán	品行 pǐnxíng	美德 měidé	选择 xuǎnzé	总结 zǒngjié
果园 guǒyuán	铁锤 tiěchuí	典型 diǎnxíng	打球 dǎqiú	坦白 tǎnbái
朗读 lǎngdú	语文 yǔwén	祖国 zǔguó	旅行 lǚxíng	导游 dǎoyóu
老年 lǎonián	解决 jiějué	谴责 qiǎnzé	羽毛 yǔmáo	口才 kǒucái

上声＋去声

朗诵 lǎngsòng	准确 zhǔnquè	法制 fǎzhì	恳切 kěnqiè	想念 xiǎngniàn
好像 hǎoxiàng	努力 nǔlì	脚步 jiǎobù	体育 tǐyù	考试 kǎoshì
朽木 xiǔmù	语调 yǔdiào	广大 guǎngdà	讨论 tǎolùn	稿件 gǎojiàn
比较 bǐjiào	笔记 bǐjì	品位 pǐnwèi	坦率 tǎnshuài	响亮 xiǎngliàng

上声＋轻声

指甲 zhǐjia	哑巴 yǎba	伙计 huǒji	打听 dǎting	讲究 jiǎngjiu
姐姐 jiějie	奶奶 nǎinai	尾巴 wěiba	老婆 lǎopo	耳朵 ěrduo
骨头 gǔtou	口袋 kǒudai	你们 nǐmen	懂得 dǒngde	骨子 gǔzi
点心 diǎnxin	暖和 nuǎnhuo	本事 běnshi	幌子 huǎngzi	摆布 bǎibu

2. 两个上声相连，前一个调值变为 35

发音例词：

美好 měihǎo	理想 lǐxiǎng	彼此 bǐcǐ	采访 cǎifǎng	饱满 bǎomǎn
管理 guǎnlǐ	陕北 shǎnběi	引导 yǐndǎo	了解 liǎojiě	保险 bǎoxiǎn
口语 kǒuyǔ	演讲 yǎnjiǎng	勇敢 yǒnggǎn	免检 miǎnjiǎn	党委 dǎngwěi
脊髓 jǐsuǐ	尽管 jǐnguǎn	给予 jǐyǔ	奖品 jiǎngpǐn	水果 shuǐguǒ

3. 三个上声相连的变调

三个上声相连，前两个上声的变调根据词语内部的语义而定。

当词语的结构是双音节＋单音节（双单格）时，开头、中间的上声音节调值变为 35，跟阳平的调值一样。

发音例词：

展览馆 zhǎnlǎnguǎn	管理组 guǎnlǐzǔ	选举法 xuǎnjǔfǎ
水彩笔 shuǐcǎibǐ	手写体 shǒuxiětǐ	勇敢者 yǒnggǎnzhě
演讲稿 yǎnjiǎnggǎo	古典美 gǔdiǎnměi	跑马场 pǎomǎchǎng

当词语的结构是单音节＋双音节（单双格）时，开头音节读作"半上"，调值变为 21，中间音节调值变为 35。

发音例词：

撒火种 sǎhuǒzhǒng	冷处理 lěngchǔlǐ	党小组 dǎngxiǎozǔ
很勇敢 hěnyǒnggǎn	小老虎 xiǎolǎohǔ	老保守 lǎobǎoshǒu
小拇指 xiǎomǔzhǐ	纸雨伞 zhǐyǔsǎn	很友好 hěnyǒuhǎo

（二）"一"和"不"的变调

"一"和"不"在单念或用在词句末尾时，读原调："一"念阴平 55，"不"念去声 51。例如：第一、统一、不、我不。其他变化规律如下。

1. "一"的变调

（1）去声前变阳平

发音例词：

一栋 yídòng	一段 yíduàn	一律 yílǜ	一路 yílù	一溜儿 yíliùr
一例 yílì	一贯 yíguàn	一个 yígè	一共 yígòng	一刻 yíkè

| 一致 yízhì | 一阵 yízhèn | 一兆 yízhào | 一瞬 yíshùn | 一事 yíshì |

(2)非去声前变去声

发音例词：

阴平前

一发 yìfā	一端 yìduān	一天 yìtiān	一张 yìzhāng	一经 yìjīng
一千 yìqiān	一心 yìxīn	一些 yìxiē	一星 yìxīng	一朝 yìzhāo
一生 yìshēng	一身 yìshēn	一应 yìyīng	一杯 yìbēi	一根 yìgēn

阳平前

一叠 yìdié	一同 yìtóng	一头 yìtóu	一条 yìtiáo	一年 yìnián
一连 yìlián	一盒 yìhé	一齐 yìqí	一行 yìxíng	一直 yìzhí
一时 yìshí	一如 yìrú	一人 yìrén	一无 yìwú	一旁 yìpáng

上声前

一统 yìtǒng	一体 yìtǐ	一览 yìlǎn	一口 yìkǒu	一举 yìjǔ
一己 yìjǐ	一起 yìqǐ	一本 yìběn	一种 yìzhǒng	一准 yìzhǔn
一场 yìchǎng	一手 yìshǒu	一水 yìshuǐ	一早 yìzǎo	一总 yìzǒng

注意：当"一"作为序数表示"第一"时不变调，例如，"一楼"的"一"不变调，表示"第一层楼"，如果变去声则表示"全楼"。"一连"的"一"不变调，表示"第一连"，如果变去声则表示"全连"；副词"一连"中的"一"也变调，如"一连几天"。

2."不"的变调

"不"字只有一种变调：去声前变阳平。

发音例词：

不怕 búpà	不妙 búmiào	不犯 búfàn	不去 búqù	不但 búdàn
不待 búdài	不特 bútè	不论 búlùn	不利 búlì	不料 búliào
不见 bújiàn	不错 búcuò	不幸 búxìng	不像 búxiàng	不屑 búxiè

3."一"和"不"夹在动词或形容词之间，读轻声

发音例词：

听一听 tīngyitīng	学一学 xuéyixué	写一写 xiěyixiě	看一看 kànyikàn
懂不懂 dǒngbudǒng	去不去 qùbuqù	走不走 zǒubuzǒu	会不会 huìbuhuì
看不清 kànbuqīng	听不懂 tīngbudǒng	记不住 jìbuzhù	学不会 xuébuhuì

二、轻声

在普通话里，除了阴平、阳平、上声、去声四种声调之外，有些词里的音节或句子里的词，失去原有的声调，念成又轻又短的调子，这种音节叫轻声。轻声不单纯是一种语音现象，它不但和词义、词性有关系，而且和语法有很大的关系。

(一)轻声的作用

1.区别词义

zì zài　　　　　　　　　　　　　　zì zai
自在（自由，不受拘束）　　　　　自在（安闲舒适）

dà yì　　　　　　　　　　　　　　dà yi
大意（主要意思）　　　　　　　　大意（粗心）

shì fēi　　　　　　　　　　　　　shì fei
是非（事理的正确与错误）　　　　是非（纠纷、口舌）

xiōng dì　　　　　　　　　　　　 xiōng di
兄　弟（哥哥和弟弟）　　　　　　兄　弟（弟弟、谦辞）

dōng xī　　　　　　　　　　　　　dōng xi
东　西（指方位）　　　　　　　　东　西（指物品）

2.区别词性

dì dào　　　　　　　　　　　　　 dì dao
地　道（名词,在地面下挖成的通道）　　地　道（形容词,真正、纯粹）

kāi tōng　　　　　　　　　　　　　kāi tong
开　通（动词,消除阻碍,可以通过、穿过）　开　通（形容词,不守旧、不拘谨、大方）

duì tóu　　　　　　　　　　　　　 duì tou
对　头（形容词,正确、合适）　　　对　头（名词,仇敌、对手）

(二)轻声的规律

1.助词读轻声

(1)结构助词"的、地、得"

tā de　　chī de　　chàng gē de　　yú kuài de　　màn màn de　　xiě de hǎo
他的　　吃的　　唱　歌的　　　愉快地　　　慢　慢地　　　写得好

(2)时态助词"着、了、过"

kàn zhe　　kàn le　　qù le　　kàn guo　　lái guo
看着　　　看了　　 去了　　看过　　　来过

(3)语气助词"啊、吧、嘛、呢"

lái'a　　zǒu ba　　hǎo ma　　tā ne　　zěn me ne
来啊　　走吧　　好嘛　　　他呢　　怎么呢

2.名词的后缀"子、儿、头、们"读轻声

zhuōzi　　yǐzi　　niǎor　　shítou　　mántou　　wǒmen
桌子　　椅子　　鸟儿　　石头　　　馒头　　　我们

注意：原子、光子、窝窝头中的"子""头"是实语素,不读轻声。

3.名词后面表示方位的"上、下、里"读轻声

fāng zhuō shang	jiǎo xia	shù xia	kǒu dài li	hé li
方 桌 上	脚 下	树 下	口 袋 里	河 里

4.趋向动词读轻声

ná lai	zuò xia	kǎo shang	huí lai	jìn qu	wài mian
拿 来	坐 下	考 上	回 来	进 去	外 面

5.叠音词和单音节动词重叠的第二个音节读轻声

māma	tàitai	kànkan	xiěxie	wáwa	cuīcui
妈 妈	太 太	看 看	写 写	娃 娃	催 催

6.双音动词重叠式ABAB的第二、四音节读轻声

yánjiu yánjiu	kǎolü kǎolü	dǎsao dǎsao
研 究 研 究	考 虑 考 虑	打 扫 打 扫

普通话水平测试用必读轻声词语表

说　明

1.本表根据《普通话水平测试用普通话词语表》编制。

2.本表供普通话水平测试第二项——读多音节词语(100个音节)测试使用。

3.本表共收词594条(其中"子"尾词217条),按汉语拼音字母顺序排列。

4.本表遵照《汉语拼音正词法基本规则》(GB/T 16159—2012)的标调规则,必读轻声音节不标调号。

A–D

A

| 爱人 | àiren |
| 案子 | ànzi |

B

巴结	bājie
巴掌	bāzhang
把子	bǎzi
把子	bàzi
爸爸	bàba
白净	báijing
班子	bānzi
板子	bǎnzi
帮手	bāngshou
梆子	bāngzi
膀子	bǎngzi
棒槌	bàngchui
棒子	bàngzi
包袱	bāofu
包子	bāozi
刨子	bàozi
豹子	bàozi
杯子	bēizi
被子	bèizi
本事	běnshi
本子	běnzi
鼻子	bízi
比方	bǐfang
鞭子	biānzi
扁担	biǎndan
辫子	biànzi
别扭	bièniu
饼子	bǐngzi
脖子	bózi
薄荷	bòhe
簸箕	bòji
补丁	bǔding
不由得	bùyóude
步子	bùzi
部分	bùfen

C

财主	cáizhu
裁缝	cáifeng
苍蝇	cāngying
差事	chāishi
柴火	cháihuo
肠子	chángzi
厂子	chǎngzi
场子	chǎngzi
车子	chēzi

称呼	chēnghu	单子	dānzi	端详	duānxiang	杠子	gàngzi	闺女	guīnü
池子	chízi	耽搁	dānge	缎子	duànzi	高粱	gāoliang	鬼子	guǐzi
尺子	chǐzi	耽误	dānwu	队伍	duìwu	膏药	gāoyao	柜子	guìzi
虫子	chóngzi	胆子	dǎnzi	对付	duìfu	稿子	gǎozi	棍子	gùnzi
绸子	chóuzi	担子	dànzi	对头	duìtou	告诉	gàosu	果子	guǒzi
出息	chūxi	刀子	dāozi	对子	duìzi	疙瘩	gēda		
除了	chúle	道士	dàoshi	多么	duōme	哥哥	gēge		H
锄头	chútou	稻子	dàozi			胳膊	gēbo	哈欠	hāqian
畜生	chùsheng	灯笼	dēnglong		E	鸽子	gēzi	蛤蟆	háma
窗户	chuānghu	凳子	dèngzi			格子	gézi	孩子	háizi
窗子	chuāngzi	提防	dīfang			个子	gèzi	含糊	hánhu
锤子	chuízi	滴水	dīshui	蛾子	ézi	根子	gēnzi	汉子	hànzi
伺候	cìhou	笛子	dízi	儿子	érzi	跟头	gēntou	行当	hángdang
刺猬	cìwei	嘀咕	dígu	耳朵	ěrduo	工夫	gōngfu	合同	hétong
凑合	còuhe	底子	dǐzi			弓子	gōngzi	和尚	héshang
村子	cūnzi	地道	dìdao		F	公公	gōnggong	核桃	hétao
		地方	dìfang			功夫	gōngfu	盒子	hézi
	D	弟弟	dìdi	贩子	fànzi	钩子	gōuzi	恨不得	hènbude
耷拉	dāla	弟兄	dìxiong	房子	fángzi	姑姑	gūgu	红火	hónghuo
答应	dāying	点心	diǎnxin	废物	fèiwu	姑娘	gūniang	猴子	hóuzi
打扮	dǎban	点子	diǎnzi	份子	fènzi	谷子	gǔzi	后头	hòutou
打点	dǎdian	调子	diàozi	风筝	fēngzheng	骨头	gǔtou	厚道	hòudao
打发	dǎfa	碟子	diézi	疯子	fēngzi	故事	gùshi	狐狸	húli
打量	dǎliang	钉子	dīngzi	福气	fúqi	寡妇	guǎfu	胡萝卜	húluóbo
打算	dǎsuan	东家	dōngjia	斧子	fǔzi	褂子	guàzi	胡琴	húqin
打听	dǎting	东西	dōngxi	富余	fùyu			胡子	húzi
打招呼	dǎzhāohu	动静	dòngjing			怪不得	guàibude	葫芦	húlu
大方	dàfang	动弹	dòngtan		G	怪物	guàiwu	糊涂	hútu
大爷	dàye	豆腐	dòufu			关系	guānxi	护士	hùshi
大意	dàyi	豆子	dòuzi	盖子	gàizi	官司	guānsi	皇上	huángshang
大夫	dàifu	嘟囔	dūnang	甘蔗	gānzhe	棺材	guāncai	幌子	huǎngzi
带子	dàizi	肚子	dǔzi	杆子	gānzi	罐头	guàntou	活泼	huópo
袋子	dàizi	肚子	dùzi	杆子	gǎnzi	罐子	guànzi	火候	huǒhou
				干事	gànshi	规矩	guīju		

伙计　huǒji

J—M

J

机灵	jīling
记号	jìhao
记性	jìxing
夹子	jiāzi
家伙	jiāhuo
架势	jiàshi
架子	jiàzi
嫁妆	jiàzhuang
尖子	jiānzi
茧子	jiǎnzi
剪子	jiǎnzi
见识	jiànshi
毽子	jiànzi
将就	jiāngjiu
交情	jiāoqing
饺子	jiǎozi
叫唤	jiàohuan
轿子	jiàozi
结实	jiēshi
街坊	jiēfang
姐夫	jiěfu
姐姐	jiějie
戒指	jièzhi
芥末	jièmo
金子	jīnzi
精神	jīngshen
镜子	jìngzi
舅舅	jiùjiu

橘子	júzi
句子	jùzi
卷子	juànzi

K

开通	kāitong
靠得住	kàodezhù
咳嗽	késou
客气	kèqi
空子	kòngzi
口袋	kǒudai
口子	kǒuzi
扣子	kòuzi
窟窿	kūlong
裤子	kùzi
快活	kuàihuo
筷子	kuàizi
框子	kuàngzi
阔气	kuòqi

L

拉扯	lāche
喇叭	lǎba
喇嘛	lǎma
来得及	láidejí
篮子	lánzi
懒得	lǎnde
榔头	lángtou
浪头	làngtou
唠叨	láodao
老婆	lǎopo
老实	lǎoshi
老太太	lǎotàitai

老头子	lǎotóuzi
老爷	lǎoye
老爷子	lǎoyézi
老子	lǎozi
姥姥	lǎolao
累赘	léizhui
篱笆	líba
里头	lǐtou
力气	lìqi
厉害	lìhai
利落	lìluo
利索	lìsuo
例子	lìzi
栗子	lìzi
痢疾	lìji
连累	liánlei
帘子	liánzi
凉快	liángkuai
粮食	liángshi
两口子	liǎngkǒuzi
料子	liàozi
林子	línzi
铃铛	língdang
翎子	língzi
领子	lǐngzi
溜达	liūda
聋子	lóngzi
笼子	lóngzi
炉子	lúzi
路子	lùzi
轮子	lúnzi
啰唆	luōsuo
萝卜	luóbo

| 骡子 | luózi |
| 骆驼 | luòtuo |

M

妈妈	māma
麻烦	máfan
麻利	máli
麻子	mázi
马虎	mǎhu
码头	mǎtou
买卖	mǎimai
麦子	màizi
馒头	mántou
忙活	mánghuo
冒失	màoshi
帽子	màozi
眉毛	méimao
媒人	méiren
妹妹	mèimei
门道	méndao
眯缝	mīfeng
迷糊	míhu
面子	miànzi
苗条	miáotiao
苗头	miáotou
苗子	miáozi
名堂	míngtang
名字	míngzi
明白	míngbai
模糊	móhu
蘑菇	mógu
木匠	mùjiang
木头	mùtou

N—R

N

那么	nàme
奶奶	nǎinai
难为	nánwei
脑袋	nǎodai
脑子	nǎozi
能耐	néngnai
你们	nǐmen
念叨	niàndao
念头	niàntou
娘家	niángjia
镊子	nièzi
奴才	núcai
女婿	nǚxu
暖和	nuǎnhuo
疟疾	nüèji

P

拍子	pāizi
牌楼	páilou
牌子	páizi
盘算	pánsuan
盘子	pánzi
胖子	pàngzi
狍子	páozi
袍子	páozi
盆子	pénzi
朋友	péngyou
棚子	péngzi
脾气	píqi

皮子	pízi	日子	rìzi	虱子	shīzi	她们	tāmen	为了	wèile
痞子	pǐzi	褥子	rùzi	狮子	shīzi	踏实	tāshi	位置	wèizhi
屁股	pìgu			石匠	shíjiang	台子	táizi	位子	wèizi
片子	piānzi			石榴	shíliu	太太	tàitai	温和	wēnhuo
便宜	piányi			石头	shítou	摊子	tānzi	蚊子	wénzi
骗子	piànzi	S–X		时辰	shíchen	坛子	tánzi	稳当	wěndang
票子	piàozi	**S**		时候	shíhou	毯子	tǎnzi	窝囊	wōnang
漂亮	piàoliang	塞子	sāizi	实在	shízai	桃子	táozi	我们	wǒmen
瓶子	píngzi	嗓子	sǎngzi	拾掇	shíduo	特务	tèwu	屋子	wūzi
婆家	pójia	嫂子	sǎozi	使唤	shǐhuan	梯子	tīzi		
婆婆	pópo	扫帚	sàozhou	世故	shìgu	蹄子	tízi	**X**	
铺盖	pūgai	沙子	shāzi	似的	shìde	甜头	tiántou	稀罕	xīhan
		傻子	shǎzi	事情	shìqing	挑剔	tiāoti	席子	xízi
Q		扇子	shànzi	试探	shìtan	挑子	tiāozi	媳妇	xífu
欺负	qīfu	商量	shāngliang	柿子	shìzi	条子	tiáozi	喜欢	xǐhuan
旗子	qízi	晌午	shǎngwu	收成	shōucheng	跳蚤	tiàozao	瞎子	xiāzi
前头	qiántou	上司	shàngsi	收拾	shōushi	铁匠	tiějiang	匣子	xiázi
钳子	qiánzi	上头	shàngtou	首饰	shǒushi	亭子	tíngzi	下巴	xiàba
茄子	qiézi	烧饼	shāobing	叔叔	shūshu	头发	tóufa	吓唬	xiàhu
亲戚	qīnqi	勺子	sháozi	梳子	shūzi	头子	tóuzi	先生	xiānsheng
勤快	qínkuai	少爷	shàoye	舒服	shūfu	兔子	tùzi	乡下	xiāngxia
清楚	qīngchu	哨子	shàozi	舒坦	shūtan	妥当	tuǒdang	箱子	xiāngzi
亲家	qìngjia	舌头	shétou	疏忽	shūhu	唾沫	tuòmo	相声	xiàngsheng
曲子	qǔzi	舍不得	shěbude	爽快	shuǎngkuai			消息	xiāoxi
圈子	quānzi	舍得	shěde	思量	sīliang	**W**		小伙子	xiǎohuǒzi
拳头	quántou	身子	shēnzi	俗气	súqi	挖苦	wāku	小气	xiǎoqi
裙子	qúnzi	什么	shénme	算计	suànji	娃娃	wáwa	小子	xiǎozi
		婶子	shěnzi	岁数	suìshu	袜子	wàzi	笑话	xiàohua
R		生意	shēngyi	孙子	sūnzi	外甥	wàisheng	歇息	xiēxi
热闹	rènao	牲口	shēngkou			外头	wàitou	蝎子	xiēzi
人家	rénjia	绳子	shéngzi	**T**		晚上	wǎnshang	鞋子	xiézi
人们	rénmen	师父	shīfu	他们	tāmen	尾巴	wěiba	谢谢	xièxie
认识	rènshi	师傅	shīfu	它们	tāmen	委屈	wěiqu	心思	xīnsi

星星	xīngxing	胭脂	yānzhi	应酬	yìngchou	寨子	zhàizi	竹子	zhúzi
猩猩	xīngxing	烟筒	yāntong	柚子	yòuzi	张罗	zhāngluo	主意	zhǔyi
行李	xíngli	眼睛	yǎnjing	芋头	yùtou	丈夫	zhàngfu		(zhúyi)
行头	xíngtou	燕子	yànzi	冤家	yuānjiā	丈人	zhàngren	主子	zhǔzi
性子	xìngzi	秧歌	yāngge	冤枉	yuānwang	帐篷	zhàngpeng	柱子	zhùzi
兄弟	xiōngdi	养活	yǎnghuo	园子	yuánzi	帐子	zhàngzi	爪子	zhuǎzi
休息	xiūxi	样子	yàngzi	院子	yuànzi	招呼	zhāohu	转悠	zhuànyou
秀才	xiùcai	吆喝	yāohe	月饼	yuèbing	招牌	zhāopai	庄稼	zhuāngjia
秀气	xiùqi	妖精	yāojing	月亮	yuèliang	折腾	zhēteng	庄子	zhuāngzi
袖子	xiùzi	钥匙	yàoshi	云彩	yúncai	这个	zhège	壮实	zhuàngshi
靴子	xuēzi	椰子	yēzi	运气	yùnqi	这么	zhème	状元	zhuàngyuan
学生	xuésheng	爷爷	yéye			枕头	zhěntou	锥子	zhuīzi
学问	xuéwen	叶子	yèzi	**Z**		芝麻	zhīma	桌子	zhuōzi
		一辈子	yībèizi			知识	zhīshi	自在	zìzai
		一揽子	yīlǎnzi	在乎	zàihu	侄子	zhízi	字号	zìhao
		衣服	yīfu	咱们	zánmen	指甲	zhǐjia	粽子	zòngzi
Y		衣裳	yīshang	早上	zǎoshang		(zhījia)	祖宗	zǔzong
丫头	yātou	椅子	yǐzi	怎么	zěnme	指头	zhǐtou	嘴巴	zuǐba
鸭子	yāzi	意思	yìsi	扎实	zhāshi		(zhítou)	作坊	zuōfang
衙门	yámen	银子	yínzi	眨巴	zhǎba	种子	zhǒngzi	琢磨	zuómo
哑巴	yǎba	影子	yǐngzi	栅栏	zhàlan	珠子	zhūzi	做作	zuòzuo
				宅子	zháizi				

三、儿化

普通话的"儿化"指的是一个音节中,韵母带上卷舌色彩的一种特殊音变现象,这种卷舌的韵母就叫作"儿化韵"。① 儿化不只是一种纯粹的语音现象,它跟词义、语法及修辞、感情色彩都有着密切的关系。

(一)儿化的作用

1.区别词义

xìn　　　　　xìnr　　　　　　　　tóu　　　　　tóur
信(信件)──→信儿(消息)　　　头(脑袋)──→头儿(首领)

---

① 黄伯荣,廖序东.现代汉语　上册[M].增订六版.北京:高等教育出版社,2017:88.

yǎn　　　　　yǎnr　　　　　　　　huǒxīng　　　　huǒxīngr
眼（眼睛）──→眼儿（小窟窿）　　火 星（行星）──→火 星 儿（极小的火）

2.改变词性、词义

gài　　　　gàir
盖（动词）──→盖儿（名词,盖东西的器具）

jiān　　　　　jiānr
尖（形容词）──→尖儿（名词,针尖）

huà　　　　huàr
画（动词）──→画儿（名词,一张画）

3.表示细、小、轻、微

yìdiǎnr　　　yìduīr
一点儿　　　一堆儿

4.表示喜爱、亲切的感情色彩

xiǎoqǔr　　xiǎoháir　　gēr　　xiānhuār　　liǎndànr　　xiǎojīr
小曲儿　　小孩儿　　歌儿　　鲜花儿　　脸蛋儿　　小鸡儿

(二)儿化韵的规律

表 2-8　儿化韵的规律

原韵或韵尾	儿化	实际发音	
韵母或韵尾是 a、o、e、u	不变,加 r	号码儿 hàomǎr 草帽儿 cǎomàor 唱歌儿 chànggēr 小猴儿 xiǎohóur	花儿 huār 麦苗儿 màimiáor 高个儿 gāogèr 打球儿 dǎqiúr
韵尾是 i、n(in、ün 除外)	丢 i 或 n,加 r	刀背儿 dāobèr 心眼儿 xīnyǎr	一块儿 yíkuàr 花园儿 huāyuár
韵尾是 ng	去 ng,加 r,元音鼻化	电影儿 diànyĩr 板凳儿 bǎndèr	帮忙儿 bāngmãr 香肠儿 xiāngchãr
韵母是 i、ü	不变,加 er	玩意儿 wányìer 有趣儿 yǒuqùer	毛驴儿 máolúer 小鸡儿 xiǎojīer
韵母是 -i(前)和 -i(后)	丢 -i,加 er	字儿 zer 词儿 cer	枝儿 zher 事儿 sher
韵母是 ui、in、un、ün	丢 i 或 n,加 er	麦穗儿 màisuer 飞轮儿 fēiluer	干劲儿 gànjier 白云儿 báiyuer

注:字母上的"～"表示鼻化。拼写儿化音时,只要在音节末尾加"r"即可,语音上的实际变化不必在拼写上表示出来。

普通话水平测试用儿化词语表

说 明

1.本表参照《普通话水平测试用普通话词语表》及《现代汉语词典(第7版)》编制。加＊的是以上二者未收,根据测试需要而酌情增加的条目。

2.本表仅供普通话水平测试第二项——读多音节词语(100个音节)测试使用。本表儿化音节,在书面上一律加"儿",但并不表示所列词语在任何语用场合都必须儿化。

3.本表共收词200条,列出原形韵母和所对应的儿化韵,用符号"＞"表示由哪个原形韵母变化为儿化韵。描写儿化韵中的":"表示":"之前的是主要元音(韵腹),不是介音(韵头)。

4.本表的汉语拼音注音,只在基本形式后面加"r",如"一会儿 yīhuìr",不标语音上的实际变化。

一至三

一

a＞ar　　板擦儿 bǎncār　　打杂儿 dǎzár　　刀把儿 dāobàr
　　　　　号码儿 hàomǎr　　没法儿 méifǎr　　戏法儿 xìfǎr
　　　　　找碴儿 zhǎochár

ai＞ar　　壶盖儿＊ húgàir　　加塞儿 jiāsāir　　名牌儿 míngpáir
　　　　　小孩儿 xiǎoháir　　鞋带儿 xiédàir

an＞ar　　包干儿 bāogānr　　笔杆儿 bǐgǎnr　　快板儿 kuàibǎnr
　　　　　老伴儿 lǎobànr　　脸蛋儿 liǎndànr　　脸盘儿 liǎnpánr
　　　　　门槛儿 ménkǎnr　　收摊儿 shōutānr　　蒜瓣儿 suànbànr
　　　　　栅栏儿 zhàlanr

二

ang＞ar(鼻化)　赶趟儿 gǎntàngr　　瓜瓤儿＊ guārángr　　香肠儿 xiāngchángr
　　　　　　　药方儿 yàofāngr

三

ia>iar	掉价儿 diàojiàr	豆芽儿 dòuyár	一下儿 yīxiàr
ian>iar	半点儿 bàndiǎnr	差点儿 chàdiǎnr	坎肩儿 kǎnjiānr
	拉链儿 lāliànr	聊天儿 liáotiānr	露馅儿 lòuxiànr
	冒尖儿 màojiānr	扇面儿 shànmiànr	馅儿饼 xiànrbǐng
	小辫儿 xiǎobiànr	心眼儿 xīnyǎnr	牙签儿 yáqiānr
	一点儿 yīdiǎnr	有点儿 yǒudiǎnr	雨点儿 yǔdiǎnr
	照片儿 zhàopiānr		

四至七

四

iang>iar(鼻化)	鼻梁儿 bíliángr	花样儿 huāyàngr	透亮儿 tòuliàngr

五

ua>uar	大褂儿 dàguàr	麻花儿 máhuār	马褂儿 mǎguàr
	脑瓜儿 nǎoguār	小褂儿 xiǎoguàr	笑话儿 xiàohuar
	牙刷儿 yáshuār		
uai>uar	一块儿 yīkuàir		
uan>uar	茶馆儿 cháguǎnr	打转儿 dǎzhuànr	大腕儿 dàwànr
	饭馆儿 fànguǎnr	拐弯儿 guǎiwānr	好玩儿 hǎowánr
	火罐儿 huǒguànr	落款儿 luòkuǎnr	

六

uang>uar(鼻化)	打晃儿 dǎhuàngr	蛋黄儿 dànhuángr	天窗儿 tiānchuāngr

七

üan>üar	包圆儿 bāoyuánr	出圈儿 chūquānr	绕远儿 ràoyuǎnr
	人缘儿 rényuánr	手绢儿 shǒujuànr	烟卷儿 yānjuǎnr
	杂院儿 záyuànr		

八至十

八

ei＞er   刀背儿 dāobèir   摸黑儿 mōhēir

en＞er   把门儿 bǎménr   别针儿 biézhēnr   大婶儿 dàshěnr

刀刃儿 dāorènr   高跟儿鞋* gāogēnrxié   哥们儿 gēmenr

后跟儿 hòugēnr   花盆儿* huāpénr   老本儿 lǎoběnr

面人儿 miànrénr   纳闷儿 nàmènr   嗓门儿 sǎngménr

小人儿书 xiǎorénrshū   杏仁儿 xìngrénr   压根儿 yàgēnr

一阵儿 yīzhènr   走神儿 zǒushénr

九

eng＞er（鼻化）   脖颈儿 bógěngr   钢镚儿 gāngbèngr   夹缝儿 jiāfèngr

提成儿 tíchéngr

十

ie＞ier   半截儿 bànjiér   小鞋儿 xiǎoxiér

üe＞üer   旦角儿 dànjuér   主角儿 zhǔjuér

十一至十四

十一

uei＞uer   耳垂儿 ěrchuír   墨水儿 mòshuǐr   跑腿儿 pǎotuǐr

围嘴儿 wéizuǐr   一会儿 yīhuìr   走味儿 zǒuwèir

uen＞uer   冰棍儿 bīnggùnr   打盹儿 dǎdǔnr   光棍儿 guānggùnr

开春儿 kāichūnr   没准儿 méizhǔnr   胖墩儿 pàngdūnr

砂轮儿 shālúnr

ueng＞uer（鼻化）   小瓮儿* xiǎowèngr

十二

-i(前)＞er　　瓜子儿 guāzǐr　　没词儿 méicír　　石子儿 shízǐr
　　　　　　　挑刺儿 tiāocìr

-i(后)＞er　　记事儿 jìshìr　　锯齿儿 jùchǐr　　墨汁儿 mòzhīr

十三

i＞i:er　　垫底儿 diàndǐr　　肚脐儿 dùqír　　玩意儿 wányìr
　　　　　针鼻儿 zhēnbír

in＞i:er　　脚印儿 jiǎoyìnr　　送信儿 sòngxìnr　　有劲儿 yǒujìnr

十四

ing＞i:er(鼻化)　　打鸣儿 dǎmíngr　　蛋清儿 dànqīngr　　花瓶儿 huāpíngr
　　　　　　　　　火星儿 huǒxīngr　　门铃儿 ménlíngr　　人影儿 rényǐngr
　　　　　　　　　图钉儿 túdīngr　　眼镜儿 yǎnjìngr

十五至十九

十五

ü＞ü:er　　毛驴儿 máolǘr　　痰盂儿 tányúr　　小曲儿 xiǎoqǔr

ün＞ü:er　　合群儿 héqúnr

十六

e＞er　　挨个儿 āigèr　　唱歌儿* chànggēr　　打嗝儿 dǎgér
　　　　　单个儿 dāngèr　　逗乐儿 dòulèr　　饭盒儿 fànhér
　　　　　模特儿 mótèr

十七

u＞ur　　泪珠儿 lèizhūr　　梨核儿* líhúr　　没谱儿 méipǔr
　　　　　碎步儿 suìbùr　　媳妇儿 xífur　　有数儿 yǒushùr

十八

ong＞or(鼻化)　　抽空儿 chōukòngr　　果冻儿 guǒdòngr　　胡同儿 hútòngr
　　　　　　　　酒盅儿 jiǔzhōngr　　门洞儿 méndòngr　　小葱儿 xiǎocōngr

iong＞ior(鼻化)　　小熊儿* xiǎoxióngr

十九
ao＞aor

半道儿 bàndàor	灯泡儿 dēngpàor	红包儿 hóngbāor
叫好儿 jiàohǎor	绝着儿 juézhāor	口哨儿 kǒushàor
口罩儿 kǒuzhàor	蜜枣儿 mìzǎor	手套儿 shǒutàor
跳高儿 tiàogāor		

二十至二十三

二十
iao＞iaor

| 豆角儿 dòujiǎor | 火苗儿 huǒmiáor | 开窍儿 kāiqiàor |
| 面条儿 miàntiáor | 跑调儿 pǎodiàor | 鱼漂儿 yúpiāor |

二十一
ou＞our

个头儿 gètóur	老头儿 lǎotóur	门口儿 ménkǒur
年头儿 niántóur	纽扣儿 niǔkòur	线轴儿 xiànzhóur
小丑儿 xiǎochǒur	小偷儿 xiǎotōur	衣兜儿 yīdōur

二十二
iou＞iour

| 顶牛儿 dǐngniúr | 加油儿 jiāyóur | 棉球儿* miánqiúr |
| 抓阄儿 zhuājiūr | | |

二十三
uo＞uor

被窝儿 bèiwōr	出活儿 chūhuór	大伙儿 dàhuǒr
火锅儿 huǒguōr	绝活儿 juéhuór	小说儿 xiǎoshuōr
邮戳儿 yóuchuōr	做活儿 zuòhuór	

(o)＞or

| 耳膜儿* ěrmór | 粉末儿 fěnmòr | |

四、"啊"的音变

"啊"是兼词，既可作叹词，也可作语气词。

一、"啊"作叹词

"啊"作叹词时，出现在句首，有阴平、阳平、上声和去声四种声调的变化。在韵母 a 不变的情况下，读哪种声调和说话人的思想感情有着密切的关系，只要按照不同声调读"啊"，就是后面不跟随补充的语句，听者也能明白说话人的情感。

发音例句：

ā 啊,真让人高兴,你入党了。(叹词,表示惊异,赞叹。)

á 啊,你说什么？他不在吗？(叹词,表示追问。)

ǎ 啊,原来是这么回事啊！(叹词,表示恍然大悟。)

à 啊,好吧。(叹词,表示应诺。)

二、"啊"作语气词

"啊"作语气词时,出现在句尾,它的读音受前面音节末尾音素的影响而发生变化,其变化规律如下：

(1)当"啊"前面音节末尾音素是 a、o、e、i、ü、ê 时,"啊"字读 ya,也可以写作"呀"。

发音例句：

a 他的手真大啊(dà ya)！

o 这里的人真多啊(duō ya)！

e 赶车啊(chē ya)！

i 是小丽啊(lì ya)！

ü 快去啊(qù ya)！

ê 应该注意节约啊(yuē ya)！

(2)当"啊"前面音节末尾音素是 u、ao 时,"啊"字读 wa,也可以写作"哇"。

发音例句：

u 你在哪儿住啊(zhù wa)？

　 有没有啊(yǒu wa)？

ao 写得多好啊(hǎo wa)！

(3)当"啊"前面音节末尾音素是 n 时,"啊"字读 na,也可以写作"哪"。

发音例句：

n 这糖可真甜啊(tián na)！

　 你走路可要小心啊(xīn na)！

(4)当"啊"前面音节末尾音素是 ng 时,"啊"字读 nga,仍写作"啊"。

发音例句：

ng 这事办不成啊(chéng nga)！

　　 大家唱啊(chàng nga)！

(5)当"啊"前面音节末尾音素是-i(前)时,"啊"字读 za,仍写作"啊"。

发音例句：

-i(前) 你真是乖孩子啊(zi za)！

　　　 你到过那里几次啊(cì za)？

(6)当"啊"前面音节末尾音素是-i(后)和卷舌韵母 er 时,"啊"字读 ra,仍写作"啊"。

发音例句：

-i(后)　这是一件大事啊(shì ra)!
er　　　多美丽的花儿啊(huā ra)!

表 2-9 "啊"的音变规律表

"啊"前面的韵母	"啊"前面音节尾音	"啊"的音变	举例
a、ia、ua、o、uo、e、ie、üe	a、o、e、ê	ya	快画呀! 真多呀!
i、ai、uai、ei、uei、ü	i、ü	ya	快来呀! 出去呀!
u、ou、iou、ao、iao	u、ao	wa	在这儿住哇! 真好哇!
an、ian、uan、üan、 en、in、uen、ün	n	na	好人哪! 路真远哪!
ang、iang、uang、eng、 ing、ueng、ong、iong	ng	nga	大声唱啊! 行不行啊!
-i(前)	-i(前)	za	真自私啊!
-i(后)、er	-i(后)	ra	什么事啊!

第七节　语　调

说话或朗读时,句子有停顿,声音有轻重快慢和高低长短的变化,这些总称为语调。① 语调是个极为复杂和问题,任何语句在朗读的有声语言中都是曲折的,曲折是语调的根本特征。②

学习普通话的语调要注意以下几个方面：

一、语句总体音高的变化

普通话的语调首先表现在语句音高的高低升降等变化上。

降调——句子开头高,句尾明显降低。如一般陈述句、祈使句、感叹句以及近距离对话等。在普通话语句中,降调出现的频率高。

升调——句子开头低,句尾明显升高。如一般疑问句、反问句以及长句中前半句。但是,疑问代词处于句首的特殊疑问句,应读降调。

---

① 黄伯荣,廖序东.现代汉语　上册[M].增订六版.北京:高等教育出版社,2017:104.
② 张颂.朗读学[M].4 版.北京:中国传媒大学出版社,2022:179.

平调——语句音高变化不明显。如思考问题、宣读名单、公布成绩等。另外,远距离问话以及在人群前呼喊、喊口令时,可能出现总体高平的调形。

曲调——语句音高曲折变化,多在表达特殊感情时出现。如表示嘲讽、意在言外等语气。

二、声调(字调)对语调的影响

普通话的四个声调(字调)调形为平、升、曲、降,区别十分明显。普通话语句的音高不会完全改变这四个声调,同时又对声调产生某种制约。因此,声调的准确直接影响语调的正确。方言语调、洋腔洋调、怪腔怪调,都与没有掌握普通话声调有直接关系。

上声调是学习普通话的难点,读时注意由低音降到最低音后升到高音;读阴平注意保持调值高;读阳平注意中间不要拖长出现曲折;读去声注意声调开头的调值高度。声调读得准确,是普通话水平测试的基本要求。

三、掌握词语的轻重格式

普通话中存在词重音和句重音。虽然声调有区别词义的作用,但如果我们把每个字的声韵调原原本本地读出来,语感上并不自然,甚至会让人感到很生硬,这是由于忽视了词语的轻重格式问题。

(一)双音节词

双音节词的轻重格式常见的有以下三种。

1.中重格式

读此类词时第二个音节比第一个音节稍重些、长些。

人民　　爱慕　　感官　　呼救　　侥幸

2.重中格式

读此类词时第一个音节比第二个音节稍重些、长些。

突然　　本人　　充沛　　经验　　电话

3.重轻格式

读此类词时第二个音节比第一个音节稍轻些。

姐姐　　出来　　佩服　　晓得　　规矩

(二)三音节词

三音节词的轻重格式常见的有以下三种。

1.中中重格式

共产党　　国务院　　天安门　　收音机

2.重中轻格式

枪杆子　　糖葫芦　　卖关子　　胡萝卜

3.中轻重格式

对不起　　芭蕾舞　　走不开　　犯不着

(三)四音节词

1.中重中重格式

丰衣足食　　五光十色　　安居乐业　　山清水秀

2.中轻中重格式

集体经济　　快快乐乐　　鲜为人知　　汗如雨下

3.重中中重格式

义不容辞　　错综复杂　　一扫而空　　自得其乐

如果能正确表达词语的轻重格式,则语感自然,是普通话水平较高的表现之一。

四、掌握普通话的正常语速

普通话的正常语速为中速,大约每分钟240个音节,在150～300个音节之间浮动。一些方言、外国语言正常语速为快速,即每分钟超过300个音节。当学习普通话处在起步阶段时,会出现语速过慢或忽快忽慢的情况,勤加练习即可将语速稳定下来。学习普通话要掌握好正常的语速。

第三单元　普通话语音专项练习

说　明

1. 本单元参照《普通话水平测试用普通话词语表》及《现代汉语词典(第7版)》编制。
2. 本单元的汉语拼音只标原调,不标变调。

第一节　常见、易错单音节和双音节

一、单音节

哎 āi	鬓 bìn	岔 chà	喘 chuǎn	抵 dǐ	舵 duò	腐 fǔ
碍 ài	柄 bǐng	搀 chān	疮 chuāng	蒂 dì	堕 duò	缚 fù
黯 àn	禀 bǐng	颤 chàn	捶 chuí	掂 diān	而 ér	覆 fù
凹 āo	拨 bō	偿 cháng	醇 chún	碘 diǎn	尔 ěr	竿 gān
柏 bǎi	驳 bó	敞 chǎng	戳 chuō	佃 diàn	贩 fàn	赣 Gàn
扳 bān	泊 bó	巢 cháo	祠 cí	甸 diàn	仿 fǎng	镐 gǎo
绊 bàn	跛 bǒ	扯 chě	簇 cù	奠 diàn	匪 fěi	庚 gēng
瓣 bàn	卜 bǔ	彻 chè	窜 cuàn	刁 diāo	吠 fèi	羹 gēng
苞 bāo	埠 bù	澈 chè	撮 cuō	迭 dié	沸 fèi	埂 gěng
雹 báo	簿 bù	臣 chén	戴 dài	鼎 dǐng	坟 fén	耿 gěng
卑 bēi	睬 cǎi	陈 chén	氮 dàn	订 dìng	焚 fén	梗 gěng
泵 bèng	餐 cān	呈 chéng	挡 dǎng	兜 dōu	粪 fèn	躬 gōng
彼 bǐ	蚕 cán	逞 chěng	党 dǎng	陡 dǒu	讽 fěng	汞 gǒng
鄙 bǐ	仓 cāng	秤 chèng	捣 dǎo	督 dū	孵 fū	垢 gòu
痹 bì	舱 cāng	斥 chì	盗 dào	镀 dù	拂 fú	沽 gū
贬 biǎn	层 céng	绸 chóu	灯 dēng	锻 duàn	符 fú	雇 gù
匾 biǎn	蹭 cèng	厨 chú	瞪 dèng	兑 duì	抚 fǔ	寡 guǎ
鳖 biē	茬 chá	雏 chú	堤 dī	墩 dūn	甫 fǔ	卦 guà

灌 guàn	钾 jiǎ	糠 kāng	犁 lí	抡 lūn	溺 nì	迄 qì
罐 guàn	茧 jiǎn	扛 káng	礼 lǐ	裸 luǒ	捻 niǎn	契 qì
硅 guī	柬 jiǎn	炕 kàng	鲤 lǐ	撵 niǎn	砌 qì
轨 guǐ	碱 jiǎn	磕 kē	吏 lì	迈 mài	碾 niǎn	洽 qià
裹 guǒ	舰 jiàn	垦 kěn	隶 lì	瞒 mán	酿 niàng	乾 qián
亥 hài	涧 jiàn	啃 kěn	廉 lián	曼 màn	捏 niē	黔 Qián
骇 hài	溅 jiàn	坑 kēng	镰 lián	矛 máo	聂 Niè	遣 qiǎn
憨 hān	键 jiàn	抠 kōu	敛 liǎn	锚 máo	孽 niè	嵌 qiàn
憾 hàn	缰 jiāng	叩 kòu	链 liàn	卯 mǎo	脓 nóng	歉 qiàn
嚎 háo	疆 jiāng	寇 kòu	拎 līn	昧 mèi	奴 nú	跷 qiāo
贺 hè	桨 jiǎng	窟 kū	伶 líng	媚 mèi	女 nǚ	锹 qiāo
赫 hè	酱 jiàng	垮 kuǎ	陵 líng	觅 mì	挪 nuó	窍 qiào
褐 hè	跤 jiāo	挎 kuà	硫 liú	勉 miǎn	帕 pà	撬 qiào
恒 héng	礁 jiāo	筐 kuāng	瘤 liú	渺 miǎo	攀 pān	怯 qiè
烘 hōng	搅 jiǎo	狂 kuáng	拢 lǒng	皿 mǐn	畔 pàn	窃 qiè
吼 hǒu	缴 jiǎo	旷 kuàng	垄 lǒng	闽 Mǐn	袍 páo	琴 qín
弧 hú	秸 jiē	况 kuàng	娄 lóu	谬 miù	胚 pēi	禽 qín
淮 Huái	襟 jīn	眶 kuàng	篓 lǒu	馍 mó	砰 pēng	擒 qín
槐 huái	谨 jǐn	盔 kuī	陋 lòu	摹 mó	坯 pī	寝 qǐn
簧 huáng	晋 jìn	窥 kuī	颅 lú	膜 mó	瓢 piáo	沁 qìn
徽 huī	浸 jìn	愧 kuì	卤 lǔ	某 mǒu	贫 pín	卿 qīng
惑 huò	荆 jīng	坤 kūn	虏 lǔ	亩 mǔ	聘 pìn	擎 qíng
霍 huò	靖 jìng	捆 kǔn	鲁 lǔ	牧 mù	凭 píng	顷 qǐng
唧 jī	窘 jiǒng	廓 kuò	禄 lù	募 mù	魄 pò	囚 qiú
即 jí	灸 jiǔ	莱 lái	铝 lǚ	墓 mù	剖 pōu	渠 qú
己 jǐ	驹 jū	懒 lǎn	缕 lǚ	暮 mù	圃 pǔ	娶 qǔ
脊 jǐ	矩 jǔ	滥 làn	履 lǚ	穆 mù	浦 pǔ	劝 quàn
忌 jì	锯 jù	廊 láng	氯 lǜ	钠 nà	谱 pǔ	瘸 qué
既 jì	绢 juàn	烙 lào	滤 lǜ	捺 nà	瀑 pù	瓤 ráng
祭 jì	爵 jué	垒 lěi	峦 luán	挠 náo	戚 qī	饶 ráo
鲫 jì	揩 kāi	肋 lèi	卵 luǎn	嫩 nèn	漆 qī	扰 rǎo
冀 jì	堪 kān	愣 lèng	掠 lüè	妮 nī	祈 qí	惹 rě
颊 jiá	坎 kǎn	厘 lí	略 lüè	拟 nǐ	鳍 qí	壬 rén

仁 rén	侍 shì	梭 suō	挽 wǎn	啸 xiào	姚 Yáo	冤 yuān
刃 rèn	拭 shì	索 suǒ	皖 Wǎn	些 xiē	窑 yáo	渊 yuān
韧 rèn	恃 shì	塌 tā	腕 wàn	携 xié	舀 yǎo	袁 Yuán
扔 rēng	嗜 shì	汰 tài	枉 wǎng	卸 xiè	冶 yě	苑 yuàn
揉 róu	誓 shì	滩 tān	妄 wàng	屑 xiè	腋 yè	怨 yuàn
儒 rú	枢 shū	碳 tàn	伪 wěi	械 xiè	壹 yī	粤 Yuè
汝 rǔ	疏 shū	塘 táng	苇 wěi	蟹 xiè	已 yǐ	孕 yùn
蕊 ruǐ	赎 shú	淌 tǎng	萎 wěi	薪 xīn	矣 yǐ	蕴 yùn
闰 rùn	署 shǔ	趟 tàng	畏 wèi	腥 xīng	邑 yì	哉 zāi
洒 sǎ	束 shù	掏 tāo	瘟 wēn	朽 xiǔ	役 yì	宰 zǎi
腮 sāi	恕 shù	藤 téng	吻 wěn	嗅 xiù	逸 yì	暂 zàn
叁 sān	漱 shù	啼 tí	嗡 wēng	戌 xū	溢 yì	葬 zàng
搔 sāo	拴 shuān	剃 tì	卧 wò	絮 xù	翼 yì	遭 zāo
涩 sè	栓 shuān	添 tiān	巫 wū	蓄 xù	吟 yín	藻 zǎo
瑟 sè	涮 shuàn	舔 tiǎn	吾 wú	悬 xuán	寅 yín	燥 zào
僧 sēng	爽 shuǎng	廷 tíng	捂 wǔ	癣 xuǎn	隐 yǐn	泽 zé
筛 shāi	吮 shǔn	艇 tǐng	戊 wù	靴 xuē	瘾 yǐn	贼 zéi
陕 Shǎn	巳 sì	彤 tóng	悟 wù	薛 Xuē	萤 yíng	乍 zhà
晌 shǎng	寺 sì	捅 tǒng	昔 xī	穴 xué	蝇 yíng	斋 zhāi
尚 shàng	祀 sì	筒 tǒng	悉 xī	熏 xūn	咏 yǒng	摘 zhāi
勺 sháo	饲 sì	凸 tū	惜 xī	旬 xún	酉 yǒu	宅 zhái
哨 shào	耸 sǒng	徒 tú	锡 xī	逊 xùn	迂 yū	窄 zhǎi
赦 shè	讼 sòng	屠 tú	膝 xī	呀 yā	淤 yū	寨 zhài
沈 shěn	诵 sòng	蜕 tuì	匣 xiá	哑 yǎ	隅 yú	毡 zhān
婶 shěn	颂 sòng	屯 tún	辖 xiá	焉 yān	逾 yú	瞻 zhān
肾 shèn	艘 sōu	臀 tún	掀 xiān	檐 yán	榆 yú	斩 zhǎn
渗 shèn	酥 sū	妥 tuǒ	衔 xián	衍 yǎn	禹 Yǔ	盏 zhǎn
慎 shèn	溯 sù	唾 tuò	腺 xiàn	砚 yàn	狱 yù	障 zhàng
升 shēng	蒜 suàn	哇 wā	镶 xiāng	堰 yàn	域 yù	昭 zhāo
笙 shēng	隋 Suí	洼 wā	翔 xiáng	焰 yàn	御 yù	兆 zhào
圣 shèng	髓 suǐ	袜 wà	项 xiàng	秧 yāng	愈 yù	辙 zhé
蚀 shí	穗 suì	歪 wāi	硝 xiāo	漾 yàng	誉 yù	蔗 zhè
矢 shǐ	笋 sǔn	丸 wán	潇 xiāo	尧 Yáo	豫 yù	斟 zhēn

枕 zhěn	殖 zhí	稚 zhì	皱 zhòu	贮 zhù	锥 zhuī	浊 zhuó
振 zhèn	旨 zhǐ	肿 zhǒng	骤 zhòu	铸 zhù	坠 zhuì	酌 zhuó
镇 zhèn	址 zhǐ	仲 zhòng	逐 zhú	拽 zhuài	缀 zhuì	啄 zhuó
怔 zhēng	趾 zhǐ	粥 zhōu	烛 zhú	赚 zhuàn	赘 zhuì	籽 zǐ
蒸 zhēng	帜 zhì	肘 zhǒu	拄 zhǔ	撰 zhuàn	拙 zhuō	纵 zòng
脂 zhī	掷 zhì	咒 zhòu	煮 zhǔ	桩 zhuāng	灼 zhuó	阻 zǔ
侄 zhí	滞 zhì	昼 zhòu	嘱 zhǔ	椎 zhuī	卓 zhuó	佐 zuǒ

二、双音节

哀悼 āidào	悖论 bèilùn	病人 bìngrén	苍茫 cāngmáng	承认 chéngrèn
爱慕 àimù	被褥 bèirù	波长 bōcháng	草案 cǎo'àn	城镇 chéngzhèn
爱情 àiqíng	奔腾 bēnténg	剥削 bōxuē	侧重 cèzhòng	乘机 chéngjī
安静 ānjìng	本领 běnlǐng	菠萝 bōluó	测量 cèliáng	惩罚 chéngfá
安心 ānxīn	本能 běnnéng	薄弱 bóruò	策略 cèlüè	驰骋 chíchěng
按照 ànzhào	本身 běnshēn	簸箕 bòji	豺狼 cháiláng	冲突 chōngtū
懊丧 àosàng	崩溃 bēngkuì	补偿 bǔcháng	产品 chǎnpǐn	充分 chōngfèn
跋涉 báshè	匕首 bǐshǒu	哺乳 bǔrǔ	阐发 chǎnfā	充沛 chōngpèi
把握 bǎwò	比例 bǐlì	不曾 bùcéng	阐明 chǎnmíng	崇敬 chóngjìng
百姓 bǎixìng	比喻 bǐyù	不忿 bùfèn	猖獗 chāngjué	出身 chūshēn
颁发 bānfā	毕竟 bìjìng	不禁 bùjīn	长征 chángzhēng	出生 chūshēng
板凳 bǎndèng	庇护 bìhù	不仅 bùjǐn	常数 chángshù	出血 chūxiě
板栗 bǎnlì	蝙蝠 biānfú	不堪 bùkān	场所 chǎngsuǒ	处罚 chǔfá
半径 bànjìng	变迁 biànqiān	不懈 bùxiè	超额 chāo'é	处分 chǔfèn
伴侣 bànlǚ	变形 biànxíng	不宜 bùyí	朝廷 cháotíng	储量 chǔliàng
榜样 bǎngyàng	便于 biànyú	步骤 bùzhòu	嘲讽 cháofěng	储蓄 chǔxù
包庇 bāobì	标的 biāodì	部分 bùfen	撤销 chèxiāo	矗立 chùlì
孢子 bāozǐ	彪悍 biāohàn	部署 bùshǔ	沉淀 chéndiàn	穿着 chuānzhuó
保证 bǎozhèng	表情 biǎoqíng	材料 cáiliào	沉积 chénjī	传导 chuándǎo
报名 bàomíng	别墅 biéshù	财政 cáizhèng	称号 chēnghào	船舶 chuánbó
报纸 bàozhǐ	缤纷 bīnfēn	采访 cǎifǎng	成本 chéngběn	船只 chuánzhī
暴露 bàolù	濒临 bīnlín	菜肴 càiyáo	成绩 chéngjì	创伤 chuāngshāng
曝光 bàoguāng	秉承 bǐngchéng	参谋 cānmóu	成为 chéngwéi	创新 chuàngxīn
背景 bèijǐng	病情 bìngqíng	参数 cānshù	诚挚 chéngzhì	炊烟 chuīyān

纯粹 chúncuì	涤纶 dílún	愕然 èrán	浮游 fúyóu	雇佣 gùyōng
绰号 chuòhào	底层 dǐcéng	耳朵 ěrduo	辐射 fúshè	关心 guānxīn
此地 cǐdì	地层 dìcéng	发酵 fājiào	抚恤 fǔxù	官吏 guānlì
粗糙 cūcāo	地壳 dìqiào	法律 fǎlǜ	腐朽 fǔxiǔ	官僚 guānliáo
促进 cùjìn	地毯 dìtǎn	番茄 fānqié	附庸 fùyōng	冠军 guànjūn
篡夺 cuànduó	地域 dìyù	烦琐 fánsuǒ	附着 fùzhuó	灌溉 guàngài
挫折 cuòzhé	地震 dìzhèn	繁茂 fánmào	复辟 fùbì	诡秘 guǐmì
大风 dàfēng	弟子 dìzǐ	反馈 fǎnkuì	富庶 fùshù	国营 guóyíng
大门 dàmén	颠簸 diānbǒ	范畴 fànchóu	改正 gǎizhèng	过分 guòfèn
大庆 dàqìng	典籍 diǎnjí	防御 fángyù	尴尬 gāngà	海拔 hǎibá
大厦 dàshà	电荷 diànhè	妨害 fánghài	感慨 gǎnkǎi	海棠 hǎitáng
大肆 dàsì	电能 diànnéng	仿佛 fǎngfú	橄榄 gǎnlǎn	酣睡 hānshuì
代替 dàitì	电压 diànyā	纺织 fǎngzhī	纲领 gānglǐng	函数 hánshù
带领 dàilǐng	电子 diànzǐ	放肆 fàngsì	岗 gāng/gǎng	悍然 hànrán
怠工 dàigōng	玷污 diànwū	飞翔 fēixiáng	岗位 gǎngwèi	翰林 hànlín
逮捕 dàibǔ	淀粉 diànfěn	肥料 féiliào	高亢 gāokàng	夯实 hāngshí
担任 dānrèn	雕琢 diāozhuó	诽谤 fěibàng	戈壁 gēbì	好转 hǎozhuǎn
诞辰 dànchén	吊唁 diàoyàn	菲薄 fěibó	给以 gěiyǐ	号召 hàozhào
诞生 dànshēng	调拨 diàobō	沸腾 fèiténg	更新 gēngxīn	皓月 hàoyuè
当即 dāngjí	定额 dìng'é	分泌 fēnmì	耕耘 gēngyún	和蔼 hé'ǎi
当选 dāngxuǎn	定律 dìnglǜ	分子 fēnzǐ	更加 gèngjiā	河豚 hétún
党性 dǎngxìng	定型 dìngxíng	芬芳 fēnfāng	工程 gōngchéng	恒星 héngxīng
当成 dàngchéng	动脉 dòngmài	吩咐 fēnfù	功绩 gōngjì	衡量 héngliáng
档案 dàng'àn	动能 dòngnéng	纷争 fēnzhēng	功率 gōnglǜ	鸿沟 hónggōu
导管 dǎoguǎn	陡峭 dǒuqiào	氛围 fēnwéi	供给 gōngjǐ	呼啸 hūxiào
岛屿 dǎoyǔ	都市 dūshì	分子 fènzǐ	供求 gōngqiú	忽略 hūlüè
祷告 dǎogào	妒忌 dùjì	奋起 fènqǐ	供应 gōngyìng	花卉 huāhuì
到处 dàochù	堆积 duījī	愤慨 fènkǎi	共鸣 gòngmíng	花蕾 huālěi
悼念 dàoniàn	对称 duìchèn	风靡 fēngmǐ	姑息 gūxī	哗然 huárán
得到 dédào	惰性 duòxìng	缝纫 féngrèn	古籍 gǔjí	宦官 huànguān
等候 děnghòu	讹诈 ézhà	缝隙 fèngxì	古迹 gǔjì	涣散 huànsàn
低温 dīwēn	遏止 èzhǐ	孵化 fūhuà	骨骼 gǔgé	荒诞 huāngdàn
敌人 dírén	遏制 èzhì	芙蓉 fúróng	顾虑 gùlǜ	荒僻 huāngpì

荒芜 huāngwú	简直 jiǎnzhí	鞠躬 jūgōng	寥寥 liáoliáo	模仿 mófǎng
惶惑 huánghuò	间隙 jiànxì	咀嚼 jǔjué	嘹亮 liáoliàng	没落 mòluò
恍然 huǎngrán	渐进 jiànjìn	沮丧 jǔsàng	缭绕 liáorào	拇指 mǔzhǐ
诙谐 huīxié	践踏 jiàntà	剧种 jùzhǒng	瞭望 liàowàng	纳粹 Nàcuì
讳言 huìyán	鉴赏 jiànshǎng	眷恋 juànliàn	列举 lièjǔ	奶酪 nǎilào
贿赂 huìlù	讲述 jiǎngshù	决心 juéxīn	凛冽 lǐnliè	难得 nándé
浑身 húnshēn	降落 jiàngluò	角色 juésè	吝啬 lìnsè	内地 nèidì
混合 hùnhé	交叉 jiāochā	绝迹 juéjì	聆听 língtīng	内疚 nèijiù
混乱 hùnluàn	侥幸 jiǎoxìng	崛起 juéqǐ	羚羊 língyáng	内心 nèixīn
混淆 hùnxiáo	狡猾 jiǎohuá	军舰 jūnjiàn	零售 língshòu	呢绒 níróng
讥讽 jīfěng	教诲 jiàohuì	楷模 kǎimó	流露 liúlù	泥泞 nínìng
机械 jīxiè	教训 jiàoxùn	坎坷 kǎnkě	流血 liúxuè	匿名 nìmíng
积累 jīlěi	酵母 jiàomǔ	慷慨 kāngkǎi	笼罩 lǒngzhào	狞笑 níngxiào
畸形 jīxíng	结果 jiēguǒ	亢进 kàngjìn	芦笙 lúshēng	柠檬 níngméng
即将 jíjiāng	接近 jiējìn	考虑 kǎolù	履行 lǚxíng	凝视 níngshì
即使 jíshǐ	接壤 jiērǎng	苛求 kēqiú	卵巢 luǎncháo	扭转 niǔzhuǎn
嫉妒 jídù	桔梗 jiégěng	蝌蚪 kēdǒu	掠夺 lüèduó	懦弱 nuòruò
给予 jǐyǔ	解剖 jiěpōu	客栈 kèzhàn	轮廓 lúnkuò	偶尔 ǒu'ěr
纪录 jìlù	尽管 jǐnguǎn	孔隙 kǒngxì	螺旋 luóxuán	排斥 páichì
纪律 jìlǜ	尽量 jǐnliàng	苦衷 kǔzhōng	麻疹 mázhěn	徘徊 páihuái
迹象 jìxiàng	谨慎 jǐnshèn	况且 kuàngqiě	马鞍 mǎ'ān	派遣 pàiqiǎn
祭祀 jìsì	进程 jìnchéng	葵花 kuíhuā	玛瑙 mǎnǎo	判处 pànchǔ
寂静 jìjìng	近似 jìnsì	昆仑 kūnlún	茅庐 máolú	咆哮 páoxiào
佳肴 jiāyáo	荆棘 jīngjí	辣椒 làjiāo	茂密 màomì	胚胎 pēitāi
家畜 jiāchù	惊愕 jīng'è	来临 láilín	门槛 ménkǎn	赔偿 péicháng
家眷 jiājuàn	惊惶 jīnghuáng	懒惰 lǎnduò	秘书 mìshū	烹饪 pēngrèn
家属 jiāshǔ	惊醒 jīngxǐng	磊落 lěiluò	勉强 miǎnqiǎng	烹调 pēngtiáo
假如 jiǎrú	精心 jīngxīn	立即 lìjí	缅怀 miǎnhuái	澎湃 péngpài
假设 jiǎshè	精子 jīngzǐ	例外 lìwài	藐视 miǎoshì	膨胀 péngzhàng
假使 jiǎshǐ	径流 jìngliú	砾石 lìshí	蔑视 mièshì	霹雳 pīlì
嫁接 jiàjiē	竟然 jìngrán	怜悯 liánmǐn	明矾 míngfán	皮肤 pífū
艰辛 jiānxīn	静脉 jìngmài	联姻 liányīn	冥想 míngxiǎng	疲倦 píjuàn
减轻 jiǎnqīng	臼齿 jiùchǐ	两栖 liǎngqī	命令 mìnglìng	僻静 pìjìng

譬如 pìrú	亲人 qīnrén	蹂躏 róulìn	似的 shìde	弹簧 tánhuáng
偏僻 piānpì	勤奋 qínfèn	蠕动 rúdòng	势能 shìnéng	檀香 tánxiāng
拼命 pīnmìng	青睐 qīnglài	入侵 rùqīn	事例 shìlì	坦率 tǎnshuài
频率 pínlǜ	青苔 qīngtái	散布 sànbù	视觉 shìjué	探询 tànxún
平庸 píngyōng	轻蔑 qīngmiè	丧葬 sāngzàng	适应 shìyìng	倘若 tǎngruò
凭借 píngjiè	轻声 qīngshēng	森林 sēnlín	手铐 shǒukào	滔滔 tāotāo
迫害 pòhài	倾听 qīngtīng	僧侣 sēnglǚ	守恒 shǒuhéng	陶冶 táoyě
剖析 pōuxī	清晨 qīngchén	霎时 shàshí	受贿 shòuhuì	特征 tèzhēng
蒲扇 púshàn	丘陵 qiūlíng	山峰 shānfēng	狩猎 shòuliè	誊写 téngxiě
曝晒 pùshài	酋长 qiúzhǎng	山林 shānlín	书籍 shūjí	剔除 tīchú
栖息 qīxī	曲线 qūxiàn	煽动 shāndòng	枢纽 shūniǔ	提倡 tíchàng
歧途 qítú	曲折 qūzhé	赡养 shànyǎng	束缚 shùfù	提供 tígōng
歧义 qíyì	驱逐 qūzhú	上涨 shàngzhǎng	庶民 shùmín	体系 tǐxì
祈祷 qídǎo	趋势 qūshì	奢侈 shēchǐ	率领 shuàilǐng	恬静 tiánjìng
脐带 qídài	痊愈 quányù	舌苔 shétāi	水分 shuǐfèn	挑选 tiāoxuǎn
崎岖 qíqū	劝慰 quànwèi	摄影 shèyǐng	水平 shuǐpíng	调整 tiáozhěng
起身 qǐshēn	缺陷 quēxiàn	呻吟 shēnyín	水文 shuǐwén	挑衅 tiǎoxìn
迁徙 qiānxǐ	确切 quèqiè	深沉 shēnchén	水银 shuǐyín	跳蚤 tiàozao
谦逊 qiānxùn	冉冉 rǎnrǎn	神经 shénjīng	睡觉 shuìjiào	通缉 tōngjī
前进 qiánjìn	扰乱 rǎoluàn	神圣 shénshèng	说服 shuōfú	同胞 tóngbāo
前景 qiánjǐng	热忱 rèchén	慎重 shènzhòng	嘶哑 sīyǎ	同行 tóngháng
潜力 qiánlì	人民 rénmín	生成 shēngchéng	死亡 sǐwáng	瞳孔 tóngkǒng
潜在 qiánzài	人身 rénshēn	生命 shēngmìng	似乎 sìhū	透露 tòulù
谴责 qiǎnzé	忍耐 rěnnài	声明 shēngmíng	松懈 sōngxiè	途径 tújìng
蔷薇 qiángwēi	认为 rènwéi	声音 shēngyīn	俗称 súchēng	湍流 tuānliú
侨眷 qiáojuàn	认真 rènzhēn	牲畜 shēngchù	诉讼 sùsòng	推崇 tuīchóng
悄然 qiǎorán	任意 rènyì	盛行 shèngxíng	肃穆 sùmù	推进 tuījìn
悄声 qiāoshēng	仍然 réngrán	失调 shītiáo	随即 suíjí	椭圆 tuǒyuán
峭壁 qiàobì	日趋 rìqū	师长 shīzhǎng	隧道 suìdào	瓦砾 wǎlì
怯懦 qiènuò	戎装 róngzhuāng	时而 shí'ér	唆使 suōshǐ	歪曲 wāiqū
钦佩 qīnpèi	茸毛 róngmáo	时髦 shímáo	所属 suǒshǔ	外籍 wàijí
侵蚀 qīnshí	溶剂 róngjì	食品 shípǐn	所谓 suǒwèi	蜿蜒 wānyán
侵占 qīnzhàn	冗长 rǒngcháng	使劲 shǐjìn	所有 suǒyǒu	豌豆 wāndòu

威信 wēixìn	现行 xiànxíng	许诺 xǔnuò	以便 yǐbiàn	原谅 yuánliàng
巍峨 wēi'é	相继 xiāngjì	酗酒 xùjiǔ	以内 yǐnèi	原料 yuánliào
围剿 wéijiǎo	相近 xiāngjìn	喧哗 xuānhuá	以为 yǐwéi	原子 yuánzǐ
围绕 wéirào	相似 xiāngsì	喧嚷 xuānrǎng	屹立 yìlì	缘故 yuángù
委婉 wěiwǎn	香椿 xiāngchūn	喧嚣 xuānxiāo	抑制 yìzhì	源泉 yuánquán
慰藉 wèijiè	响声 xiǎngshēng	悬殊 xuánshū	因而 yīn'ér	约束 yuēshù
温馨 wēnxīn	响应 xiǎngyìng	旋律 xuánlǜ	阴谋 yīnmóu	月份 yuèfèn
紊乱 wěnluàn	象征 xiàngzhēng	旋转 xuánzhuǎn	阴影 yīnyǐng	允许 yǔnxǔ
污秽 wūhuì	逍遥 xiāoyáo	渲染 xuànrǎn	淫秽 yínhuì	陨石 yǔnshí
呜咽 wūyè	硝酸 xiāosuān	削弱 xuēruò	引进 yǐnjìn	运转 yùnzhuǎn
诬蔑 wūmiè	嚣张 xiāozhāng	血迹 xuèjì	隐蔽 yǐnbì	酝酿 yùnniàng
无辜 wúgū	哮喘 xiàochuǎn	血液 xuèyè	荫庇 yīnbì	蕴藏 yùncáng
梧桐 wútóng	效应 xiàoyìng	勋章 xūnzhāng	英镑 yīngbàng	蕴涵 yùnhán
侮辱 wǔrǔ	谐调 xiétiáo	询问 xúnwèn	婴儿 yīng'ér	栽培 zāipéi
舞蹈 wǔdǎo	心血 xīnxuè	殉难 xùnnàn	荧屏 yíngpíng	在场 zàichǎng
希冀 xījì	辛勤 xīnqín	压强 yāqiáng	赢得 yíngdé	赞扬 zànyáng
析出 xīchū	新兴 xīnxīng	严峻 yánjùn	影片 yǐngpiàn	遭殃 zāoyāng
蟋蟀 xīshuài	新型 xīnxíng	研讨 yántǎo	应用 yìngyòng	增殖 zēngzhí
洗涤 xǐdí	新颖 xīnyǐng	眼神 yǎnshén	庸俗 yōngsú	崭新 zhǎnxīn
细胞 xìbāo	信息 xìnxī	演绎 yǎnyì	踊跃 yǒngyuè	辗转 zhǎnzhuǎn
细菌 xìjūn	信心 xìnxīn	验证 yànzhèng	用品 yòngpǐn	栈道 zhàndào
狭隘 xiá'ài	刑侦 xíngzhēn	谚语 yànyǔ	佣金 yòngjīn	战绩 zhànjì
下颌 xiàhé	行为 xíngwéi	仰慕 yǎngmù	幽深 yōushēn	战栗 zhànlì
下列 xiàliè	行星 xíngxīng	样本 yàngběn	犹豫 yóuyù	战略 zhànlüè
下属 xiàshǔ	行政 xíngzhèng	夭折 yāozhé	游行 yóuxíng	战胜 zhànshèng
先进 xiānjìn	形成 xíngchéng	要紧 yàojǐn	友人 yǒurén	战争 zhànzhēng
纤维 xiānwéi	杏仁 xìngrén	冶金 yějīn	友谊 yǒuyì	章程 zhāngchéng
鲜血 xiānxuè	幸福 xìngfú	野生 yěshēng	娱乐 yúlè	樟脑 zhāngnǎo
闲暇 xiánxiá	性能 xìngnéng	业绩 yèjì	舆论 yúlùn	沼泽 zhǎozé
显露 xiǎnlù	性情 xìngqíng	依偎 yīwēi	语音 yǔyīn	召集 zhàojí
县城 xiànchéng	汹涌 xiōngyǒng	贻误 yíwù	育种 yùzhǒng	召开 zhàokāi
现今 xiànjīn	胸脯 xiōngpú	胰腺 yíxiàn	预料 yùliào	照例 zhàolì
现金 xiànjīn	修正 xiūzhèng	遗嘱 yízhǔ	预兆 yùzhào	照片 zhàopiàn

肇事 zhàoshì	脂肪 zhīfáng	中枢 zhōngshū	专政 zhuānzhèng	踪迹 zōngjì
这样 zhèyàng	蜘蛛 zhīzhū	中心 zhōngxīn	转身 zhuǎnshēn	总额 zǒng'é
针灸 zhēnjiǔ	直径 zhíjìng	中旬 zhōngxún	转瞬 zhuǎnshùn	总结 zǒngjié
侦察 zhēnchá	直觉 zhíjué	中央 zhōngyāng	装饰 zhuāngshì	总数 zǒngshù
真迹 zhēnjì	职能 zhínéng	中叶 zhōngyè	装置 zhuāngzhì	总之 zǒngzhī
真正 zhēnzhèng	植株 zhízhū	中庸 zhōngyōng	追悼 zhuīdào	走廊 zǒuláng
真挚 zhēnzhì	殖民 zhímín	忠诚 zhōngchéng	追究 zhuījiū	租赁 zūlìn
阵地 zhèndì	只得 zhǐdé	终身 zhōngshēn	追逐 zhuīzhú	足迹 zújì
振奋 zhènfèn	指导 zhǐdǎo	钟头 zhōngtóu	准则 zhǔnzé	阻碍 zǔ'ài
振兴 zhènxīng	指令 zhǐlìng	衷心 zhōngxīn	卓越 zhuóyuè	阻止 zǔzhǐ
震惊 zhènjīng	指明 zhǐmíng	肿瘤 zhǒngliú	着重 zhuózhòng	组织 zǔzhī
镇压 zhènyā	指数 zhǐshù	种族 zhǒngzú	琢磨 zhuómó	最近 zuìjìn
征询 zhēngxún	至此 zhìcǐ	中毒 zhòngdú	资本 zīběn	最为 zuìwéi
狰狞 zhēngníng	至今 zhìjīn	周转 zhōuzhuǎn	资金 zījīn	罪恶 zuì'è
蒸发 zhēngfā	制订 zhìdìng	昼夜 zhòuyè	子弹 zǐdàn	罪行 zuìxíng
蒸馏 zhēngliú	制定 zhìdìng	诸如 zhūrú	姊妹 zǐmèi	尊敬 zūnjìng
蒸腾 zhēngténg	制品 zhìpǐn	蛛网 zhūwǎng	自称 zìchēng	遵守 zūnshǒu
拯救 zhěngjiù	制止 zhìzhǐ	主任 zhǔrèn	自觉 zìjué	遵循 zūnxún
正好 zhènghǎo	质子 zhìzǐ	瞩目 zhǔmù	自身 zìshēn	作风 zuòfēng
证明 zhèngmíng	致使 zhìshǐ	贮藏 zhùcáng	自信 zìxìn	作品 zuòpǐn
政权 zhèngquán	秩序 zhìxù	贮存 zhùcún	自行 zìxíng	作祟 zuòsuì
症状 zhèngzhuàng	窒息 zhìxī	著名 zhùmíng	自转 zìzhuàn	作为 zuòwéi
支撑 zhīchēng	智能 zhìnéng	抓紧 zhuājǐn	字迹 zìjì	做梦 zuòmèng
支付 zhīfù	中期 zhōngqī	专门 zhuānmén	宗教 zōngjiào	座舱 zuòcāng

第二节 常见、易错三音节和四音节

一、三音节

氨基酸 ānjīsuān	芭蕾舞 bālěiwǔ	半成品 bànchéngpǐn	保龄球 bǎolíngqiú
安理会 Ānlǐhuì	百分比 bǎifēnbǐ	办公室 bàngōngshì	保险丝 bǎoxiǎnsī
奥运会 Àoyùnhuì	班主任 bānzhǔrèn	半导体 bàndǎotǐ	保证金 bǎozhèngjīn

保证人 bǎozhèngrén	吃不消 chī·buxiāo	电视剧 diànshìjù	工商业 gōngshāngyè
抱不平 bàobùpíng	出生率 chūshēnglǜ	电视台 diànshìtái	工艺品 gōngyìpǐn
暴风雪 bàofēngxuě	出租车 chūzūchē	电影院 diànyǐngyuàn	工作日 gōngzuòrì
暴风雨 bàofēngyǔ	穿山甲 chuānshānjiǎ	东道主 dōngdàozhǔ	公积金 gōngjījīn
北半球 běibànqiú	传教士 chuánjiàoshi	董事会 dǒngshìhuì	公务员 gōngwùyuán
北极星 běijíxīng	传染病 chuánrǎnbìng	动画片 dònghuàpiàn	公有制 gōngyǒuzhì
备忘录 bèiwànglù	创造性 chuàngzàoxìng	动物园 dòngwùyuán	共产党 gòngchǎndǎng
比例尺 bǐlìchǐ	催化剂 cuīhuàjì	对不起 duì·buqǐ	共和国 gònghéguó
必然性 bìránxìng	打交道 dǎjiāo·dào	多边形 duōbiānxíng	怪不得 guàibude
必需品 bìxūpǐn	打招呼 dǎzhāohu	鹅卵石 éluǎnshí	管弦乐 guǎnxiányuè
避雷针 bìléizhēn	大本营 dàběnyíng	恶狠狠 èhěnhěn	规范化 guīfànhuà
变压器 biànyāqì	大不了 dà·buliǎo	恶作剧 èzuòjù	国务院 guówùyuàn
辩护人 biànhùrén	大多数 dàduōshù	二维码 èrwéimǎ	哈密瓜 hāmìguā
辩证法 biànzhèngfǎ	大陆架 dàlùjià	发动机 fādòngjī	海岸线 hǎi'ànxiàn
并发症 bìngfāzhèng	大气层 dàqìcéng	法西斯 fǎxīsī	荷尔蒙 hé'ěrméng
病原体 bìngyuántǐ	大气压 dàqìyā	方法论 fāngfǎlùn	合作社 hézuòshè
博览会 bólǎnhuì	大人物 dàrénwù	方向盘 fāngxiàngpán	恨不得 hènbude
博物馆 bówùguǎn	大学生 dàxuéshēng	防护林 fánghùlín	红领巾 hónglǐngjīn
不得了 bùdéliǎo	大自然 dàzìrán	纺织品 fǎngzhīpǐn	红外线 hóngwàixiàn
不动产 bùdòngchǎn	代表作 dàibiǎozuò	放大镜 fàngdàjìng	后遗症 hòuyízhèng
不敢当 bùgǎndāng	代理人 dàilǐrén	放射性 fàngshèxìng	互联网 hùliánwǎng
不见得 bùjiàn·dé	丹顶鹤 dāndǐnghè	飞行器 fēixíngqì	花岗岩 huāgāngyán
不像话 bùxiànghuà	胆固醇 dǎngùchún	飞行员 fēixíngyuán	化妆品 huàzhuāngpǐn
不锈钢 bùxiùgāng	胆小鬼 dǎnxiǎoguǐ	肺活量 fèihuóliàng	画外音 huàwàiyīn
不由得 bùyóude	蛋白质 dànbáizhì	肺结核 fèijiéhé	黄澄澄 huángdēngdēng
参议院 cānyìyuàn	当事人 dāngshìrén	分水岭 fēnshuǐlǐng	黄鼠狼 huángshǔláng
差不多 chà·buduō	地平线 dìpíngxiàn	缝纫机 féngrènjī	回归线 huíguīxiàn
长臂猿 chángbìyuán	电冰箱 diànbīngxiāng	服务员 fúwùyuán	回忆录 huíyìlù
长方形 chángfāngxíng	电磁波 diàncíbō	负离子 fùlízǐ	混合物 hùnhéwù
长颈鹿 chángjǐnglù	电磁场 diàncícháng	副作用 fùzuòyòng	混凝土 hùnníngtǔ
超导体 chāodǎotǐ	电解质 diànjiězhì	高血压 gāoxuèyā	基本功 jīběngōng
超声波 chāoshēngbō	电气化 diànqìhuà	革命家 gémìngjiā	机器人 jī·qìrén
乘务员 chéngwùyuán	电视机 diànshìjī	工程师 gōngchéngshī	机械化 jīxièhuà

积极性 jījíxìng	拉力赛 lālìsài	穆斯林 mùsīlín	摄像机 shèxiàngjī
基督教 Jīdūjiào	来不及 lái•bùjí	南半球 nánbànqiú	身份证 shēnfènzhèng
吉普车 jípǔchē	来得及 láidejí	难为情 nánwéiqíng	神经病 shénjīngbìng
继承权 jìchéngquán	劳动者 láodòngzhě	内燃机 nèiránjī	神经质 shénjīngzhì
继承人 jìchéngrén	老百姓 lǎobǎixìng	霓虹灯 níhóngdēng	生产力 shēngchǎnlì
寄生虫 jìshēngchóng	老人家 lǎo•rén•jiā	牛仔裤 niúzǎikù	生命力 shēngmìnglì
技术员 jìshùyuán	老太太 lǎotàitai	农产品 nóngchǎnpǐn	圣诞节 Shèngdàn Jié
计算机 jìsuànjī	老天爷 lǎotiānyé	农作物 nóngzuòwù	食物链 shíwùliàn
加速度 jiāsùdù	老头子 lǎotóuzi	偶然性 ǒuránxìng	视网膜 shìwǎngmó
甲骨文 jiǎgǔwén	冷不防 lěng•bùfáng	派出所 pàichūsuǒ	收音机 shōuyīnjī
甲状腺 jiǎzhuàngxiàn	离心力 líxīnlì	判决书 pànjuéshū	手工业 shǒugōngyè
价值观 jiàzhíguān	里程碑 lǐchéngbēi	漂白粉 piǎobáifěn	手榴弹 shǒuliúdàn
交响乐 jiāoxiǎngyuè	立交桥 lìjiāoqiáo	乒乓球 pīngpāngqiú	数据库 shùjùkù
交易所 jiāoyìsuǒ	联合国 Liánhéguó	平衡木 pínghéngmù	数字化 shùzìhuà
脚手架 jiǎoshǒujià	连环画 liánhuánhuà	葡萄酒 pú•táojiǔ	水龙头 shuǐlóngtóu
教科书 jiàokēshū	连衣裙 liányīqún	蒲公英 púgōngyīng	水蒸气 shuǐzhēngqì
解放军 jiěfàngjūn	两口子 liǎngkǒuzi	普通话 pǔtōnghuà	顺口溜 shùnkǒuliū
金刚石 jīngāngshí	疗养院 liáoyǎngyuàn	瞧不起 qiáo•bùqǐ	说不定 shuō•bùdìng
金龟子 jīnguīzǐ	了不得 liǎo•bù•dé	巧克力 qiǎokèlì	私有制 sīyǒuzhì
金字塔 jīnzìtǎ	林阴道 línyīndào	青霉素 qīngméisù	思想家 sīxiǎngjiā
禁不住 jīn•bùzhù	淋巴结 línbājié	轻工业 qīnggōngyè	四边形 sìbiānxíng
锦标赛 jǐnbiāosài	领事馆 lǐngshìguǎn	轻音乐 qīngyīnyuè	所有制 suǒyǒuzhì
进化论 jìnhuàlùn	留声机 liúshēngjī	清一色 qīngyīsè	太极拳 tàijíquán
进行曲 jìnxíngqǔ	留学生 liúxuéshēng	清真寺 qīngzhēnsì	太阳能 tàiyángnéng
经纪人 jīngjìrén	流水线 liúshuǐxiàn	人民币 rénmínbì	太阳系 tàiyángxì
俱乐部 jùlèbù	龙卷风 lóngjuǎnfēng	人行道 rénxíngdào	糖尿病 tángniàobìng
决定性 juédìngxìng	录像机 lùxiàngjī	认识论 rènshílùn	体育场 tǐyùchǎng
爵士乐 juéshìyuè	螺旋桨 luóxuánjiǎng	入场券 rùchǎngquàn	体育馆 tǐyùguǎn
看不起 kàn•bùqǐ	马拉松 mǎlāsōng	三角形 sānjiǎoxíng	天花板 tiānhuābǎn
抗生素 kàngshēngsù	马铃薯 mǎlíngshǔ	三轮车 sānlúnchē	天然气 tiānránqì
靠不住 kào•bùzhù	猫头鹰 māotóuyīng	舍不得 shěbude	同位素 tóngwèisù
科学家 kēxuéjiā	蒙古包 měnggǔbāo	社会学 shèhuìxué	统一体 tǒngyītǐ
科学院 kēxuéyuàn	明信片 míngxìnpiàn	摄氏度 shèshìdù	图书馆 túshūguǎn

拖拉机 tuōlājī	小学生 xiǎoxuéshēng	幼儿园 yòu'éryuán	中间人 zhōngjiānrén
外祖父 wàizǔfù	协奏曲 xiézòuqǔ	宇航员 yǔhángyuán	中世纪 zhōngshìjì
外祖母 wàizǔmǔ	写字台 xiězìtái	羽毛球 yǔmáoqiú	中学生 zhōngxuéshēng
望远镜 wàngyuǎnjìng	新生儿 xīnshēng'ér	原材料 yuáncáiliào	重工业 zhònggōngyè
微生物 wēishēngwù	信用卡 xìnyòngkǎ	原子弹 yuánzǐdàn	主人公 zhǔréngōng
维生素 wéishēngsù	形容词 xíngróngcí	原子核 yuánzǐhé	主人翁 zhǔrénwēng
委员会 wěiyuánhuì	蓄电池 xùdiànchí	云计算 yúnjìsuàn	注射器 zhùshèqì
温度计 wēndùjì	亚热带 yàrèdài	运动会 yùndònghuì	啄木鸟 zhuómùniǎo
无所谓 wúsuǒwèi	研究生 yánjiūshēng	运动员 yùndòngyuán	着眼点 zhuóyǎndiǎn
洗衣机 xǐyījī	研究员 yánjiūyuán	责任感 zérèngǎn	紫外线 zǐwàixiàn
细胞核 xìbāohé	叶绿素 yèlǜsù	怎么样 zěnmeyàng	自动化 zìdònghuà
显微镜 xiǎnwēijìng	一辈子 yībèizi	正比例 zhèngbǐlì	自来水 zìláishuǐ
现代化 xiàndàihuà	一揽子 yīlǎnzi	指南针 zhǐnánzhēn	自然界 zìránjiè
想象力 xiǎngxiànglì	艺术家 yìshùjiā	直辖市 zhíxiáshì	自行车 zìxíngchē
向日葵 xiàngrìkuí	荧光屏 yíngguāngpíng	殖民地 zhímíndì	自治区 zìzhìqū
消费品 xiāofèipǐn	游击队 yóujīduì	志愿军 zhìyuànjūn	奏鸣曲 zòumíngqǔ
小朋友 xiǎopéngyou	咏叹调 yǒngtàndiào	志愿者 zhìyuànzhě	

二、四音节

安居乐业 ānjū-lèyè	冰天雪地 bīngtiān-xuědì	不知所措 bùzhī-suǒcuò
拔地而起 bádì'érqǐ	波澜壮阔 bōlán-zhuàngkuò	层出不穷 céngchū-bùqióng
百花齐放 bǎihuā-qífàng	博大精深 bódà-jīngshēn	长治久安 chángzhì-jiǔ'ān
百家争鸣 bǎijiā-zhēngmíng	不动声色 bùdòng-shēngsè	畅所欲言 chàngsuǒyùyán
百科全书 bǎikē quánshū	不计其数 bùjì-qíshù	车水马龙 chēshuǐ-mǎlóng
百折不挠 bǎizhé-bùnáo	不胫而走 bùjìng'érzǒu	持之以恒 chízhīyǐhéng
包罗万象 bāoluó-wànxiàng	不可思议 bùkě-sīyì	赤手空拳 chìshǒu-kōngquán
背道而驰 bèidào'érchí	不可一世 bùkě-yīshì	出类拔萃 chūlèi-bácuì
标本兼治 biāoběn-jiānzhì	不速之客 bùsùzhīkè	出谋划策 chūmóu-huàcè
标新立异 biāoxīn-lìyì	不言而喻 bùyán'éryù	出其不意 chūqíbùyì
别出心裁 biéchū-xīncái	不遗余力 bùyí-yúlì	出人意料 chūrényìliào
别具一格 biéjù-yīgé	不以为然 bùyǐwéirán	触目惊心 chùmù-jīngxīn
别开生面 biékāi-shēngmiàn	不约而同 bùyuē'értóng	川流不息 chuānliú-bùxī
别有用心 biéyǒu-yòngxīn	不折不扣 bùzhé-bùkòu	垂头丧气 chuítóu-sàngqì

此起彼伏 cǐqǐ-bǐfú　　　高高在上 gāogāo-zàishàng　　　兢兢业业 jīngjīngyèyè
从容不迫 cóngróng-bùpò　　高瞻远瞩 gāozhān-yuǎnzhǔ　　惊天动地 jīngtiān-dòngdì
错综复杂 cuòzōng-fùzá　　　格格不入 gégé-bùrù　　　　惊心动魄 jīngxīn-dòngpò
大刀阔斧 dàdāo-kuòfǔ　　　根深蒂固 gēnshēn-dìgù　　　精益求精 jīngyìqiújīng
大公无私 dàgōng-wúsī　　　供不应求 gōngbùyìngqiú　　救死扶伤 jiùsǐ-fúshāng
大惊小怪 dàjīng-xiǎoguài　　顾名思义 gùmíng-sīyì　　　居安思危 jū'ān-sīwēi
大同小异 dàtóng-xiǎoyì　　　刮目相看 guāmù-xiāngkàn　居高临下 jūgāo-línxià
大显身手 dàxiǎn-shēnshǒu　归根结底 guīgēn-jiédǐ　　　鞠躬尽瘁 jūgōng-jìncuì
大相径庭 dàxiāng-jìngtíng　国计民生 guójì-mínshēng　　举足轻重 jǔzú-qīngzhòng
大有可为 dàyǒu-kěwéi　　　海纳百川 hǎinàbǎichuān　　聚精会神 jùjīng-huìshén
大张旗鼓 dàzhāng-qígǔ　　　海市蜃楼 hǎishì-shènlóu　　开门见山 kāimén-jiànshān
弹丸之地 dànwánzhīdì　　　汗流浃背 hànliú-jiābèi　　　可乘之机 kěchéngzhījī
当务之急 dāngwùzhījí　　　后顾之忧 hòugùzhīyōu　　　刻不容缓 kèbùrónghuǎn
得天独厚 détiāndúhòu　　　后来居上 hòulái-jūshàng　　刻骨铭心 kègǔ-míngxīn
得心应手 déxīnyìngshǒu　　厚积薄发 hòujī-bófā　　　　哭笑不得 kūxiào-bùdé
德才兼备 décái-jiānbèi　　　胡说八道 húshuō-bādào　　脍炙人口 kuàizhì-rénkǒu
掉以轻心 diàoyǐqīngxīn　　　胡思乱想 húsī-luànxiǎng　　来龙去脉 láilóng-qùmài
独一无二 dúyī-wú'èr　　　　欢声笑语 huānshēng-xiàoyǔ　劳民伤财 láomín-shāngcái
对症下药 duìzhèng-xiàyào　　欢欣鼓舞 huānxīn-gǔwǔ　　理所当然 lǐsuǒdāngrán
咄咄逼人 duōduō-bīrén　　　焕然一新 huànrán-yīxīn　　理直气壮 lǐzhí-qìzhuàng
耳目一新 ěrmù-yīxīn　　　　急功近利 jígōng-jìnlì　　　　力不从心 lìbùcóngxīn
耳闻目睹 ěrwén-mùdǔ　　　急中生智 jízhōng-shēngzhì　力所能及 lìsuǒnéngjí
乏善可陈 fáshàn-kěchén　　集思广益 jísī-guǎngyì　　　了如指掌 liǎorúzhǐzhǎng
翻天覆地 fāntiān-fùdì　　　集装箱 jízhuāngxiāng　　　淋漓尽致 línlí-jìnzhì
方兴未艾 fāngxīng-wèi'ài　　继往开来 jìwǎng-kāilái　　　琳琅满目 línláng-mǎnmù
非同小可 fēitóng-xiǎokě　　　家喻户晓 jiāyù-hùxiǎo　　　屡见不鲜 lǚjiàn-bùxiān
奋不顾身 fènbùgùshēn　　　坚韧不拔 jiānrèn-bùbá　　　乱七八糟 luànqībāzāo
奋发图强 fènfā-túqiáng　　　艰苦卓绝 jiānkǔ-zhuójué　　马不停蹄 mǎbùtíngtí
风驰电掣 fēngchí-diànchè　　见义勇为 jiànyì-yǒngwéi　　满不在乎 mǎnbùzàihu
丰功伟绩 fēnggōng-wěijì　　将功赎罪 jiānggōng-shúzuì　漫不经心 mànbùjīngxīn
丰功伟业 fēnggōng-wěiyè　　矫揉造作 jiǎoróu-zàozuò　　慢条斯理 màntiáo-sīlǐ
风起云涌 fēngqǐ-yúnyǒng　　接二连三 jiē'èr-liánsān　　　毛骨悚然 máogǔ-sǒngrán
风生水起 fēngshēng-shuǐqǐ　紧锣密鼓 jǐnluó-mìgǔ　　　眉飞色舞 méifēi-sèwǔ

眉开眼笑 méikāi-yǎnxiào
梦寐以求 mèngmèiyǐqiú
名副其实 míngfùqíshí
名列前茅 mínglièqiánmáo
名正言顺 míngzhèng-yánshùn
默默无闻 mòmò-wúwén
目不转睛 mùbùzhuǎnjīng
目瞪口呆 mùdèng-kǒudāi
耐人寻味 nàirénxúnwèi
难能可贵 nánnéng-kěguì
念念不忘 niànniàn-bùwàng
弄虚作假 nòngxū-zuòjiǎ
呕心沥血 ǒuxīn-lìxuè
排忧解难 páiyōu-jiěnàn
鹏程万里 péngchéng-wànlǐ
翩翩起舞 piānpiān-qǐwǔ
迫不及待 pòbùjídài
迫在眉睫 pòzàiméijié
铺天盖地 pūtiān-gàidì
齐心协力 qíxīn-xiélì
岂有此理 qǐyǒucǐlǐ
气定神闲 qìdìng-shénxián
千方百计 qiānfāng-bǎijì
千钧一发 qiānjūn-yīfà
千里迢迢 qiānlǐ-tiáotiáo
前仆后继 qiánpū-hòujì
前所未有 qiánsuǒwèiyǒu
潜移默化 qiányí-mòhuà
轻而易举 qīng'éryìjǔ
轻描淡写 qīngmiáo-dànxiě
情不自禁 qíngbùzìjīn
情有独钟 qíngyǒudúzhōng
求同存异 qiútóng-cúnyì

取长补短 qǔcháng-bǔduǎn
取而代之 qǔ'érdàizhī
全力以赴 quánlìyǐfù
全心全意 quánxīn-quányì
燃眉之急 ránméizhījí
热火朝天 rèhuǒ-cháotiān
忍无可忍 rěnwúkěrěn
任重道远 rènzhòng-dàoyuǎn
日新月异 rìxīn-yuèyì
如释重负 rúshìzhòngfù
若无其事 ruòwúqíshì
赏心悦目 shǎngxīn-yuèmù
身体力行 shēntǐ-lìxíng
深恶痛绝 shēnwù-tòngjué
审时度势 shěnshí-duóshì
实事求是 shíshì-qiúshì
始料不及 shǐliàobùjí
势在必行 shìzàibìxíng
事半功倍 shìbàn-gōngbèi
视而不见 shì'érbùjiàn
手忙脚乱 shǒumáng-jiǎoluàn
束手无策 shùshǒu-wúcè
水落石出 shuǐluò-shíchū
水泄不通 shuǐxièbùtōng
顺理成章 shùnlǐ-chéngzhāng
司空见惯 sīkōng-jiànguàn
死灰复燃 sǐhuī-fùrán
四面八方 sìmiàn-bāfāng
似是而非 sìshì'érfēi
肆无忌惮 sìwú-jìdàn
随心所欲 suíxīnsuǒyù
堂而皇之 táng'érhuángzhī
讨价还价 tǎojià-huánjià

提心吊胆 tíxīn-diàodǎn
啼笑皆非 tíxiào-jiēfēi
天经地义 tiānjīng-dìyì
天人合一 tiānrén-héyī
突飞猛进 tūfēi-měngjìn
突如其来 tūrú-qílái
推陈出新 tuīchén-chūxīn
脱口而出 tuōkǒu'érchū
脱胎换骨 tuōtāi-huàngǔ
脱颖而出 tuōyǐng'érchū
外柔内刚 wàiróu-nèigāng
万众一心 wànzhòng-yīxīn
万紫千红 wànzǐ-qiānhóng
忘恩负义 wàng'ēn-fùyì
微不足道 wēibùzúdào
惟妙惟肖 wéimiào-wéixiào
蔚然成风 wèirán-chéngfēng
文质彬彬 wénzhì-bīnbīn
无动于衷 wúdòngyúzhōng
无计可施 wújì-kěshī
无济于事 wújìyúshì
无可奉告 wúkěfènggào
无可厚非 wúkěhòufēi
无可奈何 wúkěnàihé
无所适从 wúsuǒshìcóng
五花八门 wǔhuā-bāmén
五味杂陈 wǔwèi-záchén
五颜六色 wǔyán-liùsè
物是人非 wùshì-rénfēi
熙熙攘攘 xīxī-rǎngrǎng
嘻嘻哈哈 xīxī-hāhā
息息相关 xīxī-xiāngguān
习以为常 xíyǐwéicháng

喜出望外 xǐchūwàngwài	一筹莫展 yīchóu-mòzhǎn	有识之士 yǒushízhīshì
喜闻乐见 xǐwén-lèjiàn	一带一路 yīdài-yīlù	有条不紊 yǒutiáo-bùwěn
先发制人 xiānfā-zhìrén	一帆风顺 yīfān-fēngshùn	有朝一日 yǒuzhāo-yīrì
显而易见 xiǎn'éryìjiàn	一技之长 yījìzhīcháng	与日俱增 yǔrì-jùzēng
鲜为人知 xiǎnwéirénzhī	一脉相承 yīmài-xiāngchéng	语重心长 yǔzhòng-xīncháng
现身说法 xiànshēn-shuōfǎ	一模一样 yīmú-yīyàng	源远流长 yuányuǎn-liúcháng
相得益彰 xiāngdé-yìzhāng	一目了然 yīmù-liǎorán	再接再厉 zàijiē-zàilì
相辅相成 xiāngfǔ-xiāngchéng	一如既往 yīrú-jìwǎng	载歌载舞 zàigē-zàiwǔ
相提并论 xiāngtí-bìnglùn	一视同仁 yīshì-tóngrén	赞不绝口 zànbùjuékǒu
想方设法 xiǎngfāng-shèfǎ	一丝不苟 yīsī-bùgǒu	责无旁贷 zéwúpángdài
小心翼翼 xiǎoxīn-yìyì	一望无际 yīwàng-wújì	斩钉截铁 zhǎndīng-jiétiě
笑容可掬 xiàoróng-kějū	一无所有 yīwú-suǒyǒu	针锋相对 zhēnfēng-xiāngduì
心不在焉 xīnbùzàiyān	一席之地 yīxízhīdì	震耳欲聋 zhèn'ěr-yùlóng
心甘情愿 xīngān-qíngyuàn	一心一意 yīxīn-yīyì	争先恐后 zhēngxiān-kǒnghòu
心旷神怡 xīnkuàng-shényí	一言九鼎 yīyán-jiǔdǐng	直截了当 zhíjié-liǎodàng
心满意足 xīnmǎn-yìzú	一意孤行 yīyì-gūxíng	至高无上 zhìgāo-wúshàng
心平气和 xīnpíng-qìhé	一针见血 yīzhēn-jiànxiě	众所周知 zhòngsuǒzhōuzhī
心照不宣 xīnzhào-bùxuān	以身作则 yǐshēn-zuòzé	众志成城 zhòngzhì-chéngchéng
新陈代谢 xīnchén-dàixiè	义不容辞 yìbùróngcí	周而复始 zhōu'érfùshǐ
欣欣向荣 xīnxīn-xiàngróng	义无反顾 yìwúfǎngù	诸如此类 zhūrú-cǐlèi
兴高采烈 xìnggāo-cǎiliè	异口同声 yìkǒu-tóngshēng	谆谆教导 zhūnzhūn-jiàodǎo
幸灾乐祸 xìngzāi-lèhuò	抑扬顿挫 yìyáng-dùncuò	卓有成效 zhuóyǒu-chéngxiào
胸有成竹 xiōngyǒuchéngzhú	因地制宜 yīndì-zhìyí	自得其乐 zìdé-qílè
轩然大波 xuānrán-dàbō	因势利导 yīnshì-lìdǎo	自力更生 zìlì-gēngshēng
学贯中西 xuéguànzhōngxī	引人入胜 yǐnrén-rùshèng	自强不息 zìqiáng-bùxī
雪上加霜 xuěshàng-jiāshuāng	迎刃而解 yíngrèn'érjiě	自然而然 zìrán'érrán
雪中送炭 xuězhōng-sòngtàn	应运而生 yìngyùn'érshēng	自始至终 zìshǐ-zhìzhōng
眼花缭乱 yǎnhuā-liáoluàn	勇往直前 yǒngwǎng-zhíqián	自言自语 zìyán-zìyǔ
扬长避短 yángcháng-bìduǎn	优胜劣汰 yōushèng-liètài	自以为是 zìyǐwéishì
咬牙切齿 yǎoyá-qièchǐ	有的放矢 yǒudì-fàngshǐ	总而言之 zǒng'éryánzhī
夜以继日 yèyǐjìrì	有目共睹 yǒumù-gòngdǔ	走投无路 zǒutóu-wúlù
一本正经 yīběn-zhèngjīng	有声有色 yǒushēng-yǒusè	座无虚席 zuòwúxūxí
一成不变 yīchéng-bùbiàn		

第四单元　朗　读

第一节　朗读概述

一、朗读测试及测试要求

朗读是将书面语言转变为形象生动、发音规范的有声语言的再创作活动。普通话水平测试中的朗读测试,是指在应试人朗读普通话水平测试用 50 篇作品时,测试员对其发音中声母、韵母、声调、语流音变、停连、重音、语调以及流畅程度等进行的一种考查。在普通话朗读测试中,应试人要尽量做到以下几点:

第一,准确、熟练地运用普通话,字音规范、音变正确;
第二,领会作品内容,正确把握作品思想感情,读出真情实感;
第三,遵从原文,不丢字、不添字、不颠倒字、不改字;
第四,语调自然,停连恰当,重音处理正确,语速快慢得当。

二、朗读准备

朗读不同于日常说话,朗读要充分理解作品,比较准确地再现作品的思想和艺术形象。在日常的准备过程中,我们可从以下几个方面着手。

(一)熟悉作品内容,把握朗读基调

首先,初读,了解作品内容是什么、主题是什么;其次,正音并弄懂词、句的含义;然后,理清作品结构,分析哪些段落可归为一个层次,哪些应当停顿,不要读得断断续续;最后,把握作品基调,态度鲜明。

(二)注意语音规范

第一,注意生字词。平时多练习,重点记忆易错字词、不认识的字词,测试时难免会紧张,只有平时准备充分,测试时才能正常发挥。

第二,注意语流音变。上声的变调、"一""不"的变调、"啊"的变读、轻声词和儿化韵是朗读作品时要重点留意的地方。

第三,注意多音字的读音。一字多音是产生误读的重要原因之一,必须十分注意。朗读的篇目中出现较多的多音字有"为""似""倒""累""处"等。

第四,注意异读词的读音。普通话词汇中,有一部分词(或词中的语素)的意义相同或基本相同,但在习惯上有两个或多个不同的读法,这些词被称为"异读词"。

(三)朗读时注意避免的几种方式

(1)念读。单纯地念字,照字读音,有字无词或有词无句,词或词组没有轻重格式的区别。

(2)唱读。用类似唱歌的调子来读作品,这种读法比念读更差,它只有声音的外壳,而表情达意的作用已被大大削弱。

(3)念经式。声音小而速度快,没有顿歇,没有重音,更没有感情和声音的变化。

(4)表演式。由于过分注重感情表达,有表演的趋向,读时往往增字、丢字或改字。

三、朗读技巧

要读好一篇作品,我们要根据其感情基调来确定整篇文章的语速,同时根据上下文确定语音的停连、重音、语气和节奏。

(一)停连

在朗读过程中,那些为表情达意所需要的声音的中断和休止就是停顿;那些声音不中断、不休止,特别是作品中有标点符号而在朗读中却不需要中断、休止的地方就是连接。① 停连一方面是生理的需要,另一方面也是表情达意的需要。通过停连,朗读者可以更清晰、更有效地表达作品内容,更鲜明、更强烈地体现作品情感。得体的停连可以显示语言的节奏,增强表达的效果。我们常用以下几种符号来表示停连,停顿:∧;连接:⌣。

1.选择停连位置的方法

(1)准确理解句意和文意;

(2)正确分析语句结构;

(3)恰当想象文字所体现的情景;

(4)合理处理标点符号。

2.停连的分类

(1)语法停连。语法停连指根据句子间语法关系进行的停连,这里主要强调停顿。如句子中主谓之间、动宾之间、修饰词与中心词之间的停顿,还有分句之间、句子之间以及段落层次之间的停顿等。语法停顿应与标点、层次、段落相一致,具体来讲,语法停顿的时间长短可参考下述关系:顿号<逗号<分号,冒号<分号<句间<层间。如"台湾岛形状狭长,∧从东到西,∧最宽处只有一百四十多公里"。(作品45号)

(2)逻辑停连。逻辑停连指为了准确表达语意,揭示语言内在联系而形成的语流中声音的顿歇和连接。逻辑停连不受标点符号的影响,而根据表达的内容与语境来决定停连

---

① 张颂.朗读学[M].4版.北京:中国传媒大学出版社,2022:129-130.

的位置和时间。如"人∧能走多远？这话不是要问两脚∧而是要问志向"。（作品 35 号）

(3)感情停连。感情停连指为了突出某种感情而作出的顿歇和连接,通常出现在感情强烈处,如悲痛欲绝、恼怒至极、兴奋异常等。如"曾经的辉煌、骄傲、胜利,在踏入这间场馆的瞬间∧全部归零"。（作品 49 号）

(二)重音

重音是指在朗读过程中,为了更好地体现语句目的,着意强调的词或词组。重音可分为词重音和语句重音,在这里我们着重讲语句重音。重音一般用"·"表示。

1.重音的选择标准

(1)突出语句目的的中心词；

(2)体现逻辑关系的对应词；

(3)点染感情色彩的关键词。

2.重音的分类

(1)语法重音。语法重音是根据语法结构特点表现出来的重音,它由语法结构本身决定,位置一般是固定的。如短句中的谓语动词、句子中的修饰成分和限制成分；补语、疑问代词、数量词、拟声词；并列关系、对比关系、转折关系、递进关系句子中的关键词等。如"走下领奖台,一切从零开始"（作品 49 号）,"读书好,多读书,读好书"。（作品 42 号）

(2)逻辑重音。逻辑重音是根据上下文内容确定的。如"那是后来,开始你是这样吗？"（作品 28 号）,该句应该强调"开始"二字,而不是"后来","后来"是次重音。表达目的不一样,逻辑重音就不一样。

(3)感情重音。感情重音指为了表达强烈的感情而着重强调的部分,大多出现在情绪激动、感情强烈的地方。如"但不能平的,为什么偏白白走这一遭啊？"（作品 3 号）

(三)语气

朗读作品,以句子为基本单位。就句子来说,既有内在的思想感情的色彩和分量,又有外在的高低、强弱、快慢、虚实的声音形式。综合这两方面,我们称之为语气。[①] 语调是语气的外在表现形式。对于语调,人们通常有一种误解,即把它仅仅理解成句末一个音节的字调,其实这是不对的。语调是情感的产物,具有明显的感情色彩,它是整个语句甚至是语段感情色彩的起伏变化。

语调通常有以下四种形式。

1.上扬调

语流运动状态由低向高升起,句尾音强且向上扬起,一般表示疑问、激动、号召、呼唤等语气。上扬调用"↗"表示。如"顿时人声鼎沸,有人告诉我们,潮来了！↗"（作品 11 号）

[①] 张颂.朗读学[M].4 版.北京:中国传媒大学出版社,2022:175.

2.下抑调

语流运动状态由高向低,句尾音下降,一般表现感叹、请求、痛苦、愤怒等语气。下抑调用"↘"表示。如"一个棋也不想失,结果一个一个都失去了↘"。(作品 28 号)

3.平直调

语流运动状态是平稳直线型的,一般表现庄严、冷淡、叙述等语气。平直调用"→"表示。如"几千年来,劳动人民注意了草木荣枯、候鸟去来等自然现象同气候的关系→"。(作品 6 号)

4.曲折调

语流运动状态是起伏曲折的,由高而低再扬起,或由低而高再降下,全句表现为上升和下降的曲折变化,用来表示讽刺、暗示、双关、反语等语气。如"怎么不珍惜呀？↗我每走一步,都想半天↘"。(作品 28 号)

(四)节奏

节奏是朗读者根据稿件内容和自身思想感情的起伏所形成的抑扬顿挫、轻重缓急的声音形式的回环往复。

节奏不能和语调混淆。语调以语句为单位,节奏以全篇为单位；节奏要有某种声音形式的回环往复,而不是毫无规律的各种声音形式的拼合。

常见的节奏类型有以下几种。

1.轻快型

要求多连少停,多轻少重,多扬少抑,语节少而词的密度大,语流显得轻快。如作品《北京的春节》《春》《孩子和秋风》。

2.凝重型

要求多停少连,多重少轻,多抑少扬,语流平衡凝重,语言表达强而有力。如作品《敬畏自然》。

3.低沉型

要求停顿多而长,语调多抑,音色偏暗,句尾沉重,语流沉缓。如作品《匆匆》《最糟糕的发明》。

4.高亢型

要求多连少停,多重少轻,多扬少抑,语气高昂,语流畅达,语速稍快。如作品《观潮》《我喜欢出发》。

5.舒缓型

要求多连少停,声音清亮,语音较高但不着力,气长音清,语气舒展开阔。如作品《大自然的语言》《莲花和樱花》。

6.紧张型

要求多连少停,多重少轻,多扬少抑,节奏拖长,语气紧张。如作品《麻雀》《人生如下棋》。

停连、重音、语气、节奏的运用是灵活多变的,在普通话水平测试中,应试人应首先确保字音的准确,在此基础上提高朗读的水平。

第二节 朗读作品

一、朗读说明

1. 50篇朗读作品来自《普通话水平测试实施纲要(2021年版)》,供普通话水平测试第四项——朗读短文测试使用。
2. 朗读作品的顺序,按篇名的汉语拼音字母顺序排列。
3. 每篇作品采用汉字和汉语拼音对照的方式编排。
4. 每篇作品在第400个音节后用"//"标注。
5. 为适应朗读的需要,作品中的数字一律采用汉字的书写方式书写,如:"2000年"写作"二〇〇〇年","50%"写作"百分之五十"。
6. 加注的汉语拼音依据《汉语拼音正词法基本规则》拼写。
7. 注音只标本调,不标变调。
8. 作品中的必读轻声音节,拼音不标调号。一般轻读、间或重读音节,拼音加注调号,并在拼音前加圆点提示,如"因为"拼音写作"yīn·wèi"。
9. 作品中的儿化音分两种情况:一是书面上加"儿",拼音时在基本形式后加r,如"小孩儿",拼音写作"xiǎoháir";二是书面上没有加"儿",但口语里一般儿化的音节,拼音时也在基本形式后加r,如"辣味",拼音写作"làwèir"。
10. 文中加下画线的字词为易错字词,仅供参考。

二、朗读作品及注音

作品1号——《北京的春节》

[朗读提示]本文是一篇风俗志,作者用充满京味的朴实无华的语言,描绘了一幅老北京春节的民俗画卷,表现了春节的隆重与热闹,展示了中国节日习俗的温馨和美好,表达了作者对传统文化的喜爱之情。全文充满北京味儿的朴实语言,描述朴素自然,不事雕琢,流畅通达,朗读时要突出文章的表现力和感染力。语音方面要注意轻声和儿化音。

照北京的老规矩，春节差不多在腊月的初旬就开始了。

"腊七腊八，冻死寒鸦"，这是一年里最冷的时候。在腊八这天，家家都熬腊八粥。粥是用各种米，各种豆，与各种干果熬成的。这不是粥，而是小型的农业展览会。

除此之外，这一天还要泡腊八蒜。把蒜瓣放进醋里，封起来，为过年吃饺子用。到年底，蒜泡得色如翡翠，醋也有了些辣味，色味双美，使人忍不住要多吃几个饺子。在北京，过年时，家家吃饺子。

孩子们准备过年，第一件大事就是买杂拌儿。这是用花生、胶枣、榛子、栗子等干果与蜜饯掺和成的。孩子们喜欢吃这些零七八碎儿。第二件大事是买爆竹，特别是男孩子们。恐怕第三件事才是买各种玩意儿——风筝、空竹、口琴等。

孩子们欢喜，大人们也忙乱。他们必须预备过年吃的、喝的、穿的、用的，好在新年时显出万象-更新的气象。

腊月二十三过小年，差不多就是过春节的"彩排"。天一擦黑儿，鞭炮响起来，便有了过年的味道。这一天，是要吃糖的，街上早有好多卖麦芽糖与江米糖的，糖形或为长方块或为瓜形，又甜又黏，小孩子们最喜欢。

过了二十三,大家更忙。必须大扫除一次,还要把肉、鸡、鱼、青菜、年糕什么的都预备充足——店//铺多数正月初一到初五关门,到正月初六才开张。

——节选自老舍《北京的春节》

🔊 作品2号——《春》

[朗读提示]作者巧妙抓住春的千差万别的特征,描绘了情意绵绵、生机勃勃的春天。文章的结构可分为盼春、描春、颂春三个部分,朗读时要有画面感,注意空间感、方位感、色彩感、镜头感;文章基调是亲切轻松的。语音方面要注意轻声以及前后鼻音的区别。

盼望着,盼望着,<u>东风</u>来了,春天的脚步近了。

一切都像刚睡醒的样子,欣欣然张开了眼。山朗润起来了,水涨起来了,太阳的脸红起来了。

小草偷偷地从土里钻出来,<u>嫩嫩</u>的,绿绿的。园子里,田野里,瞧去,一大片一大片满是的。坐着,躺着,打两个<u>滚</u>,踢几脚<u>球</u>,赛几趟跑,捉几回迷藏。风轻悄悄的,草软绵绵的。

……

"吹面不寒杨柳风",不错的,像母亲的手抚摸着你。风里带来些新翻的泥土的气息,混着<u>青草味儿</u>,还有各种花的香,都在微微湿润的空气里<u>酝酿</u>。鸟儿将巢安在繁花绿叶当中,高兴起来了,呼朋引伴地卖弄清脆的喉咙,唱出<u>宛转</u>的曲子,跟<u>轻风</u>流水<u>应和</u>

着。牛背上牧童的短笛，这时候也成天嘹亮地响着。

雨是最寻常的，一下就是三两天。可别恼。看，像牛毛，像花针，像细丝，密密地斜织着，人家屋顶上全笼着一层薄烟。树叶儿却绿得发亮，小草儿也青得逼你的眼。傍晚时候，上灯了，一点点黄晕的光，烘托出一片安静而和平的夜。在乡下，小路上，石桥边，有撑起伞慢慢走着的人，地里还有工作的农民，披着蓑戴着笠。他们的房屋，稀稀疏疏的，在雨里静默着。

天上风筝渐渐多了，地上孩子也多了。城里乡下，家家户户，老老小小，//也赶趟儿似的，一个个都出来了。舒活舒活筋骨，抖擞抖擞精神，各做各的一份儿事去。"一年之计在于春"，刚起头儿，有的是工夫，有的是希望。

春天像刚落地的娃娃，从头到脚都是新的，它生长着。

春天像小姑娘，花枝招展的，笑着，走着。

春天像健壮的青年，有铁一般的胳膊和腰脚，领着我们上前去。

——节选自朱自清《春》

作品3号——《匆匆》

[朗读提示]这是一篇描述时间的经典散文，朗读时注意体会作者对时间匆匆而逝的无奈和惋惜之情。语速稍慢，把握好语句之间的停顿和连接。语音方面注意轻声和多音字的读音。

燕子去了，有再来的时候；杨柳枯了，有再青的时候；桃花谢了，有再开的时候。但是，聪明的，你告诉我，我们的日子为什么一去不复返呢？——是有人偷了他们罢：那是谁？又藏在何处呢？是他们自己逃走了罢：现在又到了哪里呢？

去的尽管去了，来的尽管来着；去来的中间，又怎样地匆匆呢？早上我起来的时候，小屋里射进两三方斜斜的太阳。太阳他有脚啊，轻轻悄悄地挪移了；我也茫茫然跟着旋转。于是——洗手的时候，日子从水盆里过去；吃饭的时候，日子从饭碗里过去；默默时，便从凝然的双眼前过去。我觉察他去的匆匆了，伸出手遮挽时，他又从遮挽着的手边过去；天黑时，我躺在床上，他便伶伶俐俐地从我身上跨过，从我脚边飞去了。等我睁开眼和太阳再见，这算又溜走了一日。我掩着面叹息。但是新来的日子的影儿又开始在叹息里闪过了。

在逃去如飞的日子里，在千门万户的世界里的我能做些什么呢？只有徘徊罢了，只有匆匆罢了；在八千多日的匆匆里，除徘徊外，又剩些什么呢？过去的日子如轻烟，被微风吹散了，如薄雾，被初阳蒸融了；我留着些什么痕迹呢？我何曾留着像游丝样的痕迹呢？我赤裸裸来//到这世界，转眼间也将赤裸裸的回去罢？但不能平的，为什么偏白白走这一遭啊？

Nǐ cōng·míng de, gàosu wǒ, wǒmen de rìzi wèishénme yī qù bù fùfǎn ne?
你 聪明 的，告诉 我，我们 的 日子 为什么 一 去 不 复返 呢？

——节选自朱自清《匆匆》

作品4号——《聪明在于学习，天才在于积累》

[朗读提示]这是华罗庚在1956年北京大学的演讲。演讲稿感情真挚，语言通俗易懂，作者以亲身经历说明了坚持和积累的重要性，充满了对莘莘学子的关爱和期待之情。朗读时，要将作者的殷殷嘱托表达出来，给听众以启迪和思考。语言以陈述语气为主，注意转折和递进的节奏。语音方面注意前后鼻音读准确，如"丰富""深刻""精力""要紧""前进"等。

Yǒu de rén zài gōngzuò、xuéxí zhōng quēfá nàixìng hé rènxìng, tāmen yīdàn
有 的 人 在 工作、学习 中 缺乏 耐性 和 韧性， 他们 一旦

pèngle dīngzi, zǒule wānlù, jiù kāishǐ huáiyí zìjǐ shìfǒu yǒu yánjiū cáinéng. Qíshí, wǒ
碰了 钉子，走了 弯路，就 开始 怀疑 自己 是否 有 研究 才能。其实，我

kěyǐ gàosu dàjiā, xǔduō yǒumíng de kēxuéjiā hé zuòjiā, dōu shì jīngguò hěn duō cì
可以 告诉 大家，许多 有名 的 科学家 和 作家， 都 是 经过 很 多 次

shībài, zǒu guo hěn duō wānlù cái chénggōng de. Yǒu rén kàn·jiàn yīgè zuòjiā xiěchū
失败， 走 过 很 多 弯路 才 成功 的。有 人 看见 一个 作家 写出

yīběn hǎo xiǎoshuō, huòzhě kàn·jiàn yīgè kēxuéjiā fābiǎo jǐ piān yǒu fèn·liàng de
一本 好 小说， 或者 看见 一个 科学家 发表 几 篇 有 分量 的

lùnwén, biàn yǎngmù bùyǐ, hěn xiǎng zìjǐ nénggòu xìnshǒu-niānlái, miàoshǒu-
论文， 便 仰慕 不已，很 想 自己 能够 信手 拈来， 妙手

chéngzhāng, yījiào xǐnglái, yùmǎn-tiānxià. Qíshí, chénggōng de zuòpǐn hé lùnwén zhǐ
成章， 一觉 醒来，誉满 天下。其实， 成功 的 作品 和 论文 只

bùguò shì zuòjiā、xuézhě men zhěnggè chuàngzuò hé yánjiū zhōng de jíxiǎo bùfen,
不 过 是 作家、 学者 们 整个 创作 和 研究 中 的 极小 部分，

shènzhì shùliàng·shàng hái bù jí shībài zuòpǐn de shí fēn zhī yī. Dàjiā kàndào de zhǐshì
甚至 数量 上 还 不 及 失败 作品 的 十 分 之 一。大家 看到 的 只是

tāmen chénggōng de zuòpǐn, ér shībài de zuòpǐn shì bùhuì gōngkāi fābiǎo chū·lái de.
他们 成功 的 作品，而 失败 的 作品 是 不会 公开 发表 出来 的。

Yào zhīdào, yīgè kēxuéjiā zài gōngkè kēxué bǎolěi de chángzhēng zhōng, shībài
要 知道，一个 科学家 在 攻克 科学 堡垒 的 长征 中， 失败

de cìshù hé jīngyàn, yuǎnbǐ chénggōng de jīngyàn yào fēngfù、shēnkè de duō. Shībài
的 次数 和 经验， 远比 成功 的 经验 要 丰富、深刻 得 多。失败

suīrán bù shì shénme lìngrén kuàilè de shìqíng, dàn yě jué bù yīnggāi yīncǐ qìněi. Zài
虽然 不 是 什么 令人 快乐 的 事情， 但 也 决 不 应该 因此 气馁。在

jìnxíng yánjiū shí, yánjiū fāngxiàng bùzhèngquè, zǒu le xiē chàlù, báifèi le xǔduō
进行 研究 时， 研究 方向 不正确， 走 了 些 岔路，白费 了 许多

精力，这也是常有的事。但不要紧，可以再调换方向进行研究。更重要的是要善于吸取失败的教训，总结已有的经验，再继续前进。

根据我自己的体会，所谓天才，就是坚持不断的努力。有些人也许觉得我在数学方面有什么天分，//其实从我身上是找不到这种天分的。我读小学时，因为成绩不好，没有拿到毕业证书，只拿到一张修业证书。初中一年级时，我的数学也是经过补考才及格的。但是说来奇怪，从初中二年级以后，我就发生了一个根本转变，因为我认识到既然我的资质差些，就应该多用点儿时间来学习。别人学一小时，我就学两小时，这样，我的数学成绩得以不断提高。

一直到现在我也贯彻这个原则：别人看一篇东西要三小时，我就花三个半小时。经过长期积累，就多少可以看出成绩来。并且在基本技巧烂熟之后，往往能够一个钟头就看懂一篇人家看十天半月也解不透的文章。所以，前一段时间的加倍努力，在后一段时间能收到预想不到的效果。

是的，聪明在于学习，天才在于积累。

——节选自华罗庚《聪明在于学习，天才在于积累》

作品 5 号——《大匠无名》

[朗读提示]本篇文章描绘的"大匠",是默默守护故宫建筑的匠人,他们有着高超的建筑技艺,却很少被列入史籍。作者用文字向他们表达了深深的敬意。文中专业词语较多,并列结构较多,备稿时注意标注,有针对性地进行训练。

去过故宫大修现场的人,就会发现这里和外面工地的劳作景象有个明显的区别:这里没有起重机,建筑材料都是以手推车的形式送往工地,遇到人力无法运送的木料时,工人们会使用百年不变的工具——滑轮组。故宫修缮,尊重着"四原"原则,即原材料、原工艺、原结构、原型制。在不影响体现传统工艺技术手法特点的地方,工匠可以用电动工具,比如开荒料、截头。大多数时候工匠都用传统工具:木匠画线用的是墨斗、画签、毛笔、方尺、杖竿、五尺;加工制作木构件使用的工具有锛、凿、斧、锯、刨等等。

最能体现大修难度的便是瓦作中"苫背"的环节。"苫背"是指在房顶做灰背的过程,它相当于为木建筑添上防水层。有句口诀是三浆三压,也就是上三遍石灰浆,然后再压上三遍。但这是个虚数。今天是晴天,干得快,三浆三压硬度就能符合要求,要是赶上阴天,说不定就要六浆六压。任何一个环节的疏漏都可能导致漏雨,而这对建筑的损坏是致命的。

"工"字早在殷墟甲骨卜辞中就已经出现过。《周官》与《春秋左传》记载周王朝与诸侯都设有掌管营造的机构。无数的名工巧匠为我们留下了那么多宏伟的建筑,但却//很少被列入史籍,扬名于后世。

匠人之所以称之为"匠",其实不仅仅是因为他们拥有了某种娴熟的技能,毕竟技能还可以通过时间的累积"熟能生巧",但蕴藏在"手艺"之上的那种对建筑本身的敬畏和热爱却需要从历史的长河中去寻觅。

将壮丽的紫禁城完好地交给未来,最能仰仗的便是这些默默奉献的匠人。故宫的修护注定是一场没有终点的接力,而他们就是最好的接力者。

——节选自单霁翔《大匠无名》

作品 6 号——《大自然的语言》

[**朗读提示**]本篇文章以生动形象的语言介绍了物候现象及其成因、意义等,朗读时语气平实,节奏平稳。语音方面注意韵母 o、u、ou、ui、un 的区别。

立春过后,大地渐渐从沉睡中苏醒过来。冰雪融化,草木萌发,各种花次第开放。再过两个月,燕子翩然归来。不久,布谷鸟也来了。于是转入炎热的夏季,这是植物孕育果实的时期。到了秋天,果实成熟,植物的叶子渐渐变黄,在秋风中簌簌地落下来。北雁南飞,活跃在田间草际的昆虫也都销声匿迹。到处呈现一片衰草连天的景象，准备迎接风雪载途的寒冬。在地球上温带和亚热带区域里，年年如是，周而复始。

几千年来，劳动人民注意了草木荣枯、候鸟去来等自然现象同气候的关系，据以安排农事。杏花开了，就好像大自然在传语要赶快耕地；桃花开了，又好像在暗示要赶快种谷子。布谷鸟开始唱歌，劳动人民懂得它在唱什么："阿公阿婆，割麦插禾。"这样看来，花香鸟语，草长莺飞，都是大自然的语言。

这些自然现象，我国古代劳动人民称它为物候。物候知识在我国起源很早。古代流传下来的许多农谚就包含了丰富的物候知识。到了近代，利用物候知识来研究农业生产，已经发展为一门科学，就是物候学。物候学记录植物的生长荣枯，动物的养育往来，如桃花开、燕子来等自然现象，从而了解随着时节//推移的气候变化和这种变化对动植物的影响。

——节选自竺可桢《大自然语言》

作品7号——《当今"千里眼"》

扫码听范读

[朗读提示]中国高铁创新发展的巨大成就改变了我们的出行方式和生活方式，彰显了杰出的中国智慧与中国风采。朗读时，语气应带有自豪感。注意专业词语的停连，不要断错句。语音方面注意多音字的读音，如"行""为""调""监"等。

当高速列车从眼前呼啸而过时，那种转瞬即逝的感觉让人们不得不发问：高速列车跑得那么快，司机能看清路吗？

高速列车的速度非常快，最低时速标准是二百公里。且不说能见度低的雾霾天，就是晴空万里的大白天，即使是视力好的司机，也不能保证正确识别地面的信号。当肉眼看到前面有障碍时，已经来不及反应。

专家告诉我，目前，我国时速三百公里以上的高铁线路不设置信号机，高速列车不用看信号行车，而是通过列控系统自动识别前进方向。其工作流程为，由铁路专用的全球数字移动通信系统来实现数据传输，控制中心实时接收无线电波信号，由计算机自动排列出每趟列车的最佳运行速度和最小行车间隔距离，实现实时追踪控制，确保高速列车间隔合理地安全运行。当然，时速二百至二百五十公里的高铁线路，仍然设置信号灯控制装置，由传统的轨道电路进行信号传输。

中国自古就有"千里眼"的传说，今日高铁让古人的传说成为现实。

所谓"千里眼"，即高铁沿线的摄像头，几毫米见方的石子儿也逃不过它的法眼。通过摄像头实时采集沿线高速列车运行的信息，一旦//出现故障或者异物侵限，高铁调度指挥中心监控终端的界面上就会出现一个红色的

kuàng jiāng mùbiāo suǒdìng, tóngshí, jiānkòng xìtǒng mǎshàng bàojǐng xiǎnshì.
框将目标锁定，同时，监控系统马上报警显示。
Diàodù zhǐhuī zhōngxīn huì xùnsù bǎ zhǐlìng chuándì gěi gāosù lièchē sījī.
调度指挥中心会迅速把指令传递给高速列车司机。

——节选自王雄《当今"千里眼"》

作品 8 号——《鼎湖山听泉》

[朗读提示]作者用优美的笔调将白天和夜晚听到的泉声倾诉出来，表达了他对鼎湖山泉水的喜爱以及对大自然的热爱。文章不写看泉而写听泉，颇具新意。朗读时，应突出自然之美与倾听、赞美之心。语音方面一是注意区分前后鼻音，尤其是同一句话中要读出区别，如韵母为 in、ing 的字音在本文中较多；二是注意未写"儿"字却要儿化的词语"石块""石缝"。

Cóng Zhàoqìng Shì qūchē bàn xiǎoshí zuǒyòu, biàn dàole dōngjiāo fēngjǐng
从肇庆市驱车半小时左右，便到了东郊风景
míngshèng DǐnghúShān. Xiàle jǐ tiān de xiǎoyǔ gāng tíng, mǎn shān lǒngzhàozhe
名胜鼎湖山。下了几天的小雨刚停，满山笼罩着
qīngshā shìde bówù.
轻纱似的薄雾。

Guòle Háncuìqiáo, jiù tīngdào cóngcóng de quánshēng. Jìn shān yī kàn, cǎocóng
过了寒翠桥，就听到淙淙的泉声。进山一看，草丛
shífèng, dàochù dōu yǒngliúzhe qīngliàng de quánshuǐ. Cǎofēng-línmào, yīlù·shàng
石缝，到处都涌流着清亮的泉水。草丰林茂，一路上
quánshuǐ shí yǐn shí xiàn, quánshēng bùjuéyú'ěr. Yǒushí jǐ gǔ quánshuǐ jiāocuò liúxiè,
泉水时隐时现，泉声不绝于耳。有时几股泉水交错流泻，
zhēduàn lùmiàn, wǒmen děi xúnzhǎozhe diànjiǎo de shíkuàir tiàoyuèzhe qiánjìn. Yù
遮断路面，我们得寻找着垫脚的石块跳跃着前进。愈
wǎng shàng zǒu shù yù mì, lǜyīn yù nóng. Shīlùlù de lǜyè, yóurú dàhǎi de bōlàng,
往上走树愈密，绿阴愈浓。湿漉漉的绿叶，犹如大海的波浪，
yī céng yī céng yǒngxiàng shāndǐng. Quánshuǐ yǐndàole nóngyīn de shēnchù, ér
一层一层涌向山顶。泉水隐到了浓阴的深处，而
quánshēng què gèngjiā qīngchún yuè'ěr. Hūrán, yún zhōng chuán·lái zhōngshēng,
泉声却更加清纯悦耳。忽然，云中传来钟声，
dùnshí shān míng gǔ yìng, yōuyōuyángyáng. Ānxiáng hòuzhòng de zhōngshēng hé
顿时山鸣谷应，悠悠扬扬。安详厚重的钟声和
huānkuài huópo de quánshēng, zài yǔhòu níngjìng de mùsè zhōng, huìchéng yī piàn
欢快活泼的泉声，在雨后宁静的暮色中，汇成一片
měimiào de yīnxiǎng.
美妙的音响。

我们 循着 钟声，来到了 半山腰 的 庆云寺。这是 一座 建于 明代、规模 宏大 的 岭南 著名 古刹。庭院 里 繁花似锦，古树参天。有一株 与古刹 同龄 的 茶花，还有 两株 从 斯里兰卡 引种 的、有 二百多 年 树龄 的 菩提树。我们 决定就在 这 座 寺院 里借宿。

入夜，山中 万籁俱寂，只有 泉声 一直 传送 到 枕边。一路 上 听到的 各种 泉声 这时候躺在 床 上，可以 用心 细细地 聆听、辨识、品味。那 像 小提琴 一样 轻柔的，是 草丛 中 流淌的小溪的 声音；那 像 琵琶 一样 清脆的，∥是在 石缝 间跌落的 涧水 的 声音；那 像 大提琴 一样 厚重 回响 的，是无数 道 细流 汇聚于 空谷 的 声音；那 像 铜管 齐鸣 一样 雄浑 磅礴 的，是 飞瀑急流 跌入 深潭 的 声音。还 有 一些 泉声 忽高忽低，忽急忽缓，忽清忽浊，忽扬忽抑，是 泉水 正在 绕过 树根，拍打 卵石，穿越 草丛，流连 花间……

蒙眬 中，那 滋润着 鼎湖 山 万木，孕育 出 蓬勃 生机 的 清泉，仿佛 汩汩 地流进了 我 的 心田。

——节选自谢大光《鼎湖山听泉》

作品 9 号——《读书人是幸福人》

[朗读提示]这是一篇对读书充满深厚情意的议论文,朗读时要把作者语重心长、耐人寻味的心声表达出来,语气要厚重、坚实。文中排比句较多,注意感情的递进或转折。语音方面注意舌尖前音和舌尖后音的区别。

我常想读书人是世间幸福人,因为他除了拥有现实的世界之外,还拥有另一个更为浩瀚也更为丰富的世界。现实的世界是人人都有的,而后一个世界却为读书人所独有。由此我想,那些失去或不能阅读的人是多么的不幸,他们的丧失是不可补偿的。世间有诸多的不平等,财富的不平等,权力的不平等,而阅读能力的拥有或丧失却体现为精神的不平等。

一个人的一生,只能经历自己拥有的那一份欣悦,那一份苦难,也许再加上他亲自闻知的那一些关于自身以外的经历和经验。然而,人们通过阅读,却能进入不同时空的诸多他人的世界。这样,具有阅读能力的人,无形间获得了超越有限生命的无限可能性。阅读不仅使他多识了草木虫鱼之名,而且可以上溯远古下及未来,饱览存在的与非存在的奇风异俗。

更为重要的是,读书加惠于人们的不仅是知识的增广,而且还在于精神的感化与陶冶。人们从读书学做人,从那些往哲先贤以及当代才俊的著述中学得他们的人格。人们从《论语》中学得智慧的思考,从《史记》中学得严肃的历史精神,从《正气歌》中学得人格的刚烈,从马克思学得人世//的激情,从鲁迅学得批判精神,从托尔斯泰学得道德的执着。歌德的诗句刻写着睿智的人生,拜伦的诗句呼唤着奋斗的热情。一个读书人，一个有机会拥有超乎个人生命体验的幸运人。

——节选自谢冕《读书人是幸福人》

作品 10 号——《繁星》

[朗读提示]作者三次写繁星，由于年龄、阅历、心情和时间、地点、氛围的不同，表现出的意境和感受就不同。朗读时要注意行文感情处理：第一次是在自家院子里卧看，作者所见的天空有限，显得深而远，因此有回到母亲怀里的感觉；第二次是在南京的菜园地，作者当时挣脱出家庭的樊笼，因此觉得星星很亲切，光明无所不在；第三次是在海上，船动星移，作者仿佛又回到了母亲的怀抱。本文中间或重读音节较多，可根据感情运动读原调或轻声。另外，注意"静寂""星群"等读音，不要习惯性地读成"寂静""群星"。

我爱月夜，但我也爱星天。从前在家乡七八月的夜晚在庭院里纳凉的时候，我最爱看天上密密麻麻的繁星。望着星天，我就会忘记一切，仿佛回到了母亲的怀里似的。

三年前在南京我住的地方有一道后门，每晚我打开后门，便看见一个静寂的夜。下面是一片菜园，上面是星群密布的蓝天。星光在我们的肉眼里虽然微小，然而它使我们觉得光明无处不在。那时候我正在读一些天文学的书，也认得一些星星，好像它们就是我的朋友，它们常常在和我谈话一样。

如今在海上，每晚和繁星相对，我把它们认得很熟了。我躺在舱面上，仰望天空。深蓝色的天空里悬着无数半明半昧的星。船在动，星也在动，它们是

zhèyàng dī, zhēn shì yáoyáo-yùzhuì ne! Jiànjiàn de wǒ de yǎnjing móhu le, wǒ
这样 低，真是 摇摇欲坠 呢！渐渐 地我的 眼睛 模糊 了，我
hǎoxiàng kàn·jiàn wúshù yínghuǒchóng zài wǒ de zhōuwéi fēiwǔ. Hǎi·shàng de yè shì
好像 看见 无数 萤火虫 在我的 周围 飞舞。海上 的夜是
róuhé de, shì jìngjì de, shì mènghuàn de. Wǒ wàngzhe xǔduō rènshi de xīng, wǒ fǎngfú
柔和的，是静寂的，是 梦幻 的。我 望着 许多 认识的星，我 仿佛
kàn·jiàn tāmen zài duì wǒ zhǎyǎn, wǒ fǎngfú tīng·jiàn tāmen zài xiǎoshēng shuōhuà.
看见 它们在对我 眨眼，我 仿佛 听见 它们在 小声 说话。
Zhèshí wǒ wàngjìle yīqiè. Zài xīng de huáibào zhōng wǒ wēixiàozhe, wǒ chénshuìzhe. Wǒ
这时 我 忘记了 一切。在 星 的 怀抱 中 我 微笑着，我 沉睡着。 我
jué·dé zìjǐ shì yī gè xiǎoháizi, xiànzài shuì zài mǔ·qīn de huái·lǐ le.
觉得 自己是一个 小孩子， 现在 睡在 母亲 的 怀 里了。

Yǒu yī yè, nàge zài Gēlúnbō shàng chuán de Yīngguórén zhǐ gěi wǒ kàn
有 一 夜，那个 在 哥伦波 上 船 的 英国人 指 给 我 看
tiān·shàng de jùrén. Tā yòng shǒu zhǐzhe: // nà sì kē míngliàng de xīng shì tóu,
天上 的巨人。他 用 手 指着：// 那四颗 明亮 的星 是头，
xià·miàn de jǐ kē shì shēnzi, zhè jǐ kē shì shǒu, nà jǐ kē shì tuǐ hé jiǎo, hái yǒu
下面 的几颗是 身子， 这几颗是 手，那几颗是 腿和 脚，还有
sān kē xīng suànshì yāodài. Jīng tā zhè yīfān zhǐdiǎn, wǒ guǒrán kàn qīngchule nàge
三颗星 算是 腰带。经他 这 一番 指点，我 果然 看 清楚了 那个
tiān·shàng de jùrén. Kàn, nàge jùrén hái zài pǎo ne!
天上 的巨人。看，那个 巨人 还在 跑 呢！

——节选自巴金《繁星》

🔊 作品11号——《观潮》

[朗读提示]这是一篇文质兼优的写景文章。作者将钱塘江大潮来前、来时、来后的景象倾注笔端，写出了大潮的奇特、雄伟、壮观，表达了作者热爱祖国大好河山的思想感情。朗读时，要以饱满的情感表达出钱塘潮之"奇"以及对祖国大好河山的热爱之情。语音方面注意韵母 a、ao、an、ang 的区别和一些易读错的词,如"薄雾""闷雷""踮着"等。

Qiántáng Jiāng dàcháo, zìgǔ yǐlái bèi chēngwéi tiānxià qíguān.
钱塘 江 大潮，自古 以来 被 称为 天下 奇观。
Nónglì bāyuè shíbā shì yī nián yī dù de guāncháorì. Zhè yī tiān zǎoshang,
农历 八月 十八 是 一 年 一 度 的 观潮日。 这 一 天 早上，
wǒmen láidàole Hǎiníng Shì de Yánguān Zhèn, jùshuō zhè·lǐ shì guāncháo zuì hǎo de
我们 来到了 海宁 市 的 盐官 镇，据说 这里 是 观潮 最好 的
dìfang. Wǒmen suízhe guāncháo de rénqún, dēng·shàngle hǎitáng dàdī. Kuānkuò de
地方。 我们 随着 观潮 的 人群， 登上了 海塘 大堤。 宽阔 的
Qiántáng Jiāng héngwò zài yǎnqián. Jiāngmiàn hěn píngjìng, yuè wǎng dōng yuè
钱塘 江 横卧 在 眼前。 江面 很 平静， 越 往 东 越

宽，在雨后的阳光下，笼罩着一层蒙蒙的薄雾。镇海古塔、中山亭和观潮台屹立在江边。远处，几座小山在云雾中若隐若现。江潮还没有来，海塘大堤上早已人山人海。大家昂首东望，等着，盼着。

午后一点左右，从远处传来隆隆的响声，好像闷雷滚动。顿时人声鼎沸，有人告诉我们，潮来了！我们踮着脚往东望去，江面还是风平浪静，看不出有什么变化。过了一会儿，响声越来越大，只见东边水天相接的地方出现了一条白线，人群又沸腾起来。

那条白线很快地向我们移来，逐渐拉长，变粗，横贯江面。再近些，只见白浪翻滚，形成一堵两丈多高的水墙。浪潮越来越近，犹如千万匹白色战马齐头并进，浩浩荡荡地飞奔而来；那声音如同山崩地裂，好像大地都被震得颤动起来。

霎时，潮头奔腾西去，可是余波还在漫天卷地般涌来，江面上依旧风号浪吼。过了好久，钱塘江才恢复了//平静。看看堤下，江水已经涨了两丈来高了。

——节选自赵宗成、朱明元《观潮》

🔊 **作品12号——《孩子和秋风》**

[朗读提示]孩子有童心，即便是肃杀的秋风，他们也给它镶上童话的金边，我们从中窥见生命的可亲和可爱。在朗读过程中，要时刻共情孩子们的天真烂漫，在"一个孩

子说"处，可适当模仿孩子的说话语调。语音方面注意"嘎吱""结果""怔住""菱角"等的发音。

我和几个孩子站在一片园子里，感受秋天的风。园子里长着几棵高大的梧桐树，我们的脚底下，铺了一层厚厚的梧桐叶。叶枯黄，脚踩在上面，嘎吱嘎吱脆响。风还在一个劲儿地刮，吹打着树上可怜的几片叶子，那上面，就快成光秃秃的了。

我给孩子们上写作课，让孩子们描摹这秋天的风。以为他们一定会说寒冷、残酷和荒凉之类的，结果却出乎我的意料。

一个孩子说，秋天的风，像把大剪刀，它剪呀剪的，就把树上的叶子全剪光了。

我赞许了这个比喻。有二月春风似剪刀之说，秋天的风，何尝不是一把剪刀呢？只不过，它剪出来的不是花红叶绿，而是败柳残荷。

剪完了，它让阳光来住，这个孩子突然接着说一句。他仰向我的小脸被风吹着，像只通红的小苹果。我怔住，抬头看树，那上面，果真的，爬满阳光啊，每根枝条上都是。失与得，从来都是如此均衡，树在失去叶子的同时，却承接了满树的阳光。

一个孩子说，秋天的风，像个魔术师，它会变出好多好吃的，菱角呀，花生呀苹果呀，葡萄呀。还有桂花，可以做桂花糕。我昨天吃了桂花糕，妈妈说，是风变出来的。

我笑了。小可爱，经你这么一说，秋天的风，还真是香的。我和孩//子们一起嗅，似乎就闻见了风的味道，像块蒸得热气腾腾的桂花糕。

——节选自丁立梅《孩子和秋风》

🔊 作品 13 号——《海滨仲夏夜》

[**朗读提示**]本文是优美的写景散文。作者抓住从夕阳落山不久到月上中天这段时间的光线和色彩的变化，描绘了夏夜海滨特有的景色和劳动者闲适、欢愉的休憩场面，抒发了对美好生活的赞美之情。朗读时，要热情、真切，让听者从你的声音里感受到大自然的多彩多姿和生活之美。语音方面注意"映照""绯红""苍穹""炙晒""休憩"等的发音。

夕阳落山不久，西方的天空，还燃烧着一片橘红色的晚霞。大海，也被这霞光染成了红色，而且比天空的景色更要壮观。因为它是活动的，每当一排排波浪涌起的时候，那映照在浪峰上的霞光，又红又亮，简直就像一片片霍霍燃烧着的火焰，闪烁着，消失了。而后面的一排，又闪烁着，滚动着，涌了过来。

天空的霞光渐渐地淡下去了，深红的颜色变成了绯红，绯红又变为浅红。最后，当这一切红光都消失了的时候，那突然显得高而远了的天空，则呈现出一片肃穆的神色。最早出现的启明星，在这蓝色的天幕上闪烁起来了。它是那么大，那么亮，整个广漠的天幕上只有它在那里放射着令人注目的光辉，活像一盏悬挂

在 高空 的 明灯。

夜色加浓，苍空中的"明灯"越来越多了。而城市各处的真的灯火也次第亮了起来，尤其是围绕在海港周围山坡上的那一片灯光，从半空倒映在乌蓝的海面上，随着波浪，晃动着，闪烁着，像一串流动着的珍珠，和那一片片密布在苍穹里的星斗互相辉映，煞是好看。

在这幽美的夜色中，我踏着软绵绵的沙滩，沿着海边，慢慢地向前走去。海水，轻轻地抚摸着细软的沙滩，发出温柔的 // 刷刷声。晚来的海风，清新而又凉爽。我的心里，有着说不出的兴奋和愉快。

夜风轻飘飘地吹拂着，空气中飘荡着一种大海和田禾相混合的香味儿，柔软的沙滩上还残留着白天太阳炙晒的余温。那些在各个工作岗位上劳动了一天的人们，三三两两地来到这软绵绵的沙滩上，他们浴着凉爽的海风，望着那缀满了星星的夜空，尽情地说笑，尽情地休憩。

——节选自峻青《海滨仲夏夜》

作品 14 号——《海洋与生命》

扫码听范读

[朗读提示]这是一篇说明文，但字里行间又充满了对生命之源——水的赞美之情，朗读时注意融入这种情感，做到客观说明和情感表达的有机结合。语音方面注意专业

词语的读法。

生命在海洋里诞生绝不是偶然的，海洋的物理和化学性质，使它成为孕育原始生命的摇篮。

我们知道，水是生物的重要组成部分，许多动物组织的含水量在百分之八十以上，而一些海洋生物的含水量高达百分之九十五。水是新陈代谢的重要媒介，没有它，体内的一系列生理和生物化学反应就无法进行，生命也就停止。因此，在短时期内动物缺水要比缺少食物更加危险。水对今天的生命是如此重要，它对脆弱的原始生命，更是举足轻重了。生命在海洋里诞生，就不会有缺水之忧。

水是一种良好的溶剂。海洋中含有许多生命所必需的无机盐，如氯化钠、氯化钾、碳酸盐、磷酸盐，还有溶解氧，原始生命可以毫不费力地从中吸取它所需要的元素。

水具有很高的热容量，加之海洋浩大，任凭夏季烈日曝晒，冬季寒风扫荡，它的温度变化却比较小。因此，巨大的海洋就像是天然的"温箱"，是孕育原始生命的温床。

阳光虽然为生命所必需，但是阳光中的紫外线却有扼杀原始生命的危险。水能有效地吸收紫外线，因而又为原始生命提供了天然的"屏障"。

这一切都是原始生命得以产生和发展的必要条件。//

——节选自童裳亮《海洋与生命》

作品 15 号——《华夏文明的发展与融合》

[朗读提示]中国景观的历史地理内涵,就是华夏文明的具体表现。本文从自然环境与人文环境两方面论述了华夏文明的发展和融合,朗读时要根据描写对象不同区分段落间的情感变化。语音方面注意舌尖前音和舌尖后音的区别。

在我国历史地理中,有三大都城密集区,它们是:关中盆地、洛阳盆地、北京小平原。其中每一个地区都曾诞生过四个以上大型王朝的都城。而关中盆地、洛阳盆地是前朝历史的两个都城密集区,正是它们构成了早期文明核心地带中最重要的内容。

为什么这个地带会成为华夏文明最先进的地区？这主要是由两个方面的条件促成的,一个是自然环境方面的,一个是人文环境方面的。

在自然环境方面,这里是我国温带季风气候带的南部,降雨、气温、土壤等条件都可以满足旱作农业的需求。中国北方的古代农作物,主要是一年生的粟和黍。黄河中下游的自然环境为粟黍作物的种植和高产提供了得天独厚的条件。农业生产的发达,会促进整个社会经济的发展,从而推动社会的进步。

在人文环境方面,这里是南北方、东西方大交流的轴心地区。在最早的六大新石器文化分布形势图中可以看到，中原处于这些文化分布的中央地带。无论是考古发现还是历史传说，都有南北文化长距离交流、东西文化相互碰撞的证据。中原地区在空间上恰恰位居中心，成为信息最发达、眼界最宽广、活动最//繁忙、竞争最激烈的地方。正是这些活动，推动了各项人文事务的发展，文明的方方面面就是在处理各类事务的过程中被开创出来的。

——节选自唐晓峰《华夏文明的发展与融合》

🔊 作品16号——《记忆像铁轨一样长》

[朗读提示]对于中国的老百姓来说，火车，并不仅仅是一种交通工具那样简单。它是历史的亲历者，更是历史的见证者。火车，收纳着中国人的精神世界里难忘的时代记忆与丰富的个人情感，承载着一代又一代中国人沉甸甸的梦想。朗读时，要深刻把握具象的火车与抽象的记忆，表达出对旧日时光的怀念以及对美好明天的向往，注意情感的递进变化。语音方面注意韵母为 ang、eng、en、ong 的字音的区别。

于很多中国人而言，火车就是故乡。在中国人的心中，故乡的地位尤为重要，老家的意义非同寻常，所以，即便是坐过无数次火车，但印象最深刻的，或许还是返乡那一趟车。那一列列返乡的火车所停靠的站台边，熙攘的人流中，匆忙的脚步里，张望的目光下，涌动着的都是思乡的情绪。每一次看见返乡那趟火车，总觉得是那样可爱与亲切，仿佛看见了千里之外的

gùxiāng. Shàng huǒchē hòu, chē qǐdòng de yīchànà, zài chēlún yǔ tiěguǐ pèngzhuàng
故乡。 上 火车 后， 车 启动 的 一刹那，在 车轮 与 铁轨 碰撞
de "kuàngqiě" shēng zhōng, sīxiāng de qíngxù biàn dǒurán zài chēxiāng·lǐ mímàn
的 "况且" 声 中， 思乡 的 情绪 便 陡然 在 车厢 里 弥漫
kāi·lái. Nǐ zhī·dào, tā jiāng shǐxiàng de, shì nǐ zuì shú·xī yě zuì wēnnuǎn de
开来。你 知道， 它 将 驶向 的， 是 你 最 熟悉 也 最 温暖 的
gùxiāng. Zài guò jǐ gè huòzhě shíjǐ gè xiǎoshí, nǐ jiù huì huídào gùxiāng de huáibào.
故乡。 再 过 几 个 或者 十几 个 小时， 你 就 会 回到 故乡 的 怀抱。
Zhèbān gǎnshòu, xiāngxìn zài hěnduō rén de shēn·shàng dōu céng fāshēngguò.
这般 感受， 相信 在 很多 人 的 身上 都 曾 发生过。
Yóuqí zài Chūnjié、Zhōngqiū děng chuántǒng jiérì dàolái zhījì, qīnrén tuánjù de
尤其 在 春节、 中秋 等 传统 节日 到来 之际， 亲人 团聚 的
shíkè, gèngwéi qiángliè.
时刻， 更为 强烈。

　　Huǒchē shì gùxiāng, huǒchē yě shì yuǎnfāng. Sùdù de tíshēng, tiělù de yánshēn, ràng
　　 火车 是 故乡， 火车 也 是 远方。 速度 的 提升， 铁路 的 延伸， 让
rénmen tōngguò huǒchē shíxiànle xiàng yuǎnfāng zìyóu liúdòng de mèngxiǎng. Jīntiān de
人们 通过 火车 实现了 向 远方 自由 流动 的 梦想。 今天 的
Zhōngguó lǎobǎixìng, zuòzhe huǒchē, kěyǐ qù wǎng jiǔbǎi liùshí duō wàn píngfāng gōnglǐ
中国 老百姓， 坐着 火车， 可以 去 往 九百 六十 多 万 平方 公里
tǔdì·shàng de tiānnán-dìběi, láidào zǔguó dōngbù de píngyuán, dàodá zǔguó nánfāng de
土地 上 的 天南地北， 来到 祖国 东部 的 平原， 到达 祖国 南方 的
hǎi biān, zǒu·jìn zǔguó xībù de shāmò, tà·shàng zǔguó běifāng de cǎoyuán, qù guān
海 边， 走进 祖国 西部 的 沙漠， 踏上 祖国 北方 的 草原， 去 观
sānshān-wǔyuè, qù kàn dàjiāng-dàhé……
三山五岳， 去 看 大江大河……

　　Huǒchē yǔ kōng//jiān yǒuzhe mìqiè de liánxì, yǔ shíjiān de guānxi yě ràng rén
　　 火车 与 空//间 有着 密切 的 联系， 与 时间 的 关系 也 让 人
jué·dé pō yǒu yìsi. Nà chángcháng de chēxiāng, fǎngfú yītóu liánzhe Zhōngguó de
觉得 颇 有 意思。那 长长 的 车厢， 仿佛 一头 连着 中国 的
guòqù, yītóu liánzhe Zhōngguó de wèilái.
过去，一头 连着 中国 的 未来。

——节选自舒翼《记忆像铁轨一样长》

作品17号——《将心比心》

扫码听范读

　　[朗读提示]本文以"将心比心"为题，通过发生在日常生活中的两个小故事，告诉我们要多站在对方的立场考虑问题。文章最为感人的是两处人物语言，朗读时要带有感情，其一："我的妈妈和您的年龄差不多……也有人为她开门。"其二："这是我的女儿……也能得到患者的宽容和鼓励。"语音方面注意多音字和轻声。

奶奶给我讲过这样一件事：有一次她去商店，走在她前面的一位阿姨推开沉重的大门，一直等到她跟上来才松开手。当奶奶向她道谢的时候，那位阿姨轻轻地说："我的妈妈和您的年龄差不多，我希望她遇到这种时候，也有人为她开门。"听了这件事，我的心温暖了许久。

一天，我陪患病的母亲去医院输液，年轻的护士为母亲扎了两针也没有扎进血管里，眼见针眼处鼓起青包。我正要抱怨几句，一抬头看见了母亲平静的眼神——她正在注视着护士额头上密密的汗珠，我不禁收住了涌到嘴边的话。只见母亲轻轻地对护士说："不要紧，再来一次！"第三针果然成功了。那位护士终于长出了一口气，她连声说："阿姨，真对不起。我是来实习的，这是我第一次给病人扎针，太紧张了。要不是您的鼓励，我真不敢给您扎了。"母亲用另一只手拉着我，平静地对护士说："这是我的女儿，和你差不多大小，正在医科大学读书，她也将面对自己的第一个患者。我真希望她第一次扎针的时候，也能得到患者的宽容和鼓励。"听了母亲的话，我的心里充满了温暖与幸福。

是啊，如果我们在生活中能将心比心，就会对老人生出一份// 尊重，对孩子增加一份关爱，就会使人与人

zhījiān duō yīxiē kuānróng hé lǐjiě.
之间 多 一些 宽容 和 理解。

——节选自姜桂华《将心比心》

作品 18 号——《晋祠》

[朗读提示]本文感情厚重,笔墨细密,引人入胜。作者以质朴的文字,将古老的祠堂复苏,将对故乡的情义隐藏在对晋祠的描写之中,传递着满溢的爱与思乡之情。备稿时,要注意对不熟悉的字音进行标注,尤其是多音字和生僻字;朗读时,要注意停连位置的准确与思想感情的抒发。

Jìncí zhī měi, zài shān, zài shù, zài shuǐ.
晋祠之美,在 山, 在 树, 在 水。

Zhè·lǐ de shān, wēiwēi de, yǒurú yī dào píngzhàng; chángcháng de, yòu rú shēnkāi de liǎngbì, jiāng Jìncí yōng zài huáizhōng. Chūnrì huánghuā mǎn shān, jìngyōu-xiāngyuǎn; qiūlái cǎomù xiāoshū, tiāngāo-shuǐqīng. Wúlùn shénme shíhou shèjí dēngshān dōu huì xīnkuàng-shényí.
这里的 山,巍巍 的,有如一道 屏障; 长长 的,又如伸开 的 两臂,将 晋祠 拥 在 怀中。春日 黄花 满 山,径幽香远; 秋来 草木 萧疏, 天高水清。无论 什么 时候 拾级登山 都会 心旷神怡。

Zhè·lǐ de shù, yǐ gǔlǎo cāngjìng jiàncháng. Yǒu liǎng kē lǎoshù: yī kē shì zhōubǎi, lìng yī kē shì tánghuái. Nà zhōubǎi, shùgàn jìngzhí, shùpí zhòuliè, dǐng·shàng tiāozhe jǐ gēn qīngqīng de shūzhī, yǎnwò yú shíjiē páng. Nà tánghuái, lǎogàn cūdà, qiūzhī pánqū, yī cùcù róutiáo, lǜyè rú gài. Hái yǒu shuǐ biān diàn wài de sōng-bǎi-huái-liǔ, wúbù xiǎnchū cāngjìng de fēnggǔ. Yǐ zàoxíng qítè jiàncháng de, yǒude yǎn rú lǎoyù fù shuǐ, yǒude tǐng rú zhuàngshì tuō tiān, bùyī'érzú.
这里 的 树,以 古老 苍劲 见长。 有 两棵 老树:一棵 是周柏, 另一棵是 唐槐。那 周柏, 树干 劲直, 树皮 皲裂, 顶 上挑着 几 根 青青 的 疏枝, 偃卧 于 石阶 旁。那 唐槐, 老干 粗大,虬枝 盘屈, 一 簇簇 柔条, 绿叶 如 盖。还 有 水 边 殿 外 的松柏槐柳, 无不 显出 苍劲 的 风骨。以 造型 奇特 见长 的,有的 偃 如 老妪 负 水, 有的 挺 如 壮士 托 天, 不一而足。

Shèngmǔdiàn qián de zuǒniǔbǎi, bádì'érqǐ, zhíchōng-yúnxiāo, tā de shùpí·shàng de wénlǐ yīqí xiàng zuǒ·biān nǐngqù, yī quān yī quān, sīwénbùluàn, xiàng dì·xià xuánqǐle yī gǔ yān, yòu sì tiān·shàng chuíxiàle yī gēn shéng. Jìncí zài gǔmù de yìnhù xià, xiǎn·dé fènwài yōujìng, diǎnyǎ.
圣母殿 前的 左扭柏, 拔地而起, 直冲云霄, 它的 树皮 上 的纹理 一齐 向 左边 拧去, 一 圈 一 圈, 丝纹不乱, 像 地下旋起了 一股 烟, 又 似 天上 垂下了 一 根 绳。晋祠 在 古木 的荫护 下, 显得 分外 幽静、典雅。

这里的水，多、清、静、柔。在园里信步，但见这里一泓深潭，那里一条小渠。桥下有河，亭中有井，路边有溪。石间细流脉脉，如线如缕；林中碧波闪闪，如锦如缎。这些水都来自"难老泉"。泉上有亭，亭上悬挂着清代著名学者傅山写的"难老泉"三个字。这么多的水长流不息，日日夜夜发出叮叮咚咚的响声。水的清澈真令人叫绝，无论//多深的水，只要光线好，游鱼碎石，历历可见。水的流势都不大，清清的微波，将长长的草蔓拉成一缕缕的丝，铺在河底，挂在岸边，合着那些金鱼、青苔以及石栏的倒影，织成一条条大飘带，穿亭绕榭，冉冉不绝。当年李白来到这里，曾赞叹说："晋祠流水如碧玉。"当你沿着流水去观赏那亭台楼阁时，也许会这样问：这几百间建筑怕都是在水上漂着的吧！

——节选自梁衡《晋祠》

作品 19 号——《敬畏自然》

[朗读提示]所谓"敬畏"，即"敬重并畏惧"。作者的创作目的在于让读者对自然持有正确的态度，倡导人与自然和谐统一的自然观和人生观。朗读时要把握正确的态度和基调。语音方面注意前鼻音和后鼻音的区别。

人们常常把人与自然对立起来，宣称要征服自然。殊不知在大自然面前，人类永远只是一个天真幼稚的孩童，只是大自然机体上普通的一部分，正像一株小草只是她的普通一部分一样。如果说自然的智慧是大海，那么，人类的智慧就只是大海中的一个小水滴，虽然这个水滴也能映照大海，但毕竟不是大海，可是，人们竟然不自量力地宣称要用这滴水来代替大海。

看着人类这种狂妄的表现，大自然一定会窃笑——就像母亲面对无知的孩子那样的笑。人类的作品飞上了太空，打开了一个个微观世界，于是人类沾沾自喜，以为揭开了大自然的秘密。可是，在自然看来，人类上下翻飞的这片巨大空间，不过是咫尺之间而已，就如同鲲鹏看待斥鹦一般，只是蓬蒿之间罢了。即使从人类自身智慧发展史的角度看，人类也没有理由过分自傲：人类的知识与其祖先相比诚然有了极大的进步，似乎有嘲笑古人的资本；可是，殊不知对于后人而言我们也是古人，一万年以后的人们也同样会嘲笑今天的我们，也许在他们看来，我们的科学观念还幼稚得很，我们的航天器在他们眼中不过是个非常简单的//儿童玩具。

——节选自严春友《敬畏自然》

🔊 **作品 20 号——《看戏》**

扫码听范读

[朗读提示]本文主要描写了梅兰芳扮演穆桂英表演的片段。作者通过大段的舞台描写，表现出女主角技艺的高超。舞台表演的部分要朗读得生动有趣、活灵活现，让听众有身临其境之感。语音方面注意"迅即""铿锵""一笑一颦""婀娜""奇迹"等字音。

舞台上的幕布拉开了，音乐奏起来了。演员们踩着音乐的拍子，以庄重而有节奏的步法走到灯光前面来了。灯光射在他们五颜六色的服装和头饰上，一片金碧辉煌的彩霞。

当女主角穆桂英以轻盈而矫健的步子出场的时候，这个平静的海面陡然动荡起来了，它上面卷起了一阵暴风雨：观众像触了电似的迅即对这位女英雄报以雷鸣般的掌声。她开始唱了。她圆润的歌喉在夜空中颤动，听起来辽远而又切近，柔和而又铿锵。戏词像珠子似的从她的一笑一颦中，从她优雅的"水袖"中，从她婀娜的身段中，一粒一粒地滚下来，滴在地上，溅到空中，落进每一个人的心里，引起一片深远的回音。这回音听不见，却淹没了刚才涌起的那一阵热烈的掌声。

观众像着了魔一样，忽然变得鸦雀无声。他们看得入了神。他们的感情和舞台上女主角的感情融在了一起。女主角的歌舞渐渐进入高潮。观众的情感也渐渐进入高潮。潮在涨。没有谁能控制住它。这个一度平静下来的人海忽然又动荡起来了。戏就在这时候要到达顶点。我们的女主角在这时候就像一朵盛开的鲜花，观众想把这朵鲜花捧在手里，不让//它消逝。他们不约而同地从座位上立起来,像潮水一样,涌到我们这位艺术家面前。舞台已经失去了界限,整个的剧场成了一个庞大的舞台。

我们这位艺术家是谁呢?他就是梅兰芳同志。半个世纪的舞台<u>生涯</u>过去了,六十六岁的高龄,仍然能创造出这样富有朝气的美丽形象,表现出这样<u>充沛</u>的青春活力,这不能不说是<u>奇迹</u>。这奇迹的产生是必然的,因为我们拥有这样热情的观众和这样热情的艺术家。

——节选自叶君健《看戏》

作品21号——《莲花和樱花》

[**朗读提示**]本文是一篇表达中日人民友好的文章,语言通俗易懂,没有抽象的高谈阔论,所以朗读时节奏要舒缓,语气要自然亲切。语音方面注意轻声字和易错词,如"莲蓬""友谊"等。

十年,在历史上不过是一瞬间。只要稍加注意,人们就会发现:在这一瞬间里,各种事物都悄悄经历了自己的千变万化。

这次<u>重新</u>访日,我处处感到亲切和熟悉,也在许多方面发觉了日本的变化。就拿奈良的一个角落来说吧,我重游了为之感受很深的唐招提寺,在寺内各处匆匆走了一遍,庭院依旧,但意想不到还看到了一些新的东西。其中之一,就是近几年从中国移植来的"<u>友谊</u>之莲"。

在存放<u>鉴真</u>遗像的那个院子里，几株中国莲昂然挺立，<u>翠绿</u>的宽大荷叶正迎风而舞，显得十分愉快。开花的季节已过，荷花朵朵已变为<u>莲蓬</u>累累。<u>莲子</u>的颜色正在由青转紫，看来已经成熟了。

我禁不住想："因"已转化为"果"。

中国的莲花开在日本，日本的樱花开在中国，这不是偶然。我希望这样一种盛况延续不衰。在这些日子里，我看到了不少多年不见的老朋友，又结识了一些新朋友。大家喜欢涉及的话题之一，就是古长安和古奈良。那还<u>用得着</u>问吗，朋友们<u>缅怀</u>过去，正是<u>瞩望</u>未来。瞩目于未来的人们必将获得未来。

我不例外，也希望一个美好的未来。

为了中日人民之间的友谊，我将不会浪费今后生命的每一瞬间。//

——节选自严文井《莲花和樱花》

作品 22 号——《麻雀》

[朗读提示]这篇文章通过叙述老麻雀拯救小麻雀的故事，歌颂了一种伟大的力量——母爱。事情的经过写得细致入微，生动形象。朗读时要使用略显夸张的语气表现其中的紧张场面。最后两个自然段是作者的感受，要使用崇敬、沉着的语气读出来。语音方面注意加强识记易错字词。

我打猎归来，沿着花园的林阴路走着。狗跑在我前边。突然，狗放慢脚步，<u>蹑足</u>潜行，好像嗅到了前边有什么野物。

我顺着林阴路望去，看见了一只嘴边还带黄色、头上生着柔毛的小麻雀。风猛烈地吹打着林阴路上的白桦树，麻雀从巢里跌落下来，呆呆地伏在地上，孤立无援地张开两只羽毛还未丰满的小翅膀。

我的狗慢慢向它靠近。忽然，从附近一棵树上飞下一只黑胸脯的老麻雀，像一颗石子似的落到狗的跟前。老麻雀全身倒竖着羽毛，惊恐万状，发出绝望、凄惨的叫声，接着向露出牙齿、大张着的狗嘴扑去。

老麻雀是猛扑下来救护幼雀的。它用身体掩护着自己的幼儿……但它整个小小的身体因恐怖而战栗着，它小小的声音也变得粗暴嘶哑，它在牺牲自己！

在它看来，狗该是多么庞大的怪物啊！然而，它还是不能站在自己高高的、安全的树枝上……一种比它的理智更强烈的力量，使它从那儿扑下身来。

我的狗站住了，向后退了退……看来，它也感到了这种力量。

我赶紧唤住惊慌失措的狗，然后我怀着崇敬的心情，走开了。

是啊，请不要见笑。我崇敬那只小小的、英勇的鸟儿，我崇敬它那种爱的冲动和力量。

爱，我//想，比死和死的恐惧更强大。只有依靠它，依靠这种爱，生命才能维持下去，发展下去。

——节选自[俄]屠格涅夫《麻雀》，巴金译

作品 23 号——《莫高窟》

[朗读提示]本文是一篇介绍我国文化遗产莫高窟的文章，作品中除了客观的介绍外，还融入了赞美惊叹之情。朗读时，应该略带惊奇的语气、赞叹欣赏的口吻。语音方面注意不要断错词，如"三危山""鸣沙山"；第三、四自然段易错字音较多，需加强练习。

在浩瀚无垠的沙漠里，有一片美丽的绿洲，绿洲里藏着一颗闪光的珍珠。这颗珍珠就是敦煌莫高窟。它坐落在我国甘肃省敦煌市三危山和鸣沙山的怀抱中。

鸣沙山东麓是平均高度为十七米的崖壁。在一千六百多米长的崖壁上，凿有大小洞窟七百余个，形成了规模宏伟的石窟群。其中四百九十二个洞窟中，共有彩色塑像两千一百余尊，各种壁画共四万五千多平方米。莫高窟是我国古代无数艺术匠师留给人类的珍贵文化遗产。

莫高窟的彩塑，每一尊都是一件精美的艺术品。最大的有九层楼那么高，最小的还不如一个手掌大。这些彩塑个性鲜明，神态各异。有慈眉善目的菩萨，有威风凛凛的天王，还有强壮勇猛的力士……

莫高窟壁画的内容丰富多彩，有的是描绘古代劳动人民

打猎、捕鱼、耕田、收割的情景，有的是描绘人们奏乐、舞蹈、演杂技的场面，还有的是描绘大自然的美丽风光。其中最引人注目的是飞天。壁画上的飞天，有的臂挎花篮，采摘鲜花；有的反弹琵琶，轻拨银弦；有的倒悬身子，自天而降；有的彩带飘拂，漫天遨游；有的舒展着双臂，翩翩起舞。看着这些精美动人的壁画，就像走进了//灿烂辉煌的艺术殿堂。

莫高窟里还有一个面积不大的洞窟——藏经洞。洞里曾藏有我国古代的各种经卷、文书、帛画、刺绣、铜像等共六万多件。由于清朝政府腐败无能，大量珍贵的文物被外国强盗掠走。仅存的部分经卷，现在陈列于北京故宫等处。

莫高窟是举世闻名的艺术宝库。这里的每一尊彩塑、每一幅壁画、每一件文物，都是中国古代人民智慧的结晶。

——节选自余秋雨《莫高窟》

作品24号——《"能吞能吐"的森林》

扫码听范读

[朗读提示]本文为说明文，朗读时要使用舒朗的语气、不紧不慢的语速，不宜有夸张的情感。语音方面注意专业词语以及数字的读法。

森林涵养水源，保持水土，防止水旱灾害的作用非常大。据专家测算，一片十万亩面积的森林，相当于一个两百万立方米的水库，这正如农谚所说的："山上多栽树,等于修水库。雨多它能吞,雨少它能吐。"

说起森林的功劳,那还多得很。它除了为人类提供木材及许多种生产、生活的原料之外,在维护生态环境方面也是功劳卓著,它用另一种"能吞能吐"的特殊功能孕育了人类。因为地球在形成之初,大气中的二氧化碳含量很高,氧气很少,气温也高,生物是难以生存的。大约在四亿年之前,陆地才产生了森林。森林慢慢将大气中的二氧化碳吸收,同时吐出新鲜氧气,调节气温:这才具备了人类生存的条件,地球上才最终有了人类。

森林,是地球生态系统的主体,是大自然的总调度室,是地球的绿色之肺。森林维护地球生态环境的这种"能吞能吐"的特殊功能是其他任何物体都不能取代的。然而,由于地球上的燃烧物增多,二氧化碳的排放量急剧增加,使得地球生态环境急剧恶化,主要表现为全球气候变暖,水分蒸发加快,改变了气流的循环,使气候变化加剧,从而引发热浪、飓风、暴雨、洪涝及干旱。

为了//使地球的这个"能吞能吐"的绿色之肺恢复健壮,以改善生态环境,抑制全球变暖,减少水旱等自然灾害,我们应该大力造林、护林,使每一座荒山都绿起来。

——节选自《"能吞能吐"的森林》

作品 25 号——《清塘荷韵》

[朗读提示]本文是季羡林的散文名篇,写他在楼前清塘中投几颗莲子,然后内心充满希冀,经过四年漫长的等待,竟得满塘风荷之事。本文卓然生色,韵味无穷。朗读时,要表达出古诗词与现实风光的调和之美。语音方面注意声母为 n 和 l 的字音。

中国没有人不爱荷花的。可我们楼前池塘中独独缺少荷花。每次看到或想到,总觉得是一块心病。有人从湖北来,带来了洪湖的几颗莲子,外壳呈黑色,极硬。据说,如果埋在淤泥中,能够千年不烂。我用铁锤在莲子上砸开了一条缝,让莲芽能够破壳而出,不至永远埋在泥中。把五六颗敲破的莲子投入池塘中,下面就是听天由命了。

这样一来,我每天就多了一件工作:到池塘边上去看上几次。心里总是希望,忽然有一天,"小荷才露尖尖角",有翠绿的莲叶长出水面。可是,事与愿违,投下去的第一年,一直到秋凉落叶,水面上也没有出现什么东西。但是到了第三年,却忽然出了奇迹。有一天,我忽然发现,在我投莲子的地方长出了几个圆圆的绿叶,虽然颜色极惹人喜爱,但是却细弱单薄,可怜兮兮地平卧在水面上,像水浮莲的叶子一样。

真正的奇迹出现在第四年上。到了一般荷花长叶的时候,在去年飘浮着五六个叶片的地方,一夜之间,突然长出了一大片绿叶,叶片扩张的速度,范围的扩大,都是惊人地快。几天之内,池塘内不小一部分,已经全为绿叶所覆盖。而且原来平卧在水面上的像是水浮莲一样的//叶片,不知道是从哪里聚集来了力量,有一些竟然跃出了水面,长成了亭亭的荷叶。这样一来,我心中的疑云一扫而光:池塘中生长的真正是洪湖莲花的子孙了。我心中狂喜,这几年总算是没有白等。

——节选自季羡林《清塘荷韵》

🔊 作品 26 号——《驱遣我们的想象》

扫码听范读

[**朗读提示**]作者通过平实的语言告诉我们,不论是创作还是欣赏文章,都要驱遣自己的想象。朗读时,要使用平稳、自然的语调,停连准确。语音方面注意舌尖前音和舌尖后音的区别。

在原始社会里,文字还没有创造出来,却先有了歌谣一类的东西。这也就是文艺。

文字创造出来以后,人就用它把所见所闻所想所感的一切记录下来。一首歌谣,不但口头唱,还要刻呀,漆呀,把它保留在什么东西上。这样,文艺和文字就并了家。

后来纸和笔普遍地使用了,而且发明了印刷术。凡是需要记录下来的东西,要多少份就可以有多少份。于是所谓文艺,从外表说,就是一篇稿子,一部书,就是许多文字的

jíhétǐ.
集合体。

　　Wénzì shì yī dào qiáoliáng, tōngguòle zhè yī dào qiáoliáng, dúzhě cái hé zuòzhě
　　文字是一道桥梁，通过了这一道桥梁，读者才和作者
huìmiàn. Bùdàn huìmiàn, bìngqiě liǎojiě zuòzhě de xīnqíng, hé zuòzhě de xīnqíng
会面。不但会面，并且了解作者的心情，和作者的心情
xiāng qìhé.
相契合。

　　Jiù zuòzhě de fāngmiàn shuō, wényì de chuàngzuò jué bù shì suíbiàn qǔ xǔduō
　　就作者的方面说，文艺的创作决不是随便取许多
wénzì lái jíhé zài yīqǐ. Zuòzhě zhuóshǒu chuàngzuò, bìrán duìyú rénshēng xiān yǒu
文字来集合在一起。作者着手创作，必然对于人生先有
suǒjiàn, xiān yǒu suǒgǎn. Tā bǎ zhèxiē suǒjiàn suǒgǎn xiě chū·lái, bù zuò chōuxiàng
所见，先有所感。他把这些所见所感写出来，不作抽象
de fēnxī, ér zuò jùtǐ de miáoxiě, bù zuò kèbǎn de jìzǎi, ér zuò xiǎngxiàng de
的分析，而作具体的描写，不作刻板的记载，而作想象的
ānpái. Tā zhǔnbèi xiě de bù shì pǔtōng de lùnshuōwén、jìxùwén; tā zhǔnbèi xiě de shì
安排。他准备写的不是普通的论说文、记叙文；他准备写的是
wényì. Tā dòngshǒu xiě, bùdàn xuǎnzé nàxiē zuì shìdàng de wénzì, ràng tāmen jíhé
文艺。他动手写，不但选择那些最适当的文字，让它们集合
qǐ·lái, háiyào shěnchá nàxiē xiě xià·lái de wénzì, kàn yǒuméiyǒu yīngdāng xiūgǎi
起来，还要审查那些写下来的文字，看有没有应当修改
huòshì zēngjiǎn de. Zǒngzhī, zuòzhě xiǎng zuòdào de shì: xiě xià·lái de wénzì
或是增减的。总之，作者想做到的是：写下来的文字
zhènghǎo chuándá chū tā de suǒjiàn suǒgǎn.
正好传达出他的所见所感。

　　Jiù dúzhě de// fāngmiàn shuō, dúzhě kàndào de shì xiě zài zhǐmiàn huòzhě yìn
　　就读者的//方面说，读者看到的是写在纸面或者印
zài zhǐmiàn de wénzì, dànshì kàndào wénzì bìng bù shì tāmen de mùdì. Tāmen yào
在纸面的文字，但是看到文字并不是他们的目的。他们要
tōngguò wénzì qù jiēchù zuòzhě de suǒjiàn suǒgǎn.
通过文字去接触作者的所见所感。

——节选自叶圣陶《驱遣我们的想象》

🔊 **作品 27 号——《人类的语言》**

扫码听范读

　　[**朗读提示**]本文是一篇文艺性说明文。文章虽短,却把人类的语言这一复杂的社会现象的本质、特点解释得清清楚楚。朗读时,应表现出对自己的语言热爱,鼓舞听者学好语言文字。本文字词较简单,语音方面读得通顺流畅即可。

语言，也就是说话，好像是极其稀松平常的事儿。可是仔细想想，实在是一件了不起的大事。正是因为说话跟吃饭、走路一样的平常，人们才不去想它究竟是怎么回事儿。其实这三件事儿都是极不平常的，都是使人类不同于别的动物的特征。

记得在小学里读书的时候，班上有一位"能文"的大师兄，在一篇作文的开头写下这么两句："鹦鹉能言，不离于禽；猩猩能言，不离于兽。"我们看了都非常佩服。后来知道这两句是有来历的，只是字句有些出入。又过了若干年，才知道这两句话都有问题。鹦鹉能学人说话，可只是作为现成的公式来说，不会加以变化。只有人们说话是从具体情况出发，情况一变，话也跟着变。西方学者拿黑猩猩做实验，它们能学会极其有限的一点儿符号语言，可是学不会把它变成有声语言。人类语言之所以能够"随机应变"，在于一方面能把语音分析成若干音素，又把这些音素组合成音节，再把音节连缀起来。另一方面，又能分析外界事物及其变化，形成无数的"意念"，一一配以语音，然后综合运用，表达各种复杂的意思。一句话，人类语言的特点就在于能用变化无穷的语音，表达变化无穷的//意义。这是任何其他动物办不到的。

——节选自吕叔湘《人类的语言》

作品 28 号——《人生如下棋》

[朗读提示]本文通过描写我与父亲下棋的经过,探讨"我"认为自己输在棋艺,而父亲认为"我"输在心态,进而得出"人生如下棋"的深刻道理。朗读时,要注意"我"与父亲的对话,区分不同角色的语气。语音方面注意韵母为 a、an、ang 的字音。

父亲喜欢下象棋。那一年,我大学回家度假,父亲教我下棋。

我们俩摆好棋,父亲让我先走三步,可不到三分钟,三下五除二,我的兵将损失大半,棋盘上空荡荡的,只剩下老帅、士和一车两卒在孤军奋战。我还不肯罢休,可是已无力回天,眼睁睁看着父亲"将军",我输了。

我不服气,摆棋再下。几次交锋,基本上都是不到十分钟我就败下阵来。我不禁有些泄气。父亲对我说:"你初学下棋,输是正常的。但是你要知道输在什么地方;否则,你就是再下上十年,也还是输。"

"我知道,输在棋艺上。我技术上不如你,没经验。"

"这只是次要因素,不是最重要的。"

"那最重要的是什么?"我奇怪地问。

"最重要的是你的心态不对。你不珍惜你的棋子。"

"怎么不珍惜呀?我每走一步,都想半天。"我不服气地说。

"那是后来,开始你是这样吗?我给你计算过,你三分之二的棋子是在前三分之一的时间内丢失的。这期间你走棋不假思索，拿起来就走，失了也不觉得可惜。因为你觉得棋子很多，失一两个不算什么。"

我看看父亲，不好意思地低下头。"后三分之二的时间，你又犯了相反的错误：对棋子过于珍惜，每走一步，都思前想后，患得患失，一个棋也不想失，// 结果一个一个都失去了。"

——节选自林夕《人生如下棋》

作品 29 号——《十渡游趣》

[朗读提示]作者按照游览顺序描写了十渡的景色，从"庄稼地里的小径"到"重登凉亭"，再到黑夜通过望火光想象青春年华，都有意想不到的乐趣。朗读时，要怀着喜悦的心情，突出"游趣"的主题。本文易错字词较多，备稿时应加强识记。

仲夏，朋友相邀游十渡。在城里住久了，一旦进入山水之间，竟有一种生命复苏的快感。

下车后，我们舍弃了大路，挑选了一条半隐半现在庄稼地里的小径，弯弯绕绕地来到了十渡渡口。夕阳下的拒马河慷慨地撒出一片散金碎玉，对我们表示欢迎。

岸边山崖上刀斧痕犹存的崎岖小道，高低凸凹，虽没有"难于上青天"的险恶，却也有踏空了滚到拒马河洗澡的风险。狭窄处只能手扶岩石贴壁而行。当"东坡草堂"几个红漆大字赫然出现在前方岩壁时，一座镶嵌在岩崖间的石砌茅草屋同时跃进眼底。草屋被几级石梯托得高高的，屋下俯瞰着一湾河水，屋前顺山势辟出了一片空地，算是院落吧！右侧有一小小的蘑菇形的凉亭，内设石桌石凳，亭顶褐黄色的茅草像流苏般向下垂泻，把现实和童话串成了一体。草屋的构思者最精彩的一笔，是设在院落边沿的柴门和篱笆，走近这儿，便有了"花径不曾缘客扫，蓬门今始为君开"的意思。

当我们重登凉亭时，远处的蝙蝠山已在夜色下化为剪影，好像就要展翅扑来。拒马河趁人们看不清它的容貌时豁开了嗓门儿韵味十足地唱呢！偶有不安分的小鱼儿和青蛙蹦跳//成声，像是为了强化这夜曲的节奏。此时，只觉世间唯有水声和我，就连偶尔从远处赶来歇脚的晚风，也悄无声息。

当我渐渐被夜的凝重与深邃所融蚀，一缕新的思绪涌动时，对岸沙滩上燃起了篝火，那鲜亮的火光，使夜色有了躁动感。篝火四周，人影绰约，如歌似舞。朋友说，那是北京的大学生们，结伴来这儿度周末的。遥望那明灭无定的火光，想象着篝火映照的青春年华，也是一种意想不到的乐趣。

——节选自刘延《十渡游趣》

作品 30 号——《世界民居奇葩》

[**朗读提示**]中国民居具有古老而独特的魅力,是中华文明的宝贵遗产,体现了民族的智慧和深厚的文化底蕴。这篇文章介绍了特色鲜明的客家民居土楼,从土楼的形制、功能、寄托的愿望等方面展现了客家人勤俭持家、互帮互助的品格。朗读时,要在平实的语气中倾注欣赏、赞扬的感情色彩。语音方面注意易错字词的识记。

在闽西南和粤东北的崇山峻岭中,点缀着数以千计的圆形围屋或土楼,这就是被誉为"世界民居奇葩"的客家民居。

客家人是古代从中原繁盛的地区迁到南方的。他们的居住地大多在偏僻、边远的山区,为了防备盗匪的骚扰和当地人的排挤,便建造了营垒式住宅,在土中掺石灰,用糯米饭、鸡蛋清作黏合剂,以竹片、木条作筋骨,夯筑起墙厚一米,高十五米以上的土楼。它们大多为三至六层楼,一百至二百多间房屋如橘瓣状排列,布局均匀,宏伟壮观。大部分土楼有两三百年甚至五六百年的历史,经受无数次地震撼动、风雨侵蚀以及炮火攻击而安然无恙,显示了传统建筑文化的魅力。

客家先民崇尚圆形,认为圆是吉祥、幸福和安宁的象征。土楼围成圆形的房屋均按八卦布局排列,卦与卦之间设有防火墙,整齐划一。

客家人在治家、处事、待人、立身等方面,无不体现出明显的文化特征。比如,许多房屋大门上刻着这样的

zhèngkǎi duìlián:"Chéng qián zǔdé qín hé jiǎn, qǐ hòu zǐsūn dú yǔ gēng", biǎoxiànle
正楷 对联:"承 前 祖德 勤 和 俭,启 后 子孙 读 与 耕",表现了

xiānbèi xīwàng zǐsūn hémù xiāngchǔ、qínjiǎn chíjiā de yuànwàng. Lóu nèi fángjiān
先辈 希望 子孙 和睦 相处、勤俭 持家 的 愿望。楼 内 房间

dàxiǎo yīmú-yīyàng, tāmen bù fēn pínfù、guìjiàn, měi hù rénjiā píngděng de fēndào
大小 一模一样,他们 不 分 贫富、贵贱,每 户 人家 平等 地 分到

dǐcéng zhì gāocéng gè// yī jiān fáng. Gè céng fángwū de yòngtú jīngrén de tǒngyī,
底层 至 高层 各// 一 间 房。各 层 房屋 的 用途 惊人 地 统一,

dǐcéng shì chúfáng jiān fàntáng, èr céng dāng zhùcāng, sān céng yǐshàng zuò wòshì,
底层 是 厨房 兼 饭堂,二 层 当 贮仓,三 层 以 上 作 卧室,

liǎng-sānbǎi rén jùjū yī lóu, zhìxùjǐngrán, háobù hùnluàn. Tǔlóu nèi suǒ bǎoliú de
两三百 人 聚居 一 楼,秩序井然,毫不 混乱。土楼 内 所 保留 的

mínsú wénhuà, ràng rén gǎnshòu dào Zhōnghuá chuántǒng wénhuà de shēnhòu jiǔyuǎn.
民俗 文化,让 人 感受 到 中华 传统 文化 的 深厚 久远。

——节选自张宇生《世界民居奇葩》

作品 31 号——《苏州园林》

[朗读提示]这是一篇写景说明文,表达了作者对苏州园林的喜爱和欣赏之情。朗读时,语调要自然、明快,停连准确,通过声音把听者带入如诗如画的景色中。语音方面注意前后鼻音的区别。

Wǒguó de jiànzhù, cóng gǔdài de gōngdiàn dào jìndài de yībān zhùfáng, jué dà
我国 的 建筑,从 古代 的 宫殿 到 近代 的 一般 住房,绝 大

bùfen shì duìchèn de, zuǒ·biān zěnmeyàng, yòu·biān yě zěnmeyàng. Sūzhōu yuánlín
部分 是 对称 的,左边 怎么样,右边 也 怎么样。苏州 园林

kě jué bù jiǎng·jiū duìchèn, hǎoxiàng gùyì bìmiǎn shìde. Dōng·biān yǒule yī gè
可 绝 不 讲究 对称,好像 故意 避免 似的。东边 有了 一 个

tíngzi huòzhě yī dào huíláng, xī·biān jué bù huì lái yī gè tóngyàng de tíngzi huòzhě
亭子 或者 一 道 回廊,西边 决 不 会 来 一 个 同样 的 亭子 或者

yī dào tóngyàng de huíláng. Zhè shì wèishénme? Wǒ xiǎng, yòng túhuà lái bǐfang,
一 道 同样 的 回廊。这 是 为什么?我 想,用 图画 来 比方,

duìchèn de jiànzhù shì tú'ànhuà, bù shì měishùhuà, ér yuánlín shì měishùhuà,
对称 的 建筑 是 图案画,不 是 美术画,而 园林 是 美术画,

měishùhuà yāoqiú zìrán zhī qù, shì bù jiǎng·jiū duìchèn de.
美术画 要求 自然 之 趣,是 不 讲究 对称 的。

Sūzhōu yuánlín·lǐ dōu yǒu jiǎshān hé chízhǎo.
苏州 园林 里 都 有 假山 和 池沼。

Jiǎshān de duīdié, kěyǐ shuō shì yī xiàng yìshù ér bùjǐn shì jìshù. Huòzhě shì
假山 的 堆叠,可以 说 是 一 项 艺术 而 不仅 是 技术。或者 是

重峦叠嶂，或者是几座小山配合着竹子花木，全在乎设计者和匠师们生平多阅历，胸中有丘壑，才能使游览者攀登的时候忘却苏州城市，只觉得身在山间。

至于池沼，大多引用活水。有些园林池沼宽敞，就把池沼作为全园的中心，其他景物配合着布置。水面假如成河道模样，往往安排桥梁。假如安排两座以上的桥梁，那就一座一个样，决不雷同。

池沼或河道的边沿很少砌齐整的石岸，总是高低屈曲任其自然。还在那儿布置几块玲珑的石头，或者种些花草。这也是为了取得从各个角度看都成一幅画的效果。池沼里养着金鱼或各色鲤鱼，夏秋季节荷花或睡莲 // 开放，游览者看"鱼戏莲叶间"，又是入画的一景。

——节选自叶圣陶《苏州园林》

作品32号——《泰山极顶》

[朗读提示]这是一篇写景文章,描写了泰山美丽的自然景观和人文景观。朗读时,应语气舒缓,感情饱满、真挚。语音方面注意轻声和儿化音。

泰山极顶看日出,历来被描绘成十分壮观的奇景。有人说:登泰山而看不到日出,就像一出大戏没有戏眼,味儿终究有点儿寡淡。

我去爬山那天,正赶上个难得的好天,万里长空,云彩丝儿都不见。素常,烟雾腾腾的山头,显得

méi·mù fēnmíng. Tóngbànmen dōu xīnxǐ de shuō: "Míngtiān zǎo·chén zhǔn kěyǐ
眉目 分明。 同伴们 都 欣喜地 说:"明天 早晨 准 可以

kàn·jiàn rìchū le." Wǒ yě shì bàozhe zhè zhǒng xiǎngtou, pá·shàng shān·qù.
看见 日出了。"我也是 抱着 这 种 想头， 爬上 山去。

　　Yīlù cóng shānjiǎo wǎng shàng pá, xì kàn shānjǐng, wǒ jué·dé guà zài yǎnqián
　　一路 从 山脚 往 上 爬，细看 山景， 我 觉得 挂在 眼前

de bù shì Wǔ Yuè dú zūn de Tài Shān, què xiàng yī fú guīmó jīngrén de qīnglǜ
的 不 是 五 岳 独 尊 的 泰 山， 却 像 一 幅 规模 惊人 的 青绿

shānshuǐhuà, cóng xià·miàn dào zhǎn kāi·lái. Zài huàjuàn zhōng zuì xiān lòuchū de
山水画， 从 下面 倒展 开来。 在 画卷 中 最先 露出 的

shì shāngēnr dǐ nà zuò Míngcháo jiànzhù Dàizōngfāng, mànmàn de biàn xiànchū
是 山根 底那座 明朝 建筑 岱宗坊， 慢慢地便 现出

Wángmǔchí、Dǒumǔgōng、Jīngshíyù. Shān shì yī céng bǐ yī céng shēn, yī dié bǐ yī
王母池、 斗母宫、 经石峪。 山 是 一 层 比 一 层 深，一 叠 比 一

dié qí, céngcéngdiédié, bù zhī hái huì yǒu duō shēn duō qí. Wàn shān cóng zhōng,
叠 奇， 层层叠叠， 不 知 还 会 有 多 深 多 奇。 万 山 丛 中，

shí'ér diǎnrǎnzhe jíqí gōngxì de rénwù. Wángmǔchí páng de Lǚzǔdiàn·lǐ yǒu bùshǎo
时而 点染着 极其 工细 的 人物。 王母池 旁 的 吕祖殿 里 有 不少

zūn míngsù, sùzhe Lǚ Dòngbīn děng yīxiē rén, zītài shénqíng shì nàyàng yǒu shēngqì,
尊 明塑， 塑着 吕 洞宾 等 一些 人， 姿态 神情 是 那样 有 生气，

nǐ kàn le, bùjīn huì tuōkǒu zàntàn shuō: "Huó la."
你 看 了，不禁 会 脱口 赞叹 说:"活 啦。"

　　Huàjuàn jìxù zhǎnkāi, lùyīn sēnsēn de Bǎidòng lòumiàn bù tài jiǔ, biàn láidào
　　画卷 继续 展开， 绿阴 森森 的 柏洞 露面 不 太 久， 便 来到

Duìsōngshān. Liǎngmiàn qífēng duìzhìzhe, mǎn shānfēng dōu shì qíxíng-guàizhuàng de
对松山。 两面 奇峰 对峙着， 满 山峰 都是 奇形怪状 的

lǎosōng, niánjì pà dōu yǒu shàng qiān suì le, yánsè jìng nàme nóng, nóng dé
老松， 年纪 怕 都 有 上 千 岁 了， 颜色 竟 那么 浓， 浓得

hǎoxiàng yào liú xià·lái shìde. Láidào zhèr, nǐ bùfáng quán dàng yī cì huà·lǐ de
好像 要 流 下来 似的。 来到 这儿， 你 不妨 权 当 一 次 画里的

xiěyì rénwù, zuò zài lùpáng de Duìsōngtíng·lǐ, kànkan shānsè, tīngting liú//shuǐ hé
写意 人物， 坐在 路旁 的 对松亭 里， 看看 山色， 听听 流//水 和

sōngtāo.
松涛。

　　Yīshíjiān, wǒ yòu jué·dé zìjǐ bùjǐn shì zài kàn huàjuàn, què yòu xiàng shì zài
　　一时间， 我 又 觉得 自己 不仅 是 在 看 画卷， 却 又 像 是 在

línglíngluànluàn fānzhe yī juàn lìshǐ gǎoběn.
零零乱乱 翻着 一 卷 历史 稿本。

——节选自杨朔《泰山极顶》

作品 33 号——《天地九重》

[朗读提示]本文节选了航天英雄杨利伟进入太空的所历、所见、所感、所想,让我们通过文字见证祖国航天事业的发展。朗读时,前三个自然段要用喜悦、惊叹的语气讲述广袤的空间场景,第四自然段要表达出身为中国人的自豪之情。语音方面注意易错字词的识记。

在太空的黑幕上,地球就像站在宇宙舞台中央那位最美的大明星,浑身散发出夺人心魄的、彩色的、明亮的光芒,她披着浅蓝色的纱裙和白色的飘带,如同天上的仙女缓缓飞行。

地理知识告诉我,地球上大部分地区覆盖着海洋,我果然看到了大片蔚蓝色的海水,浩瀚的海洋骄傲地披露着广阔壮观的全貌,我还看到了黄绿相间的陆地,连绵的山脉纵横其间;我看到我们平时所说的天空,大气层中飘浮着片片雪白的云彩,那么轻柔,那么曼妙,在阳光普照下,仿佛贴在地面上一样。海洋、陆地、白云,它们呈现在飞船下面,缓缓驶来,又缓缓离去。

我知道自己还是在轨道上飞行,并没有完全脱离地球的怀抱,冲向宇宙的深处,然而这也足以让我震撼了,我并不能看清宇宙中众多的星球,因为实际上它们离我们的距离非常遥远,很多都是以光年计算。正因为如此,我觉得宇宙的广袤真实地摆在我的眼前,即便作为中华民族第一个飞天的人,我已经跑到离地球表面四百公里的空间，可以称为太空人了，但是实际上在浩瀚的宇宙面前，我仅像一粒尘埃。虽然独自在太空飞行，但我想到了此刻千万//中国人翘首以待，我不是一个人在飞，我是代表所有中国人，甚至人类来到了太空。我看到的一切证明了中国航天技术的成功，我认为我的心情一定要表达一下，就拿出太空笔，在工作日志背面写了一句话："为了人类的和平与进步，中国人来到太空了。"以此来表达一个中国人的骄傲和自豪。

——节选自杨利伟《天地九重》

作品34号——《我的老师》

[朗读提示]写作此文时，魏巍已经和蔡老师分别20多年了，但是，蔡老师温柔美丽的形象、高超的教学艺术和慈母般的心灵，时常浮现在作者的脑海里。朗读时，既要表达出作者对蔡老师的真情实感，也要反映出作者对教师职业的理解。语音方面注意声母为j、q、x的字音。

最使我难忘的，是我小学时候的女教师蔡芸芝先生。现在回想起来，她那时有十八九岁。右嘴角边有榆钱大小一块黑痣。在我的记忆里，她是一个温柔和美丽的人。她从来不打骂我们。仅仅有一次，她的教鞭好像要落下来，我用石板一迎，教鞭轻轻地敲在石板边上，大伙笑了，她也笑了。我用儿童的狡猾的眼光察觉，她爱我们，并没有存心要打的意思。孩子们是多么善于

guānchá zhè yī diǎn a.
观察 这 一 点 啊。

Zài kèwài de shíhou，tā jiāo wǒmen tiàowǔ，wǒ xiànzài hái jìde tā bǎ wǒ
在 课外 的 时候，她 教 我们 跳舞，我 现在 还 记得 她 把 我

bànchéng nǚháizi biǎoyǎn tiàowǔ de qíngjǐng.
扮成 女孩子 表演 跳舞 的 情景。

Zài jiàrì •lǐ，tā bǎ wǒmen dàidào tā de jiā • lǐ hé nǚpéngyou de jiā • lǐ. Zài tā
在 假日 里，她 把 我们 带到 她 的 家里 和 女朋友 的 家里。在 她

de nǚpéngyou de yuánzi •lǐ，tā hái ràng wǒmen guānchá mìfēng；yě shì zài nà
的 女朋友 的 园子 里，她 还 让 我们 观察 蜜蜂；也 是 在 那

shíhou，wǒ rènshile fēngwáng，bìngqiě píngshēng dì-yī cì chīle fēngmì.
时候，我 认识了 蜂王，并且 平生 第一 次 吃了 蜂蜜。

Tā ài shī，bìngqiě ài yòng gēchàng de yīndiào jiāo wǒmen dú shī. Zhí dào
她 爱 诗，并且 爱 用 歌唱 的 音调 教 我们 读 诗。直 到

xiànzài wǒ hái jìde tā dú shī de yīndiào，hái néng bèisòng tā jiāo wǒmen de shī：
现在 我 还 记得 她 读 诗 的 音调，还 能 背诵 她 教 我们 的 诗：

Yuán tiān gàizhe dàhǎi，
圆 天 盖着 大海，

Hēishuǐ tuōzhe gūzhōu，
黑水 托着 孤舟，

Yuǎn kàn•bù jiàn shān，
远 看 不 见 山，

Nà tiānbiān zhǐ yǒu yúntóu，
那 天边 只 有 云头，

Yě kàn•bù jiàn shù，
也 看 不 见 树，

Nà shuǐ•shàng zhǐ yǒu hǎi'ōu ……
那 水 上 只 有 海鸥 ……

Jīntiān xiǎnglái，tā duì wǒ de jiējìn wénxué hé àihào wénxué，shì yǒuzhe duōme
今天 想来，她 对 我 的 接近 文学 和 爱好 文学，是 有着 多么

yǒuyì de yǐngxiǎng!
有益 的 影响！

Xiàng zhèyàng de jiàoshī，wǒmen zěnme huì bù xǐhuan tā，zěnme huì bù yuànyì
像 这样 的 教师，我们 怎么 会 不 喜欢 她，怎么 会 不 愿意

hé tā qīnjìn ne? Wǒmen jiànle tā bùyóude jiù wéi shàng • qù. Jíshǐ tā xiězì de shíhou，
和 她 亲近 呢？我们 见了 她 不由得 就 围 上去。即使 她 写字 的 时候，

wǒ//men yě mòmò de kànzhe tā，lián tā wò qiānbǐ de zīshì dōu jíyú mófǎng.
我//们 也 默默 地 看着 她，连 她 握 铅笔 的 姿势 都 急于 模仿。

——节选自魏巍《我的老师》

作品 35 号——《我喜欢出发》

[**朗读提示**]这篇文章内容清新隽永,让人不知不觉被作者奋发向上、勇于探索的精神所感动。朗读时,语气要鲜明,节奏要有力,读出排比句的层次感。语音方面注意易错字词的识记。

我喜欢出发。

凡是到达了的地方,都属于昨天。哪怕那山再青,那水再秀,那风再温柔。太深的流连便成了一种羁绊,绊住的不仅有双脚,还有未来。

怎么能不喜欢出发呢?没见过大山的巍峨,真是遗憾;见了大山的巍峨没见过大海的浩瀚,仍然遗憾;见了大海的浩瀚没见过大漠的广袤,依旧遗憾;见了大漠的广袤没见过森林的神秘,还是遗憾。世界上有不绝的风景,我有不老的心情。

我自然知道,大山有坎坷,大海有浪涛,大漠有风沙,森林有猛兽。即便这样,我依然喜欢。

打破生活的平静便是另一番景致,一种属于年轻的景致。真庆幸,我还没有老。即便真老了又怎么样,不是有句话叫老当益壮吗?

于是,我还想从大山那里学习深刻,我还想从大海那里学习勇敢,我还想从大漠那里学习沉着,我还想从森林那里学习机敏。我想学着品味一种缤纷的人生。

人能走多远?这话不是要问两脚而是要问志向。人能攀多高?这事不是要问双手而是要问意志。于是,我想用青春的热血给自己树起一个高远的目标。不仅是为了争取一种光荣,更是为了追求一种境界。目标实现了,便是光荣;目标实现不了,人生也会因//这一路风雨跋涉变得丰富而充实;在我看来,这就是不虚此生。

是的,我喜欢出发,愿你也喜欢

——节选自汪国真《我喜欢出发》

作品36号——《乡下人家》

[朗读提示]这是一篇写景散文,作者用文字描绘了一幅恬静惬意的乡下人家生活画卷,表达了他对这种生活的喜爱和向往。语言简洁明快、活泼风趣。朗读时,应语气轻快,体现出字里行间蕴藏的情趣,展现出文字背后作者的生活态度。语音方面注意常见多音字的读音,如"种""结""长""场"等。

乡下人家总爱在屋前搭一瓜架,或种南瓜,或种丝瓜,让那些瓜藤攀上棚架,爬上屋檐。当花儿落了的时候,藤上便结出了青的、红的瓜,它们一个个挂在房前,衬着那长长的藤,绿绿的叶。青、红的瓜,碧绿的藤和叶,构成了一道别有风趣的装饰,比那高楼门前蹲着一对石狮子或是竖着两根大旗杆,可爱多了。

有些人家,还在门前的场地上种几株花,芍药、凤仙、鸡冠花、大丽菊,它们依着时令,顺序开放,朴素中带着几分华丽，显出一派独特的农家风光。还有些人家，在屋后种几十枝竹，绿的叶，青的竿，投下一片浓浓的绿荫。

几场春雨过后，到那里走走，你常常会看见许多鲜嫩的笋，成群地从土里探出头来。

鸡，乡下人家照例总要养几只的。从他们的房前屋后走过，你肯定会瞧见一只母鸡，率领一群小鸡，在竹林中觅食；或是瞧见耸着尾巴的雄鸡，在场地上大踏步地走来走去。

他们的屋后倘若有一条小河，那么在石桥旁边，在绿树荫下，你会见到一群鸭子游戏水中，不时地把头扎到水下去觅食。即使附近的石头上有妇女在捣衣，它们也从不吃惊。

若是在夏天的傍晚出去散步，你常常会瞧见乡下人家吃晚饭//的情景。他们把桌椅饭菜搬到门前，天高地阔地吃起来。天边的红霞，向晚的微风，头上飞过的归巢的鸟儿，都是他们的好友。它们和乡下人家一起，绘成了一幅自然、和谐的田园风景画。

——节选自陈醉云《乡下人家》

🔊 作品37号——《鸟的天堂》

扫码听范读

[朗读提示]本文写了作者两次观赏大榕树的情景，两次的印象有些不同，朗读时要有所区别。朗读前一部分时要用舒缓的节奏表现出对大榕树的欣赏、赞美之情，朗读中

间过渡时语调要略含失望、遗憾,朗读后一部分时语气要畅快欣喜——终于看到鸟啦!本文字音较简单,注意语句的停连。

我们的船渐渐地逼近榕树了。我有机会看清它的真面目:是一棵大树,有数不清的丫枝,枝上又生根,有许多根一直垂到地上,伸进泥土里。一部分树枝垂到水面,从远处看,就像一棵大树斜躺在水面上一样。

现在正是枝繁叶茂的时节。这棵榕树好像在把它的全部生命力展示给我们看。那么多的绿叶,一簇堆在另一簇的上面,不留一点儿缝隙。翠绿的颜色明亮地在我们的眼前闪耀,似乎每一片树叶上都有一个新的生命在颤动,这美丽的南国的树!

船在树下泊了片刻,岸上很湿,我们没有上去。朋友说这里是"鸟的天堂",有许多鸟在这棵树上做窝,农民不许人去捉它们。我仿佛听见几只鸟扑翅的声音,但是等到我的眼睛注意地看那里时,我却看不见一只鸟的影子。只有无数的树根立在地上,像许多根木桩。地是湿的,大概涨潮时河水常常冲上岸去。"鸟的天堂"里没有一只鸟,我这样想到。船开了,一个朋友拨着船,缓缓地流到河中间去。

第二天,我们划着船到一个朋友的家乡去,就是那个有山有塔的地方。从学校出发,我们又经过那"鸟的

tiāntáng".
天堂"。

  Zhè yī cì shì zài zǎo·chén, yángguāng zhào zài shuǐmiàn·shàng, yě zhào zài
  这 一 次 是 在 早晨， 阳光 照 在 水面 上， 也 照 在
shùshāo·shàng. Yīqiè dōu // xiǎn·dé fēicháng guāngmíng. Wǒmen de chuán yě zài
树梢 上。一切 都 // 显得 非常 光明。 我们 的 船 也 在
shù·xià bóle piànkè.
树 下 泊了 片刻。

  Qǐchū sìzhōuwéi fēicháng qīngjìng. Hòulái hūrán qǐle yī shēng niǎojiào. Wǒmen
  起初 四周围 非常 清静。 后来 忽然 起了 一 声 鸟叫。 我们
bǎ shǒu yī pāi, biàn kàn·jiàn yī zhī dàniǎo fēile qǐ·lái, jiēzhe yòu kàn·jiàn dì-èr
把 手 一 拍， 便 看见 一 只 大鸟 飞了 起来， 接着 又 看见 第二
zhī, dì-sān zhī. Wǒmen jìxù pāizhǎng, hěn kuài de zhège shùlín jiù biàn de hěn rènao
只，第三 只。我们 继续 拍掌， 很 快 地 这个 树林 就 变 得 很 热闹
le. Dàochù dōu shì niǎo shēng, dàochù dōu shì niǎo yǐng. Dà de, xiǎo de, huā de,
了。到处 都 是 鸟 声， 到处 都 是 鸟 影。大 的，小 的，花 的，
hēi de, yǒude zhàn zài zhī·shàng jiào, yǒude fēi qǐ·lái, zài pū chìbǎng.
黑 的， 有的 站 在 枝 上 叫， 有的 飞 起来， 在 扑 翅膀。

——节选自巴金《鸟的天堂》

🔊 作品38号——《夜间飞行的秘密》

扫码听范读

  [**朗读提示**]本文讲述了科学家经过反复实验,揭开了蝙蝠在夜间安全飞行的奥秘,并从中受到启发,发明雷达的过程。朗读时,要注意生动描述整个实验过程,调动听众的参与感。语音方面注意"铃铛""蝙蝠""超声波"等的发音。

  Liǎngbǎi duō nián qián, kēxuéjiā zuòle yī cì shíyàn. Tāmen zài yī jiān wūzi·lǐ
  两百 多 年 前， 科学家 做了 一 次 实验。 他们 在 一 间 屋子 里
héngqī-shùbā de lāle xǔduō shéngzi, shéngzi·shàng jìzhe xǔduō língdang, ránhòu bǎ
横七竖八 地 拉了 许多 绳子， 绳子 上 系着 许多 铃铛， 然后 把
biānfú de yǎnjing méng·shàng, ràng tā zài wūzi·lǐ fēi. Biānfú fēile jǐ gè
蝙蝠 的 眼睛 蒙上， 让 它 在 屋子 里 飞。 蝙蝠 飞了 几 个
zhōngtóu, língdang yī gè yě méi xiǎng, nàme duō de shéngzi, tā yī gēn yě méi
钟头， 铃铛 一 个 也 没 响， 那么 多 的 绳子， 它 一 根 也 没
pèngzháo.
碰着。

  Kēxuéjiā yòu zuòle liǎng cì shíyàn: yī cì bǎ biānfú de ěrduo sāi·shàng, yī cì
  科学家 又 做了 两 次 实验：一次 把 蝙蝠 的 耳朵 塞上， 一次
bǎ biānfú de zuǐ fēngzhù, ràng tā zài wūzi·lǐ fēi. Biānfú jiù xiàng méitóu-cāngying
把 蝙蝠 的 嘴 封住， 让 它 在 屋子 里 飞。蝙蝠 就 像 没头苍蝇

似的到处乱撞,挂在绳子上的铃铛响个不停。

三次实验的结果证明,蝙蝠夜里飞行,靠的不是眼睛,而是靠嘴和耳朵配合起来探路的。

后来,科学家经过反复研究,终于揭开了蝙蝠能在夜里飞行的秘密。它一边飞,一边从嘴里发出超声波。而这种声音,人的耳朵是听不见的,蝙蝠的耳朵却能听见。超声波向前传播时,遇到障碍物就反射回来,传到蝙蝠的耳朵里,它就立刻改变飞行的方向。

知道蝙蝠在夜里如何飞行,你猜到飞机夜间飞行的秘密了吗?现代飞机上安装了雷达,雷达的工作原理与蝙蝠探路类似。雷达通过天线发出无线电波,无线电波遇到障碍物就反射回来,被雷达接收到,显示在荧光屏上。从雷达的荧光屏上,驾驶员能够清楚地看到前方有没有障碍物,所//以飞机飞行就更安全了。

——节选自《夜间飞行的秘密》

作品 39 号——《一幅名扬中外的画》

[朗读提示]本文讲述的是北宋画家张择端的《清明上河图》,它是中国十大传世名画之一。画中场景非常宏大,人物众多,描摹细腻,动作逼真,形态各异。朗读时,语言要生动自然,富有画面感。语音方面注意数字、易错字词的读法,如"五百二十八""汴梁""作坊""一乘轿子"等。

北宋时候,有位画家叫张择端。他画了一幅名扬中外的画《清明上河图》。这幅画长五百二十八厘米，高二十四点八厘米，画的是北宋都城汴梁热闹的场面。这幅画已经有八百多年的历史了，现在还完整地保存在北京的故宫博物院里。

张择端画这幅画的时候，下了很大的功夫。光是画上的人物，就有五百多个：有从乡下来的农民，有撑船的船工，有做各种买卖的生意人，有留着长胡子的道士，有走江湖的医生，有摆小摊的摊贩，有官吏和读书人，三百六十行，哪一行的人都画在上面了。

画上的街市可热闹了。街上有挂着各种招牌的店铺、作坊、酒楼、茶馆，走在街上的，是来来往往、形态各异的人：有的骑着马，有的挑着担，有的赶着毛驴，有的推着独轮车，有的悠闲地在街上溜达。画面上的这些人，有的不到一寸，有的甚至只有黄豆那么大。别看画上的人小，每个人在干什么，都能看得清清楚楚。

最有意思的是桥北头的情景：一个人骑着马，正往桥下走。因为人太多，眼看就要碰上对面来的一乘轿子。就在这个紧急时刻，那个牧马人一下子拽住了马笼头，这才没碰上那乘轿子。不过，这么一来，倒把马右边的//两头小毛驴吓得又踢又跳。站在桥栏杆边欣赏风景的人，被小毛驴惊扰了，连忙回过头来赶小毛驴。你看，张择端画的画，是多么传神啊！

《清明上河图》使我们看到了八百年以前的古都风貌，看到了当时普通老百姓的生活场景。

——节选自滕明道《一幅名扬中外的画》

🔊 作品40号——《一粒种子造福世界》

[**朗读提示**]袁隆平怀揣"让天下人都有饱饭吃"的宏愿，毕其一生，专注田畴。为民生计，袁老无愧侠之大者、国之仁士。朗读此篇作品应心怀感恩，注意复述袁隆平的话时，语气要朴实、笃定。语音方面注意前鼻音和后鼻音的区别。

二〇〇〇年，中国第一个以科学家名字<u>命名</u>的股票"隆平高科"上市。八年后，名誉董事长袁隆平所持有的股份以市值计算已经过亿。从此，袁隆平又多了个"首富科学家"的名号。而他身边的学生和工作人员，却很难把这位老人和"<u>富翁</u>"联系起来。

"他哪里有富人的样子。"袁隆平的学生们笑着议论。在学生们的印象里，袁老师永远黑黑瘦瘦，穿一件软塌塌的衬衣。在一次会议上，袁隆平坦言："不错，我身价二〇〇八年就一千零八亿了，可我真的有那么多钱吗？没有。我现在就是靠每个月六千多元的工资生活，已经很满足了。我今天穿的衣服就五十块钱，但我喜欢的还是昨天穿的那件十五块钱的衬衫，穿着很精神。"袁隆平认为，"一个人的时间和精力是有限的，如果老想着享受，哪有心思搞科研？搞科学研究就是要淡泊名利，踏实做人"。

在工作人员眼中，袁隆平其实就是一位身板硬朗的"人民农学家"，"老人下田从不要人搀扶，拿起套鞋，脚一蹬就走"。袁隆平说："我有八十岁的年龄，五十多岁的身体，三十多岁的心态，二十多岁的肌肉弹性。"袁隆平的业余生活非常丰富，钓鱼、打排球、听音乐……他说，就是喜欢这些//不花钱的平民项目。

二〇一〇年九月，袁隆平度过了他的八十岁生日。当时，他许了个愿：到九十岁时，要实现亩产一千公斤！如果全球百分之五十的稻田种植杂交水稻，每年可增产一点五亿吨粮食，可多养活四亿到五亿人口。

——节选自刘畅《一粒种子造福世界》

作品41号——《颐和园》

扫码听范读

[朗读提示]本文描绘了北京颐和园的美丽景观，层次清楚，首尾呼应，语言生动优美，处处洋溢着作者对颐和园的赞美之情。朗读时，语气明快，仿佛带着听众在浏览颐和园，每到一处，用语调的变化表现出园内场景的转换。语音方面注意易错字词的读音，如"横槛""画舫""远眺"等。

北京的颐和园是个美丽的大公园。

进了颐和园的大门，绕过大殿，就来到有名的长廊。绿漆的柱子，红漆的栏杆，一眼望·不到头。这条长廊有七百多米长，分成二百七十三间。每一间的横槛·上都有五彩的画，画着人物、花草、风景，几千幅画没有哪两幅是相同的。长廊两旁栽满了花木，这一种花还没谢，那一种花又开了。微风从左边的昆明湖上吹来，使人神清气爽。

走完长廊，就来到了万寿山脚下。抬头一看，一座八角宝塔形的三层建筑耸立在半山腰上，黄色的<u>琉璃瓦</u>闪闪发光。那就是佛香阁。下面的一排排金碧辉煌的宫殿，就是排云殿。

登上万寿山，站在佛香阁的前面向下望，颐和园的景色大半收在眼底。<u>葱郁</u>的树<u>丛</u>，掩映着黄的绿的琉璃瓦屋顶和朱红的宫墙。正前面，昆明湖静得像一面镜子，绿得像一块碧玉。游船、<u>画舫</u>在湖面慢慢地滑过，几乎不留一点儿<u>痕迹</u>。向东远眺，隐隐约约可以望见几座古老的城楼和城里的白塔。

从万寿山下来，就是昆明湖。昆明湖围着长长的<u>堤岸</u>，堤上有好几座式样不同的石桥，两岸栽着数不清的垂柳。湖中心有个小岛，远远望去，岛上一片葱绿，树<u>丛</u>中<u>露</u>出宫殿的一角。// 游人走过长长的石桥，就可以去小岛上玩儿。这座石桥有十七个桥洞，叫十七孔桥。桥栏杆上有上百根石柱，柱子上都雕刻着小狮子。这么多的狮子，姿态不一，没有哪两只是相同的。

颐和园 到处 有 美丽 的 景色，说 也 说不尽，希望 你 有 机会
去 细细 游赏。

——节选自袁鹰《颐和园》

作品 42 号——《忆读书》

[朗读提示]作者冰心在这篇文章中以自己的亲身经历讲述了有关读书的问题,并在结尾告诉小朋友:"读书好,多读书,读好书。"朗读时,回忆部分要读出叙述感,娓娓道来,最后一句气徐声柔,体现出对小朋友的关心和爱护。语音部分注意韵母为 o、e、u 的字音。

一 谈到 读书，我 的 话 就 多 了！

我 自从 会 认 字 后 不 到 几 年，就 开始 读 书。倒 不 是 四 岁 时 读 母亲 给 我 的 商务 印书馆 出版 的 国文 教科书 第一 册 的 "天、地、日、月、山、水、土、木" 以后 的 那 几 册，而 是 七 岁 时 开始 自己 读 的 "话 说 天下 大势，分 久 必 合，合 久 必 分……" 的 《三 国 演义》。

那时，我 的 舅父 杨 子敬 先生 每 天 晚饭 后 必 给 我们 几 个 表兄妹 讲 一 段 《三 国 演义》，我 听 得 津津有味， 什么 "宴 桃园 豪杰 三 结义，斩 黄巾 英雄 首 立功"，真是 好听 极了。但是 他 讲了 半 个 钟头， 就 停 下 去 干 他 的 公事 了。我 只好 带着 对于 故事 下文 的 无限 悬念， 在 母亲 的 催促 下，含泪 上 床。

此后，我 决定 咬了 牙，拿起 一 本《三 国 演义》来，自己 一知半解 地 读了 下去，居然 越 看 越 懂，虽然 字音 都 读 得 不 对，比如 把

"凯"念作"岂",把"诸"念作"者"之类,因为我只学过那个字一半部分。

谈到《三国演义》,我第一次读到关羽死了,哭了一场,把书丢下了。第二次再读到诸葛亮死了,又哭了一场,又把书丢下了,最后忘了是什么时候才把全书读到"分久必合"的结局。

这时我同时还看了母亲针线笸箩里常放着的那几本《聊斋志异》,聊斋故事是短篇的,可以随时拿起放下,又是文言的,这对于我的//作文课很有帮助,因为老师曾在我的作文本上批着"柳州风骨,长吉清才"的句子,其实我那时还没有读过柳宗元和李贺的文章,只因那时的作文,都是用文言写的。

书看多了,从中也得到一个体会,物怕比,人怕比,书也怕比,"不比不知道,一比吓一跳"。

因此,某年的六一国际儿童节,有个儿童刊物要我给儿童写几句指导读书的话,我只写了九个字,就是:

读书好,多读书,读好书。

——节选自冰心《忆读书》

作品43号——《阅读大地的徐霞客》

[朗读提示]本文讲述了徐霞客不畏艰险,考察祖国山川地貌,写成《徐霞客游记》的故事,歌颂了他锲而不舍、求真求实的科学研究精神。朗读时,应体现出对徐霞客淡泊

名利、吃苦耐劳，为了达到目标永不放弃的伟大精神的赞扬。本文中易错字词较多，请注意标记，有意识地反复朗读，直至准确无误。

徐霞客是明朝末年的一位奇人。他用双脚，一步一步地走遍了半个中国大陆，游览过许多名山大川，经历过许多奇人异事。他把游历的观察和研究记录下来，写成了《徐霞客游记》这本千古奇书。

当时的读书人，都忙着追求科举功名，抱着"十年寒窗无人问，一举成名天下知"的观念，埋头于经书之中。徐霞客却<u>卓尔不群</u>，醉心于古今<u>史籍</u>及地志、山海图经的收集和研读。他发现此类书籍很少，记述<u>简略</u>且多有相互矛盾之处，于是他立下雄心壮志，要走遍天下，亲自考察。

此后三十多年，他与长风为伍，云雾为伴，<u>行程</u>九万里，历尽千辛万苦，获得了大量第一手考察资料。徐霞客日间<u>攀</u>险峰，涉<u>危涧</u>，晚上就是再疲劳，也一定录下当日见闻。即使荒野<u>露宿</u>，<u>栖身</u>洞穴，也要"<u>燃松拾穗</u>，走笔为记"。

徐霞客的时代，没有火车，没有汽车，没有飞机，他所去的许多地方连道路都没有，加上明朝末年治安不好，<u>盗匪</u>横行，长途<u>旅行</u>是非常艰苦又非常危险的事。有一次，他和三个同伴到西南地区，沿路考察石灰岩地形和长江源流。走了二十天，一个同伴<u>难耐</u>旅途劳顿，不辞而别。到了<u>衡阳</u>附近又遭遇土匪抢劫，财物尽失，还险//些 被 杀害。好不容易 到了 南宁，另 一 个 同伴 不幸 病死，徐 霞客 忍痛 继续 西行。到了 大理，最后 一 个 同伴 也 因为 吃不了 苦，偷偷 地 走 了，还 带走了 他 仅 存 的 行囊。但是，他 还是 坚持 目标，继续 他 的 研究 工作，最后 找到了 答案，推翻 历史上 的 错误，证明 长 江 的 源流 不是 岷 江 而是 金沙 江。

——节选自《阅读大地的徐霞客》

作品 44 号——《纸的发明》

[朗读提示] 本文介绍了中国古代四大发明之一造纸术，讲述了造纸术的发明过程、传播及影响，赞颂了蔡伦等古代人民的聪明才智，说明了造纸术对世界文明的伟大贡献。朗读时，前四个自然段语气平实，最后一个自然段带要有自豪的语气。语音方面注意多音字的读法，如"盛放""薄片"等。

造纸术 的 发明，是 中国 对 世界 文明 的 伟大 贡献 之一。早 在 几千 年 前，我们 的 祖先 就 创造了 文字。可 那 时候 还 没有 纸，要 记录 一 件 事情，就 用 刀 把 文字 刻 在 龟甲 和 兽骨 上，或者 把 文字 铸刻 在 青铜器 上。后来，人们 又 把 文字 写 在 竹片 和 木片 上。这些 竹片、木片 用 绳子 穿 起来，就 成了 一 册 书。但是，这 种 书 很 笨重，阅读、携带、保存 都 很 不 方便。古时候 用 "学富五车" 形容 一 个 人 学问 高，是 因为 书 多 的 时候 需要 用 车 来 拉。再 后来，有了 蚕丝 织成 的 帛，就 可以 在 帛 上 写 字 了。帛比 竹片、木片 轻便，但是 价 钱 太 贵，只有 少数 人 能 用，不 能 普及。

人们用蚕茧制作丝绵时发现，盛放蚕茧的篾席上，会留下一层薄片，可用于书写。考古学家发现，在两千多年前的西汉时代，人们已经懂得了用麻来造纸。但麻纸比较粗糙，不便书写。

大约在一千九百年前的东汉时代，有个叫蔡伦的人，吸收了人们长期积累的经验，改进了造纸术。他把树皮、麻头、稻草、破布等原料剪碎或切断，浸在水里捣烂成浆；再把浆捞出来晒干，就成了一种既轻便又好用的纸。用这种方法造的纸，原料容易得到，可以大量制造，价格又便宜，能满足多数人的需要，所//以这种造纸方法就传承下来了。

我国的造纸术首先传到邻近的朝鲜半岛和日本，后来又传到阿拉伯世界和欧洲，极大地促进了人类社会的进步和文化的发展，影响了全世界。

——节选自《纸的发明》

作品45号——《中国的宝岛——台湾》

扫码听范读

[朗读提示]本文介绍了中国宝岛台湾的概貌，具有客观性，但又融入了作者对台湾的赞美之情。朗读时，语气平稳，但又饱含着热爱的感情。语音部分注意数字以及多音字的读法。如"一百四十多公里""地处""山脉""提供"等。

中国的第一大岛、台湾省的主岛台湾，位于中国大陆架的东南方，地处东海和南海之间，隔着台湾海峡和大陆相望。天气晴朗的时候，站在福建沿海较高的地方，就可以隐隐约约地望见岛上的高山和云朵。

台湾岛形状狭长，从东到西，最宽处只有一百四十多公里；由南至北，最长的地方约有三百九十多公里。地形像一个纺织用的梭子。

台湾岛上的山脉纵贯南北，中间的中央山脉犹如全岛的脊梁。西部为海拔近四千米的玉山山脉，是中国东部的最高峰。全岛约有三分之一的地方是平地，其余为山地。岛内有缎带般的瀑布，蓝宝石似的湖泊，四季常青的森林和果园，自然景色十分优美。西南部的阿里山和日月潭，台北市郊的大屯山风景区，都是闻名世界的游览胜地。

台湾岛地处热带和温带之间，四面环海，雨水充足，气温受到海洋的调剂，冬暖夏凉，四季如春，这给水稻和果木生长提供了优越的条件。水稻、甘蔗、樟脑是台湾的"三宝"。岛上还盛产鲜果和鱼虾。

台湾岛还是一个闻名世界的"蝴蝶王国"。岛上的蝴蝶共有四百多个品种，其中有不少是世界稀有的珍贵品种。岛上还有不少鸟语花香的蝴//蝶谷，岛上居民利用蝴蝶制作的标本和艺术品，远销许多国家。

——节选自《中国的宝岛——台湾》

作品 46 号——《中国的牛》

[朗读提示]本文赞美了牛的品格:永远踏踏实实地、默默地工作,平心静气。朗读时,声音可以稍沉缓,在朴实的语气中表达出对牛的赞美,但不能太夸张,要把握好分寸。语音方面注意易错字词的字音,如"田垄""阡陌""踟蹰"等。

对于中国的牛,我有着一种特别尊敬的感情。

留给我印象最深的,要算在田垄上的一次"相遇"。

一群朋友郊游,我领头在狭窄的阡陌上走,怎料迎面来了几头耕牛,狭道容不下人和牛,终有一方要让路。它们还没有走近,我们已经预计斗不过畜牲,恐怕难免踩到田地泥水里,弄得鞋袜又泥又湿了。正踟蹰的时候,带头的一头牛,在离我们不远的地方停下来,抬起头看看,稍迟疑一下,就自动走下田去。一队耕牛,全跟着它离开阡陌,从我们身边经过。

我们都呆了,回过头来,看着深褐色的牛队,在路的尽头消失,忽然觉得自己受了很大的恩惠。

中国的牛,永远沉默地为人做着沉重的工作。在大地上,在晨光或烈日下,它拖着沉重的犁,低头一步又一步,拖出了身后一列又一列松土,好让人们下种。等到满地金黄或农闲时候,它可能还得担当搬运负重的工作;或终日绕着石磨,朝同一方向,走不

jìchéng de lù.
计程的路。

Zài tā chénmò de láodòng zhōng, rén biàn dédào yīng dé de shōucheng.
在它沉默的劳动中,人便得到应得的收成。

Nà shíhou, yěxǔ, tā kěyǐ sōng yī jiān zhòngdàn, zhàn zài shù·xià, chī jǐ kǒu
那时候,也许,它可以松一肩重担,站在树下,吃几口
nèn cǎo. Ǒu'ěr yáoyao wěiba, bǎibai ěrduo, gǎnzǒu fēifù shēn·shàng de cāngying,
嫩草。偶尔摇摇尾巴,摆摆耳朵,赶走飞附身上的苍蝇,
yǐ·jīng suàn shì tā zuì xiánshì de shēnghuó le.
已经算是它最闲适的生活了。

Zhōngguó de niú, méi·yǒu chéngqún bēnpǎo de xí // guàn, yǒngyuǎn
中国的牛,没有成群奔跑的习//惯,永远
chénchénshíshí de, mòmò de gōngzuò, píngxī nìngqì. Zhè jiùshì Zhōngguó de niú!
沉沉实实地,默默地工作,平心静气。这就是中国的牛!

——节选自(香港)小思《中国的牛》

🔊 作品 47 号——《中国石拱桥》

[朗读提示]本文以赵州桥为例,介绍了我国石拱桥在设计和施工上的独特创造以及不朽的艺术价值。朗读时,语气中应包含对我国古代劳动人民的敬佩之情。语音方面注意上声的发音,先降然后再扬起。

Shígǒngqiáo de qiáodòng chéng húxíng, jiù xiàng hóng. Gǔdài shénhuà·lǐ shuō,
石拱桥的桥洞成弧形,就像虹。古代神话里说,
yǔhòu cǎihóng shì "rénjiān tiān·shàng de qiáo", tōngguò cǎihóng jiù néng shàng tiān.
雨后彩虹是"人间天上的桥",通过彩虹就能上天。
Wǒguó de shīrén ài bǎ gǒngqiáo bǐzuò hóng, shuō gǒngqiáo shì "wòhóng" "fēihóng",
我国的诗人爱把拱桥比作虹,说拱桥是"卧虹""飞虹",
bǎ shuǐ·shàng gǒngqiáo xíngróng wéi "chánghóng-wòbō".
把水上拱桥形容为"长虹卧波"。

Wǒguó de shígǒngqiáo yǒu yōujiǔ de lìshǐ. 《Shuǐjīngzhù》·lǐ tídào de
我国的石拱桥有悠久的历史。《水经注》里提到的
"Lǚrénqiáo", dàyuē jiànchéng yú gōngyuán èr bā èr nián, kěnéng shì yǒu jìzǎi de zuì
"旅人桥",大约建成于公元二八二年,可能是有记载的最
zǎo de shígǒngqiáo le. Wǒguó de shígǒngqiáo jīhū dàochù dōu yǒu. Zhèxiē qiáo
早的石拱桥了。我国的石拱桥几乎到处都有。这些桥
dàxiǎo bùyī, xíngshì duōyàng, yǒu xǔduō shì jīngrén de jiézuò. Qízhōng zuì zhùmíng
大小不一,形式多样,有许多是惊人的杰作。其中最著名
de dāng tuī Héběi shěng Zhào Xiàn de Zhàozhōuqiáo.
的当推河北省赵县的赵州桥。

Zhàozhōuqiáo fēicháng xióngwěi, quán cháng wǔshí diǎn bā èr mǐ. Qiáo de shèjì
赵州桥 非常 雄伟，全 长 五十 点 八 二 米。桥 的 设计
wánquán héhū kēxué yuánlǐ, shīgōng jìshù gèng shì qiǎomiào juélún. Quán qiáo zhǐ
完全 合乎 科学 原理，施工 技术 更 是 巧妙 绝伦。全 桥 只
yǒu yī gè dà gǒng, cháng dá sānshíqī diǎn sì mǐ, zài dāngshí kěsuàn shì shìjiè•shàng
有 一 个 大 拱， 长 达 三十七 点 四 米，在 当时 可算 是 世界 上
zuì cháng de shígǒng. Qiáodòng bù shì pǔtōng bànyuánxíng, érshì xiàng yī zhāng
最 长 的 石拱。 桥洞 不 是 普通 半圆形， 而是 像 一 张
gōng, yīn'ér dà gǒng shàng•miàn de dàolù méi•yǒu dǒupō, biànyú chēmǎ shàngxià.
弓， 因而 大 拱 上面 的 道路 没有 陡坡， 便于 车马 上下。
Dà gǒng de liǎngjiān•shàng, gè yǒu liǎng gè xiǎo gǒng. Zhège chuàngzàoxìng de
大 拱 的 两肩 上， 各 有 两 个 小 拱。 这个 创造性 的
shèjì, búdàn jiéyuēle shíliào, jiǎnqīngle qiáoshēn de zhòngliàng, érqiě zài héshuǐ
设计，不但 节约了 石料， 减轻了 桥身 的 重量， 而且 在 河水
bàozhǎng de shíhou, hái kěyǐ zēngjiā qiáodòng de guòshuǐliàng, jiǎnqīng hóngshuǐ duì
暴涨 的 时候， 还 可以 增加 桥洞 的 过水量， 减轻 洪水 对
qiáoshēn de chōngjī. Tóngshí, gǒng•shàng jiā gǒng, qiáoshēn yě gèng měiguān. Dà
桥身 的 冲击。 同时， 拱 上 加拱， 桥身 也 更 美观。大
gǒng yóu èrshíbā dào gǒngquān pīnchéng, jiù xiàng zhème duō tóngyàng xíngzhuàng
拱 由 二十八 道 拱圈 拼成， 就 像 这么 多 同样 形状
de gōng hélǒng zài yīqǐ, zuòchéng yī gè húxíng de qiáodòng. Měi dào gǒngquān dōu
的 弓 合拢 在 一起， 做成 一 个 弧形 的 桥洞。 每 道 拱圈 都
néng dúlì zhīchēng shàng•miàn de zhòngliàng, yī dào huài le, qí//tā gè dào bùzhì
能 独立 支撑 上面 的 重量， 一 道 坏 了， 其//他 各 道 不致
shòudào yǐngxiǎng. Quán qiáo jiégòu yúnchèn, hé sìzhōu jǐngsè pèihé de shífēn héxié;
受到 影响。 全 桥 结构 匀称， 和 四周 景色 配合 得 十分 和谐；
qiáo•shàng de shílán shíbǎn yě diāokè de gǔpǔ měiguān. Zhàozhōuqiáo gāodù de
桥 上 的 石栏 石板 也 雕刻 得 古朴 美观。 赵州桥 高度 的
jìshù shuǐpíng hé bùxiǔ de yìshù jiàzhí, chōngfèn xiǎnshìle wǒguó láodòng rénmín de
技术 水平 和 不朽 的 艺术 价值， 充分 显示了 我国 劳动 人民 的
zhìhuì hé lì•liàng.
智慧 和 力量。

——节选自茅以升《中国石拱桥》

🔊 作品48号——《"住"的梦》

[朗读提示]这是一篇充满诗情画意的随笔,朗读时要展开想象的翅膀,用亲切的声音、富有韵律而又稍夸张的语调,表现出作者的梦想。语音部分注意声母为m、n、l的字音区别。

不管我的**梦想**能否成为事实，说出来总是**好玩儿**的：

　　春天，我将要住在杭州。二十年前，旧历的二月初，在西湖我看见了**嫩柳**与菜花，**碧浪**与翠竹。由我看到的那点儿春光，已经可以断定，杭州的春天必定会**教人**整天生活在诗与图画之中。所以，春天我的家应当是在杭州。

　　夏天，我想青城山应当算作最理想的地方。在那里，我虽然只住过十天，可是它的幽静已**拴住了**我的心灵。在我所看见过的山水中，只有这里没有使我失望。到处都是绿，目之所及，那片淡而**光润**的绿色都在轻轻地**颤动**，仿佛要流入空中与心中似的。这个绿色会像音乐，**涤清了**心中的万虑。

　　秋天一定要住北平。天堂是什么样子，我不知道，但是从我的生活经验去判断，北平之秋便是天堂。论天气，不冷不热。论吃的，苹果、梨、柿子、**枣儿**、葡萄，每样都有若干种。论花草，菊花种类之多，花式之奇，可以甲天下。西山有红叶可见，北海可以划船——虽然荷花已残，荷叶可还有一片清香。衣食住行，在北平的秋天，是没有一项不使人满意的。

　　冬天，我还没有打好**主意**，成都或者相当地合适，

suīrán bìng bù zěnyàng hénuǎn, kěshì wèile shuǐxiān, sù xīn làméi, gè sè de cháhuā,
虽然 并 不 怎样 和暖， 可是 为了 水仙， 素 心 腊梅， 各 色 的 茶花，
fǎngfú jiù shòu yīdiǎnr hán // lěng, yě pō zhí·dé qù le. Kūnmíng de huā yě duō,
仿佛 就 受 一点儿 寒 // 冷， 也 颇 值得 去 了。 昆明 的 花 也 多，
érqiě tiānqì bǐ Chéngdū hǎo, kěshì jiù shūpù yǔ jīngměi ér piányi de xiǎochī yuǎn bù
而且 天气 比 成都 好， 可是 旧 书铺 与 精美 而 便宜 的 小吃 远 不
jí Chéngdū nàme duō. Hǎo ba, jiù zàn zhème guīdìng: dōngtiān bù zhù Chéngdū biàn
及 成都 那么 多。 好 吧， 就 暂 这么 规定： 冬天 不 住 成都 便
zhù Kūnmíng ba.
住 昆明 吧。

——节选自老舍《"住"的梦》

作品 49 号——《走下领奖台，一切从零开始》

扫码听范读

[朗读提示]成绩只能代表过去，并不能说明未来。一切从零开始，是勇气，更是智慧。本文赞扬了中国女排队员坚持不懈地训练，坚定为国争光的信念，勇于突破自我的体育精神。朗读时，应利落果敢，展现出女排队员积极奋发的精神风貌。本文长句较多，练习时注意断句准确，节奏平稳，不要为了读完一句话而赶节奏。

Zài Běijīng Shì Dōngchéng Qū zhùmíng de Tiāntán Gōngyuán dōngcè, yǒu yī piàn
在 北京 市 东城 区 著名 的 天坛 公园 东侧， 有 一 片
zhàn dì miànjī jìn èrshí wàn píngfāngmǐ de jiànzhù qūyù, dàdàxiǎoxiǎo de shí yú
占 地 面积 近 二十 万 平方米 的 建筑 区域， 大大小小 的 十 余
dòng xùnliànguǎn zuòluò qíjiān. Zhè·lǐ jiù shì Guójiā Tǐyù Zǒngjú Xùnliànjú. Xǔduō
栋 训练馆 坐落 其间。 这里 就 是 国家 体育 总局 训练局。 许多
wǒmen ěrshú-néngxiáng de Zhōngguó tǐyù míngxīng dōu céng zài zhè·lǐ huīhàn-rúyǔ,
我们 耳熟能详 的 中国 体育 明星 都 曾 在 这里 挥汗如雨，
kèkǔ liànxí.
刻苦 练习。

Zhōngguó nǚpái de yī tiān jiù shì zài zhè·lǐ kāishǐ de.
中国 女排 的 一 天 就 是 在 这里 开始 的。
Qīngchén bā diǎn zhōng, nǚpái duìyuánmen zǎoyǐ jíhé wánbì, zhǔnbèi kāishǐ
清晨 八 点 钟， 女排 队员们 早已 集合 完毕， 准备 开始
yītiān de xùnliàn. Zhǔjiàoliàn Láng Píng zuò zài chǎng wài chángyǐ·shàng,
一天 的 训练。 主教练 郎 平 坐 在 场 外 长椅 上，
mùbùzhuǎnjīng de zhùshìzhe gēnsuí zhùlǐ jiàoliànmen zuò rèshēn yùndòng de
目不转睛 地 注视着 跟随 助理 教练们 做 热身 运动 的
duìyuánmen, tā shēnbiān de zuòwèi·shàng zé héngqī-shùbā de duīfàngzhe nǚpái
队员们， 她 身边 的 座位 上 则 横七竖八 地 堆放着 女排
gūniangmen de gè shì yòngpǐn: shuǐ、 hùjù、 bēibāo, yǐjí gè zhǒng wàihángrén
姑娘们 的 各式 用品： 水、 护具、 背包， 以及 各 种 外行人

叫不出名字的东西。不远的墙上悬挂着一面鲜艳的国旗,国旗两侧是"顽强拼搏"和"为国争光"两条红底黄字的横幅,格外醒目。

"走下领奖台,一切从零开始"十一个大字和国旗遥遥相望,姑娘们训练之余偶尔一瞥就能看到。只要进入这个训练馆,过去的鲜花、掌声与荣耀皆成为历史,所有人都只是最普通的女排队员。曾经的辉煌、骄傲、胜利,在踏入这间场馆的瞬间全部归零。

踢球跑、垫球跑、夹球跑……这些对普通人而言和杂技差不多的项目是女排队员们必须熟练掌握的基本技能。

接下来//的任务是小比赛。郎平将队员们分为几组,每一组由一名教练监督,最快完成任务的小组会得到一面小红旗。

看着这些年轻的姑娘们在自己的眼前来来去去,郎平的思绪常飘回到三十多年前。那时风华正茂的她是中国女排的主攻手,她和队友们也曾在这间训练馆里夜以继日地并肩备战。三十多年来,这间训练馆从内到外都发生了很大的变化:原本粗糙的地面变成了光滑的地板,训练用的仪器越来越先进,中国女排的团队中甚至还出现了几张陌生的外国面孔……但时光荏苒,不变的是这支队伍对排球的热爱和"顽强

pīnbó, wèi guó zhēngguāng" de chūxīn.
拼搏，为国争光"的初心。

——节选自宋元明《走下领奖台，一切从零开始》

🔊 作品 50 号——《最糟糕的发明》

[朗读提示]这是一篇告诫人们要保护生态环境的文章，既有对事件的讲述，又有对客观道理的说明。朗读时要有所区别：讲述事件时，语气充满好奇，而说明客观道理时，语气沉稳、坚定。语音方面注意舌尖前音和舌尖后音的区别，以及专业词语的发音。

Zài yī cì míngrén fǎngwèn zhōng, bèi wèn jí shàng gè shìjì zuì zhòngyào de
在一次名人访问中，被问及上个世纪最重要的
fāmíng shì shénme shí, yǒu rén shuō shì diànnǎo, yǒu rén shuō shì qìchē, děngděng.
发明是什么时，有人说是电脑，有人说是汽车，等等。
Dàn Xīnjiāpō de yī wèi zhīmíng rénshì què shuō shì lěngqìjī. Tā jiěshì, rúguǒ méi·yǒu
但 新加坡的一位知名人士却说是冷气机。他解释，如果没有
lěngqì, rèdài dìqū rú Dōngnán Yà guójiā, jiù bù kěnéng yǒu hěn gāo de shēngchǎnlì,
冷气，热带地区如东南亚国家，就不可能有很高的生产力，
jiù bù kěnéng dádào jīntiān de shēnghuó shuǐzhǔn. Tā de huídá shíshì-qiúshì,
就不可能达到今天的生活水准。他的回答实事求是，
yǒulǐ-yǒujù.
有理有据。

Kànle shàngshù bàodào, wǒ tūfā qí xiǎng: wèi shénme méi·yǒu jìzhě wèn:
看了上述报道，我突发奇想：为什么没有记者问：
"Èrshí shìjì zuì zāogāo de fāmíng shì shénme?" Qíshí èr líng líng èr nián shíyuè
"二十世纪最糟糕的发明是什么？"其实二〇〇二年十月
zhōngxún, Yīngguó de yī jiā bàozhǐ jiù píngchūle "rénlèi zuì zāogāo de fāmíng". Huò
中旬，英国的一家报纸就评出了"人类最糟糕的发明"。获
cǐ "shūróng" de, jiùshì rénmen měi tiān dàliàng shǐyòng de sùliàodài.
此"殊荣"的，就是人们每天大量使用的塑料袋。
Dànshēng yú shàng gè shìjì sānshí niándài de sùliàodài, qí jiāzú bāokuò yòng
诞生于上个世纪三十年代的塑料袋，其家族包括用
sùliào zhìchéng de kuàicān fànhé、bāozhuāngzhǐ、cānyòng bēi pán、yǐnliàopíng、
塑料制成的快餐饭盒、包装纸、餐用杯盘、饮料瓶、
suānnǎibēi、xuěgāobēi děng. Zhèxiē fèiqìwù xíngchéng de lājī, shùliàng duō, tǐjī
酸奶杯、雪糕杯等。这些废弃物形成的垃圾，数量多、体积
dà、zhòngliàng qīng、bù jiàngjiě, gěi zhìlǐ gōngzuò dàilái hěn duō jìshù nántí hé
大、重量轻、不降解，给治理工作带来很多技术难题和
shèhuì wèntí.
社会问题。

比如,散落在田间、路边及草丛中的塑料餐盒,一旦被牲畜吞食,就会危及健康甚至导致死亡。填埋废弃塑料袋、塑料餐盒的土地,不能生长庄稼和树木,造成土地板结,而焚烧处理这些塑料垃圾,则会释放出多种化学有毒气体,其中一种称为二噁英的化合物,毒性极大。

此外,在生产塑料袋、塑料餐盒的过//程中使用的氟利昂,对人体免疫系统和生态环境造成的破坏也极为严重。

——节选自林光如《最糟糕的发明》

第五单元 说 话

第一节 说话概述

说话是普通话水平测试的第四项测试内容,在整个测试中,此项分值最高,比重最大。《普通话水平测试大纲》明确规定,测试说话的目的在于"测查应试人在无文字凭借的情况下说普通话的水平,重点测查语音标准程度、词汇语法规范程度和自然流畅程度"。因而,此项是应试人在日常交往中使用普通话状况最直接的反映。为此,我们对该项内容应给予重视。

一、说话的基本要求

《普通话水平测试大纲》要求,应试人单向说话。如果应试人因紧张或准备不充分而造成语塞、卡壳,主试人可以给以启发和鼓励。这种说话不是完全无准备的即兴讲话,而是脱稿的口语表达。针对这种情况,应试人应达到以下几点要求。

(一)语音标准

说话时,所有音节都达到普通话的标准,即声、韵、调正确,无方音错误。

(二)词汇语法规范

说话的评判标准中有一项很重要,即词汇语法规范。

(三)语速自然流畅

说话应当语速适中,娓娓道来,一些优秀者能滔滔不绝,侃侃而谈。而对于多数人来讲,应自然,不卡壳,不重复,不带口头禅,逻辑清晰,语意连贯、流畅。

(四)口语化

说话本来是一种无文字底稿的即兴讲话,由于是测试,许多人准备了文字材料甚至能够背诵。如果把此项测试变为背诵材料,就会在语音中带上较浓的书面语特色,失掉说话应有的语调和情感,出现背书腔。从本质上讲,脱稿式口语表达并不是毫无准备,而是更高要求的备稿。脱稿,即先把稿件上的文字内容转换成记忆中的信息代码,然后按照一定的规律,将"代码"转化为口头语言。因此,要将原稿中的复句、长句改为短句,将一些拗口的词语改为简单、自然的口语词汇。另外,即使所有内容已熟记于心,也不能操之过急,语速过快。

二、说话前的准备

(一)认真审题

文章的体裁可分为记叙文、议论文等不同的形式。总体来说,命题说话的话题可以分为记叙和议论两大类。在各类中,命题说话又可以按所记、所议的对象不同分为记人、记事、记生活、记所爱的四种"记",以及论人、论事、论物的三种"论"。

由于题目的类型不同,它们的要求也不同。例如记叙说话,要求中心突出、交代清楚、信息丰富。记人的,既要有外貌的描述,也要有精神的描述;写事的,要交代时间、地点、事件的发生、发展和结局。再如议论说话,要求论点明确、论据充分、论证逻辑清晰,无论是立论还是驳论,都不能中途偷换论点。

(二)精心构思

测试普通话水平,是要看应试人使用普通话的准确度和流畅度,并不是口头作文,更不是即兴演讲,对于词语、结构没有过高要求,只要语音正确、语句通顺、逻辑清晰即可。但是,在测试中却有很多人说得很凌乱,东一榔头,西一棒槌,这样不仅使听者吃力,也使自己变得慌乱。应试人应该把素材按某个思路串联起来,方便自己记忆,也容易让测试员听明白。从经验看,采用总—分—总的方式比较好,就是根据题目对某人、某事先说两句,总体概括,然后中间用一些事例加以补充,最后总结几句。这种结构虽然简单,但很实用。

(三)整理定型

素材、结构大致确定好后,最好将其整理成书面材料,然后进行修改。修改时一是要注意词语表意准确,通俗明白,不要选择过于华丽、生僻、拗口的词语,比如"我的这位老师精神矍铄",就可以说成"精神饱满";二是自己容易读错的字词,要逐个查字典定音,反复进行口头练习,强化记忆。

(四)反复练习

整理好说话内容之后,要反复练习,把容易读错的字音、容易断错句的地方多读几次,直到熟练、准确,使书面材料口语化,成为一种纯粹的说话,最后完全脱稿。另外,要注意语速,语速过快或过慢都可能影响成绩。

三、临场发挥

(一)从容自信

单向说话是一种语言氛围比较轻松的表达方式,不要求像演讲那样逻辑严密、慷慨激昂;不要求像朗诵那样声情并茂、感人肺腑;不要求像辩论那样词锋锐利、应变机敏,而是一种围绕某个话题比较自由、松散的言谈形式。因而应试人要调整好心态,好像面对朋友聊天一样,从容自信。如果做了充分准备,就可以坦然自若,娓娓道来。

考场上心情紧张是正常的,关键是要善于调整自己的心态。比如上场前做几次深呼吸,自我暗示:"我已做了充分准备,没有什么可害怕的"。说好第一句话也很重要,开好头,就是给自己一种积极鼓励。另外,不要总想着"时间到了没有,测试员怎么还不让停?"而要完全放开,好像要和测试员一直讲下去,这样反而能打开思路,语句源源不断。

(二)随机应变

在测试中,由于心情紧张或者准备不充分,可能出现失误,这就需要应试人随机应变,迅速调整自己的思路,把话完整、连贯地表达出来。如果忘记了准备的素材,就要马上联想类似素材,转换角度进行表达,不要死记腹稿。有时可能是中间忘词,有时可能因为语速过快造成准备的内容讲完了时间未到,不论发生任何情况,都要沉着冷静,可以对前边说过的内容进行补充或解释,也可以临时增加新的内容。比如谈论"我喜欢的美食",你介绍自己擅长做的一道菜,可能你已将菜做好,但时间未到,这时你就可以讲:"做这道菜的关键是……"

总之,测试时不要过于紧张,一旦有小的失误马上随机应变,避免失分,发挥出自己最好的水平。

第二节 分析话题类型、理清表达思路

为了使应试人在测试时说话有依托,《普通话水平测试实施纲要(2021年版)》提供了50个话题,它们是:

1. 我的一天
2. 老师
3. 珍贵的礼物
4. 假日生活
5. 我喜爱的植物
6. 我的理想(或愿望)
7. 过去的一年
8. 朋友
9. 童年生活
10. 我的兴趣爱好

11. 家乡(或熟悉的地方)
12. 我喜欢的季节(或天气)
13. 印象深刻的书籍(或报刊)
14. 难忘的旅行
15. 我喜欢的美食
16. 我所在的学校(或公司、团队、其他机构)
17. 尊敬的人
18. 我喜爱的动物
19. 我了解的地域文化(或风俗)
20. 体育运动的乐趣
21. 让我快乐的事情
22. 我喜欢的节日
23. 我欣赏的历史人物
24. 劳动的体会
25. 我喜欢的职业(或专业)
26. 向往的地方
27. 让我感动的事情
28. 我喜爱的艺术形式
29. 我了解的十二生肖
30. 学习普通话(或其他语言)的体会
31. 家庭对个人成长的影响
32. 生活中的诚信
33. 谈服饰
34. 自律与我
35. 对终身学习的看法
36. 谈谈卫生与健康
37. 对环境保护的认识
38. 谈社会公德(或职业道德)
39. 对团队精神的理解
40. 谈中国传统文化
41. 科技发展与社会生活
42. 谈个人修养
43. 对幸福的理解
44. 如何保持良好的心态
45. 对垃圾分类的认识
46. 网络时代的生活
47. 对美的看法
48. 谈传统美德
49. 对亲情(或友情、爱情)的理解
50. 小家、大家与国家

看到这50个话题,千万不要慌,也不要误以为这就是要求进行"演讲"或"口头作文"。其实,这些话题不过是为"说话"提供一个切入口而已,避免应试人在考场上不知从何说起。只要学会分析话题类型,对其进行归类与整合,理清每一类话题的思路,举一反三,通过这一测试就很容易。

一、话题类型

经过分析,我们发现,这50个话题都与人们的日常生活密切相关。说话时,我们可以从不同角度、不同侧面进行叙述、议论和说明。练习时,我们可将话题分为记叙描述、说明介绍和议论评说三大类,然后根据不同的类型来理清思路,准备说话的内容。

(一)记叙描述类

1. 我的一天
2. 老师
3. 珍贵的礼物
4. 假日生活

7.过去的一年
8.朋友
9.童年生活
13.印象深刻的书籍(或报刊)
14.难忘的旅行

17.尊敬的人
21.让我快乐的事
23.我欣赏的历史人物
27.让我感动的事

(二)说明介绍类

5.我喜爱的植物
6.我的理想(或愿望)
10.我的兴趣爱好
11.家乡(或熟悉的地方)
12.我喜欢的季节(或天气)
15.我喜欢的美食
16.我所在的学校(或公司、团队、其他机构)
18.我喜爱的动物

19.我了解的地域文化(或风俗)
20.体育运动的乐趣
22.我喜欢的节日
24.劳动的体会
25.我喜欢的职业(或专业)
26.向往的地方
28.我喜爱的艺术形式
29.我了解的十二生肖
46.网络时代的生活

(三)议论评说类

30.学习普通话(或其他语言)的体会
31.家庭对个人成长的影响
32.生活中的诚信
33.谈服饰
34.自律与我
35.对终身学习的看法
36.谈谈卫生与健康
37.对环境保护的认识
38.谈社会公德(或职业道德)
39.对团队精神的理解

40.谈中国传统文化
41.科技发展与社会生活
42.谈个人修养
43.对幸福的理解
44.如何保持良好的心态
45.对垃圾分类的认识
47.对美的看法
48.谈传统美德
49.对亲情(或友情、爱情)的理解
50.小家、大家和国家

以上只是大概的分类。有的题目既可以从说明介绍的角度去说,也可以从记叙描述的角度去说,还可以在说明介绍或记叙描述中穿插议论,这一切都应该按自己的优势、习惯决定。下面,就按上述分类方法谈谈如何理清表达思路。

二、记叙描述类说话的思路

记叙描述类说话就是通过讲述人物、事件,描述环境,反映某种情感或社会生活的说话。

讲述人物时,要选取发生在该人物身上最突出、最感人的事情来讲,抓住人物的外貌、语言、动作、性格等方面的特征进行描述。

讲述事件时,要选取生动具体的、结构完整的、自己熟记的事件来讲,介绍事件发生的时间、地点、原因,事件的发生、发展、结局等,把相关内容说清楚。

记叙描述类说话要注意叙述完整、清楚、详细,对人物、景物、自然环境和社会环境等展开描述,切忌干巴巴地、粗略地、轻描淡写地一带而过。

这一类话题很容易表达,因为涉及的都是应试人亲身经历的事情或感受,只要按照事情发生、发展的顺序往下说就行了。比如:

(1)是谁(是什么)?
(2)有何特点(发生的顺序)?
(3)举例。
(4)自己的感受是什么?

三、说明介绍类说话的思路

说明介绍类说话就是解说事物、阐明事理,使人得到关于事物或事理的知识的说话。说明介绍类说话按说明对象不同可以分为两大类:一类是说明具体物体的,要抓住物体的特征,把其形状、性质、构造、用途等说清楚;一类是说明抽象事理的,要把事物的原理、关系、变化、功能等说清楚,揭示事物的内在联系。无论是说明事物还是说明事理,都应该采用有规律的说明方法,如分类、举例、比较、列数字、打比方等,便于理清思路。

这类话题最忌讳的是只列出干巴巴的几个条目,不展开详细的说明或介绍,最后使自己难以说满3分钟。因此在设计思路时,可以从事物或事理的几个方面分别进行说明介绍。比如,可从以下几个方面考虑说话的顺序和内容:

(1)是什么?
(2)表现在哪几个方面?
(3)每个方面是怎么样的?
(4)自己的态度或想法。

四、议论评说类说话的思路

议论评说类说话是对社会生活中的人或事进行分析评论、发表意见、阐明是非的说话。议论评说类说话应该具备三个要素:论点、论据、论证。论点是应试人对议论对象所持的见解和主张;论据是用来证明论点的事实和道理,包括事例、数据、科学原理、定律公式、警句格言等;论证就是组织、分析论据并使之与论点联系起来的过程与方法,常用的论证方法有例证法、引证法、对比法、类比法、归谬法,等等。

这类话题相比前两类话题略有难度,它需要更缜密的思维和更强的概括能力。比如,可从以下几个方面考虑说话的顺序和内容:

(1)是什么?(提出自己的观点)

(2)为什么?(归纳出支持这个观点的几个理由)

(3)举例。(可在每个理由之后举例,也可在所有理由说完后举例)

(4)怎么办?(提出实现自己观点的几条建议)

以上是按话题不同内容进行分类,并根据不同的话题类型理清思路的方法,只是基本的参考模式,假如应试人的口头表达能力本来就很不错,完全可以说得更加灵活、更加精彩。

如果感觉到50个话题太多,想少准备几个,那么有一个比较简捷的方法可以试一试:有的题目内容是相通的,只要事先对话题的内容进行分析和整合,准备好核心内容和基本框架,就可以涵盖好几个题目,说话时先说几句扣题的开场白,然后巧妙地转入准备的内容就行了。比如:

尊敬的人(17)——可以是老师(2)

可以是我梦想成为的那个人(6)

可以是朋友(8)

可以是我童年记忆最深刻的那个人(9)

可以是我欣赏的历史人物(23)

可以是引我从事自己喜欢的职业的那个人(25)

可以是引我喜欢某种艺术形式的那个人(28)

可以是对个人成长的影响的家庭成员(31)

可以是个人修养堪称楷模的那个人(42)

可以是让我对幸福产生深入理解的那个人(43)

可以是教我如何保持良好的心态的那个人(44)

可以是让我对亲情(或友情、爱情)深入理解的那个人(49)

假日生活(4)——假日里收到的珍贵的礼物(3)

假日里我在植物园见到许多我喜爱的植物(5)

假日旅行时我来到了一个让我终生难忘的地方(11)(26)

我在喜欢的季节(或天气)出去旅行(12)

假日里一次难忘的旅行(14)

假日里我在动物园见到许多我喜爱的动物(18)

在假日的旅行中,我了解了不少地方的风俗(19)

假日发生的一件让我快乐的事情(21)

我喜欢"五一""十一"和元旦假期,因为可以出去旅行(22)

　　　　　假日去田间劳动的体会(24)

　　　　　假日里发生的一件让我感动的事(27)

　　　　　假日在家学习,认真练习普通话(30)

　　　　　假日在家学习,引发对终身学习的看法(35)

　　　　　假日去民俗博物馆,了解中国传统文化(40)

　　　　　假日在家学习,引发对美的看法(47)

我的一天(1)——通过我的一天阐述我的兴趣爱好(10)

　　　　　我利用一天读书(13)

　　　　　我利用一天研究美食(15)

　　　　　我利用一天进行体育锻炼(20)

　　　　　我利用一天了解十二生肖(29)

　　　　　通过一天中发生的事,讲解生活中的诚信(32)

　　　　　我利用一天研究服饰(33)

　　　　　通过我的一天,讲解自律与我(34)

对环境保护的认识(37)——保护环境卫生和我们的健康息息相关(36)

　　　　　保护环境也是一种社会公德(38)

　　　　　对垃圾分类的认识就是对环境保护的认识(45)

　　　　　保护环境是一种传统美德(48)

对团队精神的理解(39)——通过过去的一年发生的事情讲解对团队精神的理解(7)

　　　　　通过我所在的学校(或公司、团队、其他机构)讲解对团队精神的理解(16)

　　　　　通过讲述小家、大家和国家关系引申至对团队精神的理解(50)

科技发展与社会生活(41)——科技发展与社会生活的最主要表现就是网络时代的生活(46)

　　这样,内容相通的话题只准备一篇即可,也就是说,准备6个话题就可以基本涵盖50个话题。在准备时间比较短的情况下,这样处理能够起到事半功倍的效果。当然,假如应试人的口语表达水平不错,不管什么话题,都能滔滔不绝地说下去,就可以不用这种方法去准备。

　　这项测试要求说话时间不少于3分钟,并不是要求在3分钟时恰好把话题完完整整地结束,而是要求围绕这个话题连续不断地至少说3分钟。所以,确定思路之后,不必考虑时间,只管往下说,到3分钟时测试员会示意你停下来。即使准备好的内容没有说完也不影响这一项的测试成绩。

第六单元　普通话水平测试试卷

实测试卷(15套)

测试要点如下。

第一项,"读单音节字词"(不含轻声、儿化音节)要做到:声母准确、韵母完整、调值标准。

第二项,"读多音节词语"要做到:声母准确、韵母完整、调值标准,同时要注意词语轻声、儿化、变调等的正确把握。

第三项,"朗读短文"要做到:(1)准确、熟练地运用普通话,字音规范、音变正确;(2)领会作品内容,正确把握作品中心思想,读出真情实感;(3)遵从原文,不丢字、不添字、不颠倒字或改字;(4)语调自然,连停恰当,重音处理正确,语速快慢得当。

第四项,"命题说话"要做到:(1)语音标准,即声韵调正确,无方音错误;(2)词语准确;(3)语速自然流畅,不卡壳、不重复、不带口头禅,逻辑清晰,语意连贯;(4)口语化,通俗易懂,明白晓畅。

国家普通话水平测试试卷

一号卷

一、读单音节字词(100个音节,共10分,限时3.5分钟)。请横向朗读!

丰	前	爪	盲	黄	切	本	狗	红	定
说	面	飘	霞	黑	兄	粮	柴	遵	题
雨	了	他	群	包	兼	廊	藤	人	宿
远	处	坏	佛	冲	问	始	安	当	剖
查	瓜	尺	鼓	块	夹	落	酒	磁	海
雪	捉	北	听	旨	据	曾	丝	砸	磷
送	向	雀	拴	腿	俗	陆	腹	饮	惹

---

* 《普通话水平测试大纲》规定,普通话水平测试试卷包括4个(或5个)组成部分。本单元为4个组成部分的试卷,分别是读单音节字词、读多音节字词、朗读短文、命题说话。根据情况可加入/免测的一项是"选择判断"(参见第一单元)。

米	舍	暖	低	遭	更	防	蛮	翠	该
强	狂	紫	舜	辙	鞘	虑	劫	凝	瓮
皱	啮	兑	屏	爽	旋	椎	掸	绒	串

二、读多音节词语（100个音节，共20分，限时2.5分钟）。请横向朗读！

钢琴	天资	释放	家族	序曲
明亮	惶惑	里程碑	领口	生怕
坏死	稀奇	退休	遵循	刀刃儿
围裙	错觉	转告	水兵	绝招儿
搜刮	穷人	推理	半截儿	贫穷
流传	手脚	农忙	吃香	再会
太太	东道主	传送	爽朗	发疯
普法	职员	安顿	惦念	人影儿
存折	可耻	选种	富翁	蛮干
描画	别开生面	作价		

三、朗读短文（400个音节，共30分，限时4分钟）。作品5号

去过故宫大修现场的人，就会发现这里和外面工地的劳作景象有个明显的区别：这里没有起重机，建筑材料都是以手推车的形式送往工地，遇到人力无法运送的木料时，工人们会使用百年不变的工具——滑轮组。故宫修缮，尊重着"四原"原则，即原材料、原工艺、原结构、原型制。在不影响体现传统工艺技术手法特点的地方，工匠可以用电动工具，比如开荒料、截头。大多数时候工匠都用传统工具：木匠画线用的是墨斗、画签、毛笔、方尺、杖竿、五尺；加工制作木构件使用的工具有锛、凿、斧、锯、刨等等。

最能体现大修难度的便是瓦作中"苫背"的环节。"苫背"是指在房顶做灰背的过程，它相当于为木建筑添上防水层。有句口诀是三浆三压，也就是上三遍石灰浆，然后再压上三遍。但这是个虚数。今天是晴天，干得快，三浆三压硬度就能符合要求，要是赶上阴天，说不定就要六浆六压。任何一个环节的疏漏都可能导致漏雨，而这对建筑的损坏是致命的。

"工"字早在殷墟甲骨卜辞中就已经出现过。《周官》与《春秋左传》记载周王朝与诸侯都设有掌管营造的机构。无数的名工巧匠为我们留下了那么多宏伟的建筑，但却//很少被列入史籍，扬名于后世。

匠人之所以称之为"匠"，其实不仅仅是因为他们拥有了某种娴熟的技能，毕竟技能还可以通过时间的累积"熟能生巧"，但蕴藏在"手艺"之上的那种对建筑本身

的敬畏和热爱却需要从历史的长河中去寻觅。

将壮丽的紫禁城完好地交给未来,最能仰仗的便是这些默默奉献的匠人。故宫的修护注定是一场没有终点的接力,而他们就是最好的接力者。

——节选自单霁翔《大匠无名》

四、命题说话(请在下列话题中任选一个,限时3分钟,共40分)。

1.珍贵的礼物

2.我喜欢的节日

注:考生在说话之前需说明自己选择的说话题目。例如:我选择的说话题目是……

国家普通话水平测试试卷

二号卷

一、读单音节字词(100个音节,共10分,限时3.5分钟)。请横向朗读!

塞	来	咱	照	光	翁	学	任	摔	此
血	劲	座	流	挫	窝	嚷	少	菌	鸟
米	救	您	曲	浓	篇	游	爪	场	穷
臀	翠	换	笑	令	移	陪	谬	晶	主
停	僧	虫	夫	天	悬	具	两	爽	盲
大	空	阔	落	足	虾	短	尺	者	洽
吨	窥	兵	挨	刷	品	若	锤	牢	奉
变	搁	始	肯	强	该	寒	非	桂	籽
侯	弹	疆	蹄	贩	醇	卜	篆	悲	俟
戍	二	赠	谎	拐	泉	箧	德	帖	骂

二、读多音节词语(100个音节,共20分,限时2.5分钟)。请横向朗读!

杂粮	种群	潺潺	保存	神学
鹅卵石	保留	条子	手指	确切
电灯	雄性	客车	矿床	一块儿
清风	纷飞	一贯	自来水	加热
祸害	吞并	回归	指点	嫁妆
供需	马匹	照常	蝴蝶	衰落
字画	没谱儿	共通	嗓门儿	牛顿
搜索	蜜枣儿	挂念	能量	窘迫
财权	水獭	天才	军区	筹备

消防　　　目不转睛　　冉冉

三、朗读短文(400个音节,共30分,限时4分钟)。作品8号

从肇庆市驱车半小时左右,便到了东郊风景名胜鼎湖山。下了几天的小雨刚停,满山笼罩着轻纱似的薄雾。

过了寒翠桥,就听到淙淙的泉声。进山一看,草丛石缝,到处都涌流着清亮的泉水。草丰林茂,一路上泉水时隐时现,泉声不绝于耳。有时几股泉水交错流泻,遮断路面,我们得寻找着垫脚的石块跳跃着前进。愈往上走树愈密,绿阴愈浓。湿漉漉的绿叶,犹如大海的波浪,一层一层涌向山顶。泉水隐到了浓阴的深处,而泉声却更加清纯悦耳。忽然,云中传来钟声,顿时山鸣谷应,悠悠扬扬。安详厚重的钟声和欢快活泼的泉声,在雨后宁静的暮色中,汇成一片美妙的音响。

我们循着钟声,来到了半山腰的庆云寺。这是一座建于明代、规模宏大的岭南著名古刹。庭院里繁花似锦,古树参天。有一株与古刹同龄的茶花,还有两株从斯里兰卡引种的、有二百多年树龄的菩提树。我们决定就在这座寺院里借宿。

入夜,山中万籁俱寂,只有泉声一直传送到枕边。一路上听到的各种泉声,这时候躺在床上,可以用心细细地聆听、辨识、品味。那像小提琴一样轻柔的,是草丛中流淌的小溪的声音;那像琵琶一样清脆的,//是在石缝间跌落的涧水的声音;那像大提琴一样厚重回响的,是无数道细流汇聚于空谷的声音;那像铜管齐鸣一样雄浑磅礴的,是飞瀑急流跌入深潭的声音。还有一些泉声忽高忽低,忽急忽缓,忽清忽浊,忽扬忽抑,是泉水正在绕过树根,拍打卵石,穿越草丛,流连花间……

蒙眬中,那滋润着鼎湖山万木,孕育出蓬勃生机的清泉,仿佛汩汩地流进了我的心田。

——节选自谢大光《鼎湖山听泉》

四、命题说话(请在下列话题中任选一个,限时3分钟,共40分)。

1. 我喜爱的动物

2. 对终身学习的看法

注:考生在说话之前需说明自己选择的说话题目。例如:我选择的说话题目是……

国家普通话水平测试试卷

三号卷

一、读单音节字词(100个音节,共10分,限时3.5分钟)。请横向朗读!

据　　编　　洒　　假　　蹲　　源　　根　　平　　泽　　毛
内　　肝　　爪　　素　　冻　　揣　　雾　　硅　　飘　　鬓

死	愁	此	粮	真	九	道	佛	剂	落
点	混	日	参	绝	穷	怀	逆	晃	乐
扩	想	首	横	创	跌	天	吃	听	来
肺	细	用	畜	沙	篾	耳	秒	棍	锤
号	学	缀	刚	歪	起	俩	腿	籽	者
瘤	请	棒	盛	取	民	房	咱	怕	呆
脱	腐	寻	圈	牛	霜	症	幸	攥	困
枢	姜	得	暖	垮	绒	掐	鬏	惹	帖

二、读多音节词语(100个音节,共20分,限时2.5分钟)。请横向朗读!

回环	清白	命名	丢掉	寻常
没准儿	创举	爪子	牵连	丰年
偏颇	寄生虫	直率	缺德	选手
推想	有理	嶙峋	松懈	隔膜
规章	辜负	大婶儿	佳作	苍白
缓解	衰败	自以为是	融化	对岸
比价	跑调儿	嘹亮	慢性	金字塔
贞操	可耻	风帆	法律	灼热
矿床	劝慰	讨好	同伴	才能
穷人	缺损	纽扣儿		

三、朗读短文(400个音节,共30分,限时4分钟)。作品11号

钱塘江大潮,自古以来被称为天下奇观。

农历八月十八是一年一度的观潮日。这一天早上,我们来到了海宁市的盐官镇,据说这里是观潮最好的地方。我们随着观潮的人群,登上了海塘大堤。宽阔的钱塘江横卧在眼前。江面很平静,越往东越宽,在雨后的阳光下,笼罩着一层蒙蒙的薄雾。镇海古塔、中山亭和观潮台屹立在江边。远处,几座小山在云雾中若隐若现。江潮还没有来,海塘大堤上早已人山人海。大家昂首东望,等着,盼着。

午后一点左右,从远处传来隆隆的响声,好像闷雷滚动。顿时人声鼎沸,有人告诉我们,潮来了!我们踮着脚往东望去,江面还是风平浪静,看不出有什么变化。过了一会儿,响声越来越大,只见东边水天相接的地方出现了一条白线,人群又沸腾起来。

那条白线很快地向我们移来,逐渐拉长,变粗,横贯江面。再近些,只见白浪翻滚,形成一堵两丈多高的水墙。浪潮越来越近,犹如千万匹白色战马齐头并进,浩

浩荡荡地飞奔而来;那声音如同山崩地裂,好像大地都被震得颤动起来。

霎时,潮头奔腾西去,可是余波还在漫天卷地般涌来,江面上依旧风号浪吼。过了好久,钱塘江才恢复了//平静。看看堤下,江水已经涨了两丈来高了。

——节选自赵宗成、朱明元《观潮》

四、命题说话(请在下列话题中任选一个,限时 3 分钟,共 40 分)。

1. 尊敬的人

2. 谈中国传统文化

注:考生在说话之前需说明自己选择的说话题目。例如:我选择的说话题目是……

国家普通话水平测试试卷

四号卷

一、读单音节字词(100 个音节,共 10 分,限时 3.5 分钟)。请横向朗读!

床	根	直	云	娘	德	蹲	拽	抹	队
觉	应	填	门	朵	每	落	夫	太	亩
若	丝	标	收	好	丢	中	躺	瓶	瓮
花	扔	从	春	秦	理	奏	铝	凡	观
奴	越	劝	屯	价	非	讲	薄	啐	小
腿	史	乘	夏	二	切	瓦	顶	块	熊
满	渍	空	塞	即	磷	乎	水	辨	旗
感	咧	折	超	筐	刚	单	求	嗤	幸
崽	揪	斋	冯	续	航	哑	损	滨	穷
篇	脓	筏	瞥	篆	选	广	赠	爪	量

二、读多音节词语(100 个音节,共 20 分,限时 2.5 分钟)。请横向朗读!

裁军	错综复杂	卓越	豪华	衰弱
怎么	半空	撒谎	祈求	墨汁儿
相似	尖端	炯炯	引水	临终
认定	耗费	体操	共产党	偏旁
跳高儿	去年	吞没	侄女	开春儿
乡下	绷带	短缺	清静	鬼脸
和谐	马褂	丰富	广场	子女
安定	哲学	假日	水土	专长
衰败	自称	劝慰	生产力	识别

投标　　　富翁　　　门口儿

三、朗读短文(400个音节,共30分,限时4分钟)。作品15号

在我国历史地理中,有三大都城密集区,它们是:关中盆地、洛阳盆地、北京小平原。其中每一个地区都曾诞生过四个以上大型王朝的都城。而关中盆地、洛阳盆地是前朝历史的两个都城密集区,正是它们构成了早期文明核心地带中最重要的内容。

为什么这个地带会成为华夏文明最先进的地区?这主要是由两个方面的条件促成的,一个是自然环境方面的,一个是人文环境方面的。

在自然环境方面,这里是我国温带季风气候带的南部,降雨、气温、土壤等条件都可以满足旱作农业的需求。中国北方的古代农作物,主要是一年生的粟和黍。黄河中下游的自然环境为粟黍作物的种植和高产提供了得天独厚的条件。农业生产的发达,会促进整个社会经济的发展,从而推动社会的进步。

在人文环境方面,这里是南北方、东西方大交流的轴心地区。在最早的六大新石器文化分布形势图中可以看到,中原处于这些文化分布的中央地带。无论是考古发现还是历史传说,都有南北文化长距离交流、东西文化相互碰撞的证据。中原地区在空间上恰恰位居中心,成为信息最发达、眼界最宽广、活动最//繁忙、竞争最激烈的地方。正是这些活动,推动了各项人文事务的发展,文明的方方面面就是在处理各类事务的过程中被开创出来的。

——节选自唐晓峰《华夏文明的发展与融合》

四、命题说话(请在下列话题中任选一个,限时3分钟,共40分)。

1. 向往的地方

2. 对幸福的理解

注:考生在说话之前需说明自己选择的说话题目。例如:我选择的说话题目是……

国家普通话水平测试试卷

五号卷

一、读单音节字词(100个音节,共10分,限时3.5分钟)。请横向朗读!

就	霞	僧	雨	必	翻	键	散	薄	凭
狂	法	躺	浓	元	丁	塞	江	闽	佛
灰	各	盆	城	鸟	雄	闯	土	少	瓮
面	得	卵	棍	渍	墙	纯	目	爪	都
篾	掷	做	专	括	滨	洞	刺	叠	铝

内	外	杀	假	罗	停	边	局	晒	蕊
乐	粗	推	砍	赏	器	宿	拐	租	轰
血	瘸	替	者	航	迟	遭	寻	粉	焦
还	丢	冷	准	归	穷	任	串	呕	槐
蚀	曾	扰	晴	则	龚	圈	耍	瞄	撞

二、读多音节词语(100个音节,共20分,限时2.5分钟)。请横向朗读!

绿肥	在座	人均	成虫	儒家
顶端	乒乓球	知识	蒸腾	论理
贬低	不可思议	取暖	涂抹	戏法儿
炯炯	善良	秋风	花盆儿	策略
牙签儿	棒槌	懊恼	铁轨	外科
举止	群众	面目	对策	忠实
金丝猴	坏人	反感	半道儿	新学
协定	创伤	宝塔	损坏	顺手
悔改	扭转	天灾	遐想	权威
做工	港口	描摹		

三、朗读短文(400个音节,共30分,限时4分钟)。作品17号

奶奶给我讲过这样一件事:有一次她去商店,走在她前面的一位阿姨推开沉重的大门,一直等到她跟上来才松开手。当奶奶向她道谢的时候,那位阿姨轻轻地说:"我的妈妈和您的年龄差不多,我希望她遇到这种时候,也有人为她开门。"听了这件事,我的心温暖了许久。

一天,我陪患病的母亲去医院输液,年轻的护士为母亲扎了两针也没有扎进血管里,眼见针眼处鼓起青包。我正要抱怨几句,一抬头看见了母亲平静的眼神——她正在注视着护士额头上密密的汗珠,我不禁收住了涌到嘴边的话。只见母亲轻轻地对护士说:"不要紧,再来一次!"第三针果然成功了。那位护士终于长出了一口气,她连声说:"阿姨,真对不起。我是来实习的,这是我第一次给病人扎针,太紧张了。要不是您的鼓励,我真不敢给您扎了。"母亲用另一只手拉着我,平静地对护士说:"这是我的女儿,和你差不多大小,正在医科大学读书,她也将面对自己的第一个患者。我真希望她第一次扎针的时候,也能得到患者的宽容和鼓励。"听了母亲的话,我的心里充满了温暖与幸福。

是啊,如果我们在生活中能将心比心,就会对老人生出一份//尊重,对孩子增加一份关爱,就会使人与人之间多一些宽容和理解。

——节选自姜桂华《将心比心》

四、命题说话(请在下列话题中任选一个,限时 3 分钟,共 40 分)。

1. 家乡(或熟悉的地方)
2. 谈社会公德(或职业道德)

注:考生在说话之前需说明自己选择的说话题目。例如:我选择的说话题目是……

国家普通话水平测试试卷

六号卷

一、读单音节字词(100 个音节,共 10 分,限时 3.5 分钟)。请横向朗读!

飘	天	喂	华	额	晃	早	占	臊	停
酸	摆	取	虾	偏	车	圈	奶	其	六
抹	四	红	拽	娘	奏	乐	训	题	弄
迟	酒	篾	啃	戳	泥	灯	拴	响	勒
精	腿	都	熊	门	获	雨	俩	踹	饭
升	得	次	愧	顿	确	才	舞	嚷	冶
闯	若	唐	拉	旋	度	修	归	书	供
简	朝	撒	闪	擦	食	别	请	钢	尊
墓	分	鸣	淋	吠	棍	惧	讽	膘	呛
赘	鬟	钓	攥	饵	篙	脏	抓	融	乏

二、读多音节词语(100 个音节,共 20 分,限时 2.5 分钟)。请横向朗读!

支撑	人才	抽查	灵魂	退缩
现代化	喷喷	夹击	率领	犬齿
赶快	丝绒	种群	跑腿儿	描画
仿佛	只管	伪装	笼统	休眠
羽毛球	略微	血脉	大娘	苦果
对偶	娘家	人均	设防	大伙儿
存放	窘迫	增生	尊称	半道儿
凉爽	针鼻儿	贫穷	汇编	血管
精灵	主管	贴切	蚕丝	眉开眼笑
调拨	驱除	梯子		

三、朗读短文(400 个音节,共 30 分,限时 4 分钟)。作品 20 号

舞台上的幕布拉开了,音乐奏起来了。演员们踩着音乐的拍子,以庄重而有节

奏的步法走到灯光前面来了。灯光射在他们五颜六色的服装和头饰上,一片金碧辉煌的彩霞。

当女主角穆桂英以轻盈而矫健的步子出场的时候,这个平静的海面陡然动荡起来了,它上面卷起了一阵暴风雨;观众像触电了似的迅即对这位女英雄报以雷鸣般的掌声。她开始唱了。她圆润的歌喉在夜空中颤动,听起来辽远而又切近,柔和而又铿锵。戏词像珠子似的从她的一笑一颦中,从她优雅的"水袖"中,从她婀娜的身段中,一粒一粒地滚下来,滴在地上,溅到空中,落进每一个人的心里,引起一片深远的回音。这回音听不见,却淹没了刚才涌起的那一阵热烈的掌声。

观众像着了魔一样,忽然变得鸦雀无声。他们看得入了神。他们的感情和舞台上女主角的感情融在了一起。女主角的歌舞渐渐进入高潮。观众的情感也渐渐进入高潮。潮在涨。没有谁能控制住它。这个一度平静下来的人海忽然又动荡起来了。戏就在这时候要到达顶点。我们的女主角在这时候就像一朵盛开的鲜花,观众想把这朵鲜花捧在手里,不让//它消逝。他们不约而同地从座位上立起来,像潮水一样,涌到我们这位艺术家面前。舞台已经失去了界限,整个的剧场成了一个庞大的舞台。

我们这位艺术家是谁呢?他就是梅兰芳同志。半个世纪的舞台生涯过去了,六十六岁的高龄,仍然能创造出这样富有朝气的美丽形象,表现出这样充沛的青春活力,这不能不说是奇迹。这奇迹的产生是必然的,因为我们拥有这样热情的观众和这样热情的艺术家。

——节选自叶君健《看戏》

四、命题说话(请在下列话题中任选一个,限时 3 分钟,共 40 分)。

1. 网络时代的生活
2. 对垃圾分类的认识

注:考生在说话之前需说明自己选择的说话题目。例如:我选择的说话题目是……

国家普通话水平测试试卷

七号卷

一、读单音节字词(100 个音节,共 10 分,限时 3.5 分钟)。请横向朗读!

调	爪	当	楼	酒	棒	扭	别	畜	臊
准	航	甚	尾	核	戳	训	渍	旋	风
桥	倒	山	测	春	赖	甜	佛	轰	信
抬	好	撒	连	温	装	胚	涮	般	复

猛	曲	创	阿	抢	某	硬	却	劲	流
尺	绝	更	宗	瞎	止	拐	同	拽	除
体	忍	说	蕊	兼	遗	捐	定	格	似
洽	蚕	米	请	脏	改	凶	胡	归	熬
酿	滨	肥	擦	灭	络	蹲	况	算	怒
赞	宽	量	则	垮	仕	骗	渺	水	惧

二、读多音节词语(100个音节,共20分,限时2.5分钟)。请横向朗读！

揣摩	孙女	暑假	充斥	苍穹
放大镜	这个	戳穿	苦恼	自力更生
非凡	矜持	理想	蕴涵	孩子
亲切	自尊	徒工	人群	许久
招考	对待	蒸发	小偷儿	脂粉
天边	采矿	白话文	从容	肚脐儿
受热	面貌	体味	水塔	耳光
左边	家园	硝酸	凶猛	蛋黄儿
两旁	转手	命令	血泪	隔绝
获取	胖墩儿	按钮		

三、朗读短文(400个音节,共30分,限时4分钟)。作品26号

在原始社会里,文字还没有创造出来,却先有了歌谣一类的东西。这也就是文艺。

文字创造出来以后,人就用它把所见所闻所想所感的一切记录下来。一首歌谣,不但口头唱,还要刻呀,漆呀,把它保留在什么东西上。这样,文艺和文字就并了家。

后来纸和笔普遍地使用了,而且发明了印刷术。凡是需要记录下来的东西,要多少份就可以有多少份。于是所谓文艺,从外表说,就是一篇稿子,一部书,就是许多文字的集合体。

文字是一道桥梁,通过了这一道桥梁,读者才和作者会面。不但会面,并且了解作者的心情,和作者的心情相契合。

就作者的方面说,文艺的创作决不是随便取许多文字来集合在一起。作者着手创作,必然对于人生先有所见,先有所感。他把这些所见所感写出来,不作抽象的分析,而作具体的描写,不作刻板的记载,而作想象的安排。他准备写的不是普通的论说文、记叙文;他准备写的是文艺。他动手写,不但选择那些最适当的文字,让它们集合起来,还要审查那些写下来的文字,看有没有应当修改或是增减的。总

之,作者想做到的是:写下来的文字正好传达出他的所见所感。

就读者的//方面说,读者看到的是写在纸面或者印在纸面的文字,但是看到文字并不是他们的目的。他们要通过文字去接触作者的所见所感。

——节选自叶圣陶《驱遣我们的想象》

四、命题说话(请在下列话题中任选一个,限时 3 分钟,共 40 分)。

1. 过去的一年

2. 生活中的诚信

注:考生在说话之前需说明自己选择的说话题目。例如:我选择的说话题目是……

国家普通话水平测试试卷

八号卷

一、读单音节字词(100 个音节,共 10 分,限时 3.5 分钟)。请横向朗读!

徐	队	霜	兄	撒	村	人	瞎	刚	反
瘸	旋	日	僧	拽	连	均	奏	抹	镍
喝	顶	球	车	拍	凹	娘	字	民	数
体	楼	雪	瓮	洞	米	镜	拥	酒	心
蕊	加	团	磁	绿	刷	超	黑	幅	装
秒	各	准	攒	室	镇	遵	迭	脚	坑
锤	省	重	摆	活	壁	丢	旁	土	愧
请	落	尺	给	田	版	栽	废	欠	举
苯	高	酸	拳	战	黄	万	垮	乖	您
伐	豪	呛	瞥	綮	量	仿	崖	说	栾

二、读多音节词语(100 个音节,共 20 分,限时 2.5 分钟)。请横向朗读!

损坏	时而	投资	摘除	假想
空中	飞艇	力气	可口	南瓜
做活儿	标兵	博爱	炯炯	药方儿
血气	句子	葬身	转运	瓜子儿
人权	磨炼	号码儿	恍惚	下跌
肿瘤	解放军	民法	对待	特赦
浅显	衰退	孙女	美满	征求
长城	传承	大理石	血管	随时
推崇	飘然	顶点	才能	人伦

光顾　　　包罗万象　　　富翁

三、朗读短文(400个音节,共30分,限时4分钟)。作品23号

在浩瀚无垠的沙漠里,有一片美丽的绿洲,绿洲里藏着一颗闪光的珍珠。这颗珍珠就是敦煌莫高窟。它坐落在我国甘肃省敦煌市三危山和鸣沙山的怀抱中。

鸣沙山东麓是平均高度为十七米的崖壁。在一千六百多米长的崖壁上,凿有大小洞窟七百余个,形成了规模宏伟的石窟群。其中四百九十二个洞窟中,共有彩色塑像两千一百余尊,各种壁画共四万五千多平方米。莫高窟是我国古代无数艺术匠师留给人类的珍贵文化遗产。

莫高窟的彩塑,每一尊都是一件精美的艺术品。最大的有九层楼那么高,最小的还不如一个手掌大。这些彩塑个性鲜明,神态各异。有慈眉善目的菩萨,有威风凛凛的天王,还有强壮勇猛的力士……

莫高窟壁画的内容丰富多彩,有的是描绘古代劳动人民打猎、捕鱼、耕田、收割的情景,有的是描绘人们奏乐、舞蹈、演杂技的场面,还有的是描绘大自然的美丽风光。其中最引人注目的是飞天。壁画上的飞天,有的臂挎花篮,采摘鲜花;有的反弹琵琶,轻拨银弦;有的倒悬身子,自天而降;有的彩带飘拂,漫天遨游;有的舒展着双臂,翩翩起舞。看着这些精美动人的壁画,就像走进了//灿烂辉煌的艺术殿堂。

莫高窟里还有一个面积不大的洞窟——藏经洞。洞里曾藏有我国古代的各种经卷、文书、帛画、刺绣、铜像等共六万多件。由于清朝政府腐败无能,大量珍贵的文物被外国强盗掠走。仅存的部分经卷,现在陈列于北京故宫等处。

莫高窟是举世闻名的艺术宝库。这里的每一尊彩塑、每一幅壁画、每一件文物,都是中国古代人民智慧的结晶。

——节选自余秋雨《莫高窟》

四、命题说话(请在下列话题中任选一个,限时3分钟,共40分)。

1. 我了解的十二生肖
2. 自律与我

注:考生在说话之前需说明自己选择的说话题目。例如:我选择的说话题目是……

国家普通话水平测试试卷

九号卷

一、读单音节字词(100个音节,共10分,限时3.5分钟)。请横向朗读!

| 就 | 轴 | 揣 | 老 | 抽 | 撒 | 锐 | 总 | 决 | 歌 |
| 品 | 之 | 破 | 数 | 居 | 挺 | 了 | 反 | 穷 | 刷 |

寒	歪	迭	源	丁	内	族	杭	捆	窗
秋	丝	官	取	亩	细	菌	咱	落	袖
昂	啃	好	点	瞧	部	作	贵	越	日
重	测	矿	得	房	能	追	徐	买	和
俩	蒋	您	表	猫	香	神	缝	器	黑
种	室	虾	蹿	润	散	色	甜	港	分
端	腿	纯	便	着	藤	滋	拳	笙	掠
瓮	怪	筏	觅	槽	闽	丙	双	爪	阿

二、读多音节词语(100个音节,共20分,限时2.5分钟)。请横向朗读！

繁杂	从军	行车	牢笼	雄壮
中秋	蜕变	古朴	女皇	南瓜
叫好儿	衰弱	沧桑	富翁	可口
谋略	甲虫	自费	铁轨	真菌
透亮	人影儿	全权	囚犯	体魄
主人翁	眯缝	恶劣	子女	世事
亲信	苍穹	戳穿	作怪	雨点儿
回环	学校	水准	装饰	冰天雪地
里程碑	磨损	自杀	华北	胖墩儿
变色	逮到	降价		

三、朗读短文(400个音节,共30分,限时4分钟)。作品32号

在太空的黑幕上,地球就像站在宇宙舞台中央那位最美的大明星,浑身散发出夺人心魄的、彩色的、明亮的光芒,她披着浅蓝色的纱裙和白色的飘带,如同天上的仙女缓缓飞行。

地理知识告诉我,地球上大部分地区覆盖着海洋,我果然看到了大片蔚蓝色的海水,浩瀚的海洋骄傲地披露着广阔壮观的全貌,我还看到了黄绿相间的陆地,连绵的山脉纵横其间;我看到我们平时所说的天空,大气层中飘浮着片片雪白的云彩,那么轻柔,那么曼妙,在阳光普照下,仿佛贴在地面上一样。海洋、陆地、白云,它们呈现在飞船下面,缓缓驶来,又缓缓离去。

我知道自己还是在轨道上飞行,并没有完全脱离地球的怀抱,冲向宇宙的深处,然而这也足以让我震撼了,我并不能看清宇宙中众多的星球,因为实际上它们离我们的距离非常遥远,很多都是以光年计算。正因为如此,我觉得宇宙的广袤真实地摆在我的眼前,即便作为中华民族第一个飞天的人我已经跑到离地球表面四

百公里的空间，可以称为太空人了，但是实际上在浩瀚的宇宙面前，我仅像一粒尘埃。

虽然独自在太空飞行，但我想到了此刻千万//中国人翘首以待，我不是一个人在飞，我是代表所有中国人，甚至人类来到了太空。我看到的一切证明了中国航天技术的成功，我认为我的心情一定要表达一下，就拿出太空笔，在工作日志背面写了一句话："为了人类的和平与进步，中国人来到太空了。"以此来表达一个中国人的骄傲和自豪。

——节选自杨利伟《天地九重》

四、命题说话（请在下列话题中任选一个，限时3分钟，共40分）。

1. 童年生活
2. 劳动的体会

注：考生在说话之前需说明自己选择的说话题目。例如：我选择的说话题目是……

国家普通话水平测试试卷

十号卷

一、读单音节字词（100个音节，共10分，限时3.5分钟）。请横向朗读！

揉	酸	纳	腐	丝	左	渠	抛	嫩	铃
日	昂	东	辽	嗓	栽	窘	秧	醒	控
寡	焉	棍	谎	坑	染	鳖	审	熊	止
城	亚	返	瘟	媚	声	忌	专	测	赏
俊	栏	错	凝	扯	宋	柳	江	踹	选
您	颇	无	邱	逛	窄	麻	变	垮	婚
箧	薪	段	腐	绢	柄	帘	擦	渺	夏
舌	潘	蕊	朱	材	剃	除	岛	佟	顺
裙	日	女	爬	跟	前	黑	澳	郑	贼
磁	译	波	敌	狗	放	退	而	外	梢

二、读多音节词语（100个音节，共20分，限时2.5分钟）。请横向朗读！

恰巧	疯狂	片刻	撒手	红娘
翅膀	牛顿	能耐	遵循	国王
配合	安慰	最终	土壤	撒开
蒙古包	聪明	如此	汉子	喘息
张贴	对象	家庭	衰老	伴随

耳膜儿	允许	勤快	长臂猿	优待
小瓮儿	佛教	抓紧	定律	玩耍
利用	壶盖儿	化肥	健全	村庄
掠夺	搜罗	讴歌	公式	发育
绝着儿	穷人	艰苦卓绝		

三、朗读短文(400个音节,共30分,限时4分钟)。作品41号

北京的颐和园是个美丽的大公园。

进了颐和园的大门,绕过大殿,就来到有名的长廊。绿漆的柱子,红漆的栏杆,一眼望不到头。这条长廊有七百多米长,分成二百七十三间。每一间的横槛上都有五彩的画,画着人物、花草、风景,几千幅画没有哪两幅是相同的。长廊两旁栽满了花木,这一种花还没谢,那一种花又开了。微风从左边的昆明湖上吹来,使人神清气爽。

走完长廊,就来到了万寿山脚下。抬头一看,一座八角宝塔形的三层建筑耸立在半山腰上,黄色的琉璃瓦闪闪发光。那就是佛香阁。下面的一排排金碧辉煌的宫殿,就是排云殿。

登上万寿山,站在佛香阁的前面向下望,颐和园的景色大半收在眼底。葱郁的树丛,掩映着黄的绿的琉璃瓦屋顶和朱红的宫墙。正前面,昆明湖静得像一面镜子,绿得像一块碧玉。游船、画舫在湖面慢慢地滑过,几乎不留一点儿痕迹。向东远眺,隐隐约约可以望见几座古老的城楼和城里的白塔。

从万寿山下来,就是昆明湖。昆明湖围着长长的堤岸,堤上有好几座式样不同的石桥,两岸栽着数不清的垂柳。湖中心有个小岛,远远望去,岛上一片葱绿,树丛中露出宫殿的一角。//游人走过长长的石桥,就可以去小岛上玩。这座石桥有十七个桥洞,叫十七孔桥。桥栏杆上有上百根石柱,柱子上都雕刻着小狮子。这么多的狮子,姿态不一,没有哪两只是相同的。

颐和园到处有美丽的景色,说也说不尽,希望你有机会去细细游赏。

——节选自袁鹰《颐和园》

四、命题说话(请在下列话题中任选一个,限时3分钟,共40分)。

1. 难忘的旅行

2. 对美的看法

注:考生在说话之前需说明自己选择的说话题目。例如:我选择的说话题目是……

国家普通话水平测试试卷

十一号卷

一、读单音节字词(100个音节,共10分,限时3.5分钟)。请横向朗读!

匀	鸟	匣	攻	黏	体	材	若	雕	却
砖	磁	搜	短	洼	蜜	午	棍	本	内
窘	盆	鬃	吼	晶	狂	啐	徐	齿	状
我	麻	鲁	翔	怎	枪	拐	抓	塔	秦
闰	邱	粉	崩	阻	篇	隶	买	书	孽
咱	宣	笛	搬	简	乏	跌	嗓	二	旅
辈	昂	拨	陪	特	床	用	擦	雅	唯
日	曰	逃	坤	惩	改	凝	靠	裙	柳
黑	破	禹	鸥	害	盲	括	丝	仍	绢
顶	聊	碳	街	奉	帅	宠	策	飘	晋

二、读多音节词语(100个音节,共20分,限时2.5分钟)。请横向朗读!

然而	痛快	牌楼	英雄	大量
起草	吹牛	收音机	品种	钢铁
比赛	上面	恰巧	穷苦	推算
躲闪	佛教	小葱儿	荒谬	军事
平原	褂子	随便	盗贼	政权
外在	蛋清儿	模型	方略	少女
眉头	衣服	如此	循环	科学
昨天	红娘	喇叭	价值	旺盛
纯真	唱歌儿	主人翁	恶化	亏损
火罐儿	挎包	安居乐业		

三、朗读短文(400个音节,共30分,限时4分钟)。作品43号

徐霞客是明朝末年的一位奇人。他用双脚,一步一步地走遍了半个中国大陆,游览过许多名山大川,经历过许多奇人异事。他把游历的观察和研究记录下来,写成了《徐霞客游记》这本千古奇书。

当时的读书人,都忙着追求科举功名,抱着"十年寒窗无人问,一举成名天下知"的观念,埋头于经书之中。徐霞客却卓尔不群,醉心于古今史籍及地志、山海图经的收集和研读。他发现此类书籍很少,记述简略且多有相互矛盾之处,于是他立

下雄心壮志,要走遍天下,亲自考察。

此后三十多年,他与长风为伍,云雾为伴,行程九万里,历尽千辛万苦,获得了大量第一手考察资料。徐霞客日间攀险峰,涉危涧,晚上就是再疲劳,也一定录下当日见闻。即使荒野露宿,栖身洞穴,也要"燃松拾穗,走笔为记"。

徐霞客的时代,没有火车,没有汽车,没有飞机,他所去的许多地方连道路都没有,加上明朝末年治安不好,盗匪横行,长途旅行是非常艰苦又非常危险的事。

有一次,他和三个同伴到西南地区,沿路考察石灰岩地形和长江源流。走了二十天,一个同伴难耐旅途劳顿,不辞而别。到了衡阳附近又遭遇土匪抢劫,财物尽失,还险//些被杀害。好不容易到了南宁,另一个同伴不幸病死,徐霞客忍痛继续西行。到了大理,最后一个同伴也因为吃不了苦,偷偷地走了,还带走了他仅存的行囊。但是,他还是坚持目标,继续他的研究工作,最后找到了答案,推翻历史上的错误,证明长江的源流不是岷江而是金沙江。

——节选自《阅读大地的徐霞客》

四、命题说话(请在下列话题中任选一个,限时3分钟,共40分)。

1. 让我快乐的事
2. 谈服饰

注:考生在说话之前需说明自己选择的说话题目。例如:我选择的说话题目是……

国家普通话水平测试试卷

十二号卷

一、读单音节字词(100个音节,共10分,限时3.5分钟)。请横向朗读!

踹	纬	疼	因	梅	瞥	语	助	坤	窘
列	姜	陵	寡	政	玄	此	白	吊	八
床	怎	丝	雷	蔫	蜇	感	侵	娘	窜
筒	坪	碍	堂	缩	耳	搭	甩	抓	黄
麦	丑	道	拢	潋	塌	内	瞟	咱	曰
赚	纺	辖	绺	菊	怪	沾	热	倪	波
旗	鸟	谬	枫	裙	栓	袜	存	破	也
鞋	歪	扰	酸	池	亩	绒	驱	抬	肯
第	孤	遣	蕴	凶	靠	戳	日	租	回
倦	我	后	雪	商	弥	嫁	裹	最	法

二、读多音节词语(100个音节,共20分,限时2.5分钟)。请横向朗读!

鲁莽	扩散	恩情	爽快	轰响
灯光	夸张	柔软	麻利	贫穷
叙述	东欧	春天	立交桥	富翁
电压	客厅	稳产	恰巧	自来水
竞赛	分化	从而	医院	军人
在这儿	男女	紧缺	队伍	磁场
随便	全体	决策	跳高儿	能量
诈骗	寻找	佛教	反射	墨汁儿
废旧	怀抱	钢铁	小朋友	别扭
装备	瘦弱	心照不宣		

三、朗读短文(400个音节,共30分,限时4分钟)。作品48号

不管我的梦想能否成为事实,说出来总是好玩儿的:

春天,我将要住在杭州。二十年前,旧历的二月初,在西湖我看见了嫩柳与菜花,碧浪与翠竹。由我看到的那点儿春光,已经可以断定,杭州的春天必定会教人整天生活在诗与图画之中。所以,春天我的家应当是在杭州。

夏天,我想青城山应当算作最理想的地方。在那里,我虽然只住过十天,可是它的幽静已拴住了我的心灵。在我所看见过的山水中,只有这里没有使我失望。到处都是绿,目之所及,那片淡而光润的绿色都在轻轻地颤动,仿佛要流入空中与心中似的。这个绿色会像音乐,涤清了心中的万虑。

秋天一定要住北平。天堂是什么样子,我不知道,但是从我的生活经验去判断,北平之秋便是天堂。论天气,不冷不热。论吃的,苹果、梨、柿子、枣儿、葡萄,每样都有若干种。论花草,菊花种类之多,花式之奇,可以甲天下。西山有红叶可见,北海可以划船——虽然荷花已残,荷叶可还有一片清香。衣食住行,在北平的秋天,是没有一项不使人满意的。

冬天,我还没有打好主意,成都或者相当地合适,虽然并不怎样和暖,可是为了水仙,素心腊梅,各色的茶花,仿佛就受一点儿寒//冷,也颇值得去了。昆明的花也多,而且天气比成都好,可是旧书铺与精美而便宜的小吃远不及成都那么多。好吧,就暂这么规定:冬天不住成都便住昆明吧。

在抗战中,我没能发国难财。我想,抗战胜利以后,我必能阔起来。那时候,假若飞机减价,一二百元就能买一架的话,我就自备一架,择黄道吉日慢慢地飞行。

——节选自老舍《"住"的梦》

四、命题说话(请在下列话题中任选一个,限时3分钟,共40分)。

1. 体育运动的乐趣
2. 对环境保护的认识

注:考生在说话之前需说明自己选择的说话题目。例如:我选择的说话题目是……

国家普通话水平测试试卷

十三号卷

一、读单音节字词(100个音节,共10分,限时3.5分钟)。请横向朗读!

聊	劝	丢	馆	抗	法	昭	鸟	箔	雪
涮	砌	壤	猜	煤	胸	笋	下	膘	闽
察	字	穷	搓	讽	愈	睁	次	哑	儿
春	如	氨	钡	军	末	涂	撑	撰	凝
锦	良	徽	申	仄	弯	糖	漏	值	狗
历	尺	最	来	物	狠	探	顶	运	彭
挂	骚	坎	油	广	捐	袄	瘸	我	阳
扩	烦	需	筒	尊	欠	德	秸	容	面
黑	娘	傻	屑	警	迭	踹	偏	剃	脓
陡	鳃	闯	抛	弱	倪	刷	醋	甩	栽

二、读多音节词语(100个音节,共20分,限时2.5分钟)。请横向朗读!

配合	爽快	佛寺	热爱	马车
侵略	蒜瓣儿	频率	篡夺	窘迫
清楚	干脆	透明	加以	灭亡
浪费	螺旋桨	荒谬	虐待	昂然
恰好	因而	妇女	开垦	教训
夸张	唱歌儿	年龄	跳高儿	影响
冬天	主人翁	缘故	洗澡	扇子
怀抱	未曾	随便	日用	群众
拱手	花纹	记事儿	低洼	纳税
区别	牛顿	不折不扣		

三、朗读短文(400个音节,共30分,限时4分钟)。作品47号

　　石拱桥的桥洞成弧形,就像虹。古代神话里说,雨后彩虹是"人间天上的桥",通过彩虹就能上天。我国的诗人爱把拱桥比作虹,说拱桥是"卧虹""飞虹",把水上

拱桥形容为"长虹卧波"。

我国的石拱桥有悠久的历史。《水经注》里提到的"旅人桥",大约建成于公元二八二年,可能是有记载的最早的石拱桥了。我国的石拱桥几乎到处都有。这些桥大小不一,形式多样,有许多是惊人的杰作。其中最著名的当推河北省赵县的赵州桥。

赵州桥非常雄伟,全长五十点八二米。桥的设计完全合乎科学原理,施工技术更是巧妙绝伦。全桥只有一个大拱,长达三十七点四米,在当时可算是世界上最长的石拱。桥洞不是普通半圆形,而是像一张弓,因而大拱上面的道路没有陡坡,便于车马上下。大拱的两肩上,各有两个小拱。这个创造性的设计,不但节约了石料,减轻了桥身的重量,而且在河水暴涨的时候,还可以增加桥洞的过水量,减轻洪水对桥身的冲击。同时,拱上加拱,桥身也更美观。大拱由二十八道拱圈拼成,就像这么多同样形状的弓合拢在一起,做成一个弧形的桥洞。每道拱圈都能独立支撑上面的重量,一道坏了,其//他各道不致受到影响。全桥结构匀称,和四周景色配合得十分和谐;桥上的石栏石板也雕刻得古朴美观。赵州桥高度的技术水平和不朽的艺术价值,充分显示了我国劳动人民的智慧和力量。

——节选自茅以升《中国石拱桥》

四、命题说话(请在下列话题中任选一个,限时 3 分钟,共 40 分)。

1. 我的一天
2. 谈谈卫生与健康

注:考生在说话之前需说明自己选择的说话题目。例如:我选择的说话题目是……

国家普通话水平测试试卷

十四号卷

一、读单音节字词(100 个音节,共 10 分,限时 3.5 分钟)。请横向朗读!

脑	卧	洒	捐	许	失	板	丛	寡	赦
闸	爽	叼	下	寝	闭	瞥	末	邻	粗
字	讲	熊	驻	苍	环	枪	澳	厅	二
团	踹	舔	遵	逃	追	锁	汤	裴	状
究	婶	掐	某	君	贼	垦	白	眯	映
征	戏	领	孙	硫	肿	拳	悔	您	反
冰	奎	禹	谬	果	言	氯	拐	傍	恩
测	逢	略	死	方	也	氨	仍	艘	绕

攻　　瞭　　阻　　蹭　　陈　　破　　淡　　衣　　巡　　花
年　　汝　　瘸　　汪　　持　　恐　　酶　　窘　　完　　对

二、读多音节词语(100个音节,共20分,限时2.5分钟)。请横向朗读!

儿童	热爱	退守	丢人	赶快
其次	佛经	屁股	照片儿	钢铁
专门	打算	原则	存在	篡夺
恍惚	送信儿	宝贵	电压	围裙
富翁	红娘	少女	虐待	飞机
帘子	偶然性	卑劣	苟且	平日
家伙	学者	外宾	冲刷	玻璃
三轮车	夸张	之前	小丑儿	选举
衡量	萌发	无穷	调解	矿产
邮戳儿	作用	名正言顺		

三、朗读短文(400个音节,共30分,限时4分钟)。作品45号

中国的第一大岛、台湾省的主岛台湾,位于中国大陆架的东南方,地处东海和南海之间,隔着台湾海峡和大陆相望。天气晴朗的时候,站在福建沿海较高的地方,就可以隐隐约约地望见岛上的高山和云朵。

台湾岛形状狭长,从东到西,最宽处只有一百四十多公里;由南至北,最长的地方约有三百九十多公里。地形像一个纺织用的梭子。

台湾岛上的山脉纵贯南北,中间的中央山脉犹如全岛的脊梁。西部为海拔近四千米的玉山山脉,是中国东部的最高峰。全岛约有三分之一的地方是平地,其余为山地。岛内有缎带般的瀑布,蓝宝石似的湖泊,四季常青的森林和果园,自然景色十分优美。西南部的阿里山和日月潭,台北市郊的大屯山风景区,都是闻名世界的游览胜地。

台湾岛地处热带和温带之间,四面环海,雨水充足,气温受到海洋的调剂,冬暖夏凉,四季如春,这给水稻和果木生长提供了优越的条件。水稻、甘蔗、樟脑是台湾的"三宝"。岛上还盛产鲜果和鱼虾。

台湾岛还是一个闻名世界的"蝴蝶王国"。岛上的蝴蝶共有四百多个品种,其中有不少是世界稀有的珍贵品种。岛上还有不少鸟语花香的蝴//蝶谷,岛上居民利用蝴蝶制作的标本和艺术品,远销许多国家。

——节选自《中国的宝岛——台湾》

四、命题说话(请在下列话题中任选一个,限时3分钟,共40分)。

1. 让我感动的事
2. 学习普通话(或其他语言)的体会

注:考生在说话之前需说明自己选择的说话题目。例如:我选择的说话题目是……

国家普通话水平测试试卷

十五号卷

一、读单音节字词(100个音节,共10分,限时3.5分钟)。请横向朗读!

麻	缺	杨	致	捷	谬	尊	凑	刚	炖
临	窖	滑	力	琼	拔	蜷	撞	否	酿
貂	聂	塔	撒	伤	嘴	牢	北	枫	垦
镰	御	稿	四	钧	鼓	掠	甩	呈	准
菊	摊	刑	昏	群	拴	此	让	才	棒
随	鼎	尼	险	抛	残	究	盘	孟	皮
俯	跟	膜	肾	宾	点	烘	阔	挖	火
虫	内	揉	暖	迟	耳	冤	晓	特	芯
舌	恩	并	矮	瓮	瞎	快	柱	桌	悔
松	灶	村	哑	换	冬	辱	扑	仄	前

二、读多音节词语(100个音节,共20分,限时2.5分钟)。请横向朗读!

旋律	行当	文明	半道儿	作品
共同	从中	土匪	而且	虐待
日益	单纯	饭盒儿	牛仔裤	民政
雄伟	运用	轻蔑	打杂儿	家眷
赞美	奥妙	海关	另外	男女
热闹	开创	转变	夸张	人影儿
其次	搜刮	悄声	迅速	方法
首饰	坚决	破坏	天鹅	佛像
所有	珍贵	恰好	拖拉机	框子
测量	投票	川流不息		

三、朗读短文(400个音节,共30分,限时4分钟)。作品49号

在北京市东城区著名的天坛公园东侧,有一片占地面积近二十万平方米的建筑区域,大大小小的十余栋训练馆坐落其间。这里就是国家体育总局训练局。许

多我们耳熟能详的中国体育明星都曾在这里挥汗如雨,刻苦练习。

中国女排的一天就是在这里开始的。

清晨八点钟,女排队员们早已集合完毕,准备开始一天的训练。主教练郎平坐在场外长椅上,目不转睛地注视着跟随助理教练们做热身运动的队员们,她身边的座位上则横七竖八地堆放着女排姑娘们的各式用品:水、护具、背包,以及各种外行人叫不出名字的东西。不远的墙上悬挂着一面鲜艳的国旗,国旗两侧是"顽强拼搏"和"为国争光"两条红底黄字的横幅,格外醒目。

"走下领奖台,一切从零开始"十一个大字,和国旗遥遥相望,姑娘们训练之余偶尔一瞥就能看到。只要进入这个训练馆,过去的鲜花、掌声与荣耀皆成为历史,所有人都只是最普通的女排队员。曾经的辉煌、骄傲、胜利,在踏入这间场馆的瞬间全部归零。

踢球跑、垫球跑、夹球跑……这些对普通人而言和杂技差不多的项目是女排队员们必须熟练掌握的基本技能。接下来//的任务是小比赛。郎平将队员们分为几组,每一组由一名教练监督,最快完成任务的小组会得到一面小红旗。

看着这些年轻的姑娘们在自己的眼前来来去去,郎平的思绪常飘回到三十多年前。那时风华正茂的她是中国女排的主攻手,她和队友们也曾在这间训练馆里夜以继日地并肩备战。三十多年来,这间训练馆从内到外都发生了很大的变化:原本粗糙的地面变成了光滑的地板,训练用的仪器越来越先进,中国女排的团队中甚至还出现了几张陌生的外国面孔……但时光荏苒,不变的是这支队伍对排球的热爱和"顽强拼搏,为国争光"的初心。

——节选自宋元明《走下领奖台,一切从零开始》

四、命题说话(请在下列话题中任选一个,限时 3 分钟,共 40 分)。

1. 朋友
2. 科技发展与社会生活

注:考生在说话之前需说明自己选择的说话题目。例如:我选择的说话题目是……

全真模拟试卷(15套)

国家普通话水平测试试卷

一号卷

一、读单音节字词(100个音节,共10分,限时3.5分钟)。请横向朗读!

恶	兵	铝	翁	总	鸟	眨	薄	拐	乘
只	越	亮	单	黑	轮	头	香	史	胖
宽	名	秋	广	恰	碱	似	则	劝	凶
处	别	穷	崩	美	房	吃	俩	紧	南
需	裂	杭	那	菌	钱	高	跳	混	泪
亲	钻	肯	装	渍	队	改	倒	福	说
闷	儿	谁	脾	课	双	酒	这	泛	铜
栽	蕊	省	充	顶	席	从	垫	态	戳
估	觅	准	姜	羞	遂	蹿	壕	愿	腭
撇	桑	凑	刷	若	拽	薛	桦	焚	惧

二、读多音节词语(100个音节,共20分,限时2.5分钟)。请横向朗读!

粮食	值得	窘迫	发呆	假装
女方	所有	在行	队列	水产
再婚	支票	官方	终点	乞讨
略微	毛驴儿	前程	幌子	溺爱
垫圈	穆斯林	滔滔	尊称	板擦儿
破坏	至此	折叠	蒜瓣儿	坐落
强求	水花	把手	可能	因而
雄蕊	腾飞	杏仁儿	围裙	悬挂
首创	名下	苗条	公积金	快慢
长久	血腥	奋不顾身		

三、朗读短文(400个音节,共30分,限时4分钟)。作品37号
短文略。(见本书164页)

四、命题说话(请在下列话题中任选一个,限时3分钟,共40分)。

1. 我欣赏的历史人物
2. 家庭对个人成长的影响

注:考生在说话之前需说明自己选择的说话题目。例如:我选择的说话题目是……

国家普通话水平测试试卷

二号卷

一、读单音节字词(100个音节,共10分,限时3.5分钟)。请横向朗读!

雪	铺	才	校	似	裙	饭	鬓	跟	二
哄	徐	俩	刮	晃	形	虎	颇	自	推
修	服	球	车	迭	给	择	笨	灭	舜
琼	种	款	放	假	敌	虫	配	愿	日
飞	攒	屯	针	摆	脸	敲	填	索	民
讨	流	绝	更	顶	凑	量	对	翁	着
善	猫	缀	晚	德	体	去	初	肩	坏
治	创	购	你	增	奖	灶	傻	冰	埋
拾	洒	狼	说	闰	圈	脓	旷	婴	捶
乱	揣	凶	话	镍	昂	铡	冯	渴	呛

二、读多音节词语(100个音节,共20分,限时2.5分钟)。请横向朗读!

命名	空旷	院落	随从	牵涉
过量	虐待	改悔	筷子	百花齐放
转折	车辆	波峰	天边	小鞋儿
群体	谋杀	普法	宝贝	富翁
体育馆	恶劣	追加	破坏	搜刮
直至	农作物	硫黄	侍从	旦角儿
勤劳	孙子	小孩儿	初春	捐赠
臣民	人群	端庄	下达	感染
收藏	许久	厅堂	失血	炯炯
气馁	跑调儿	盗贼		

三、朗读短文(400个音节,共30分,限时4分钟)。作品50号

短文略。(见本书184页)

四、命题说话(请在下列话题中任选一个,限时3分钟,共40分)。

1. 老师
2. 谈个人修养

注:考生在说话之前需说明自己选择的说话题目。例如:我选择的说话题目是……

国家普通话水平测试试卷

三号卷

一、读单音节字词(100个音节,共10分,限时3.5分钟)。请横向朗读!

球	通	尺	过	灭	就	店	兄	棉	幢
卷	似	狼	训	讨	寨	五	虾	蕊	墙
哄	塞	始	抓	约	甩	张	尊	答	贴
并	谋	倍	蹿	别	礼	很	鬼	啃	量
滨	瘸	窝	荒	撒	混	调	特	收	刺
将	出	饶	内	趾	早	据	掐	安	幅
格	狂	刷	钢	左	挤	牛	垂	端	系
剩	笼	讽	车	蛮	胎	盼	秒	缕	房
说	准	紫	乏	淫	伶	穷	片	赌	旋
翠	淮	纤	竞	庚	得	弄	躯	蝉	软

二、读多音节词语(100个音节,共20分,限时2.5分钟)。请横向朗读!

测验	理论	执勤	辩驳	共产党
曲子	损坏	女生	状况	突击
胸脯	大理石	照片儿	学费	天堂
风声	围嘴儿	裁军	追问	软弱
衰竭	鱼漂儿	矿工	青菜	脑髓
出来	全能	分隔	通航	总得
棍棒	转换	垂直	笑话儿	分头
倔强	下流	偶像	火把	命名
收留	家畜	差事	打倒	千克
反而	私自	轻描淡写		

三、朗读短文(400个音节,共30分,限时4分钟)。作品40号

短文略。(见本书169页)

四、命题说话(请在下列话题中任选一个,限时3分钟,共40分)。

1. 印象深刻的书籍(或报刊)

2. 我喜欢的美食

注:考生在说话之前需说明自己选择的说话题目。例如:我选择的说话题目是……

国家普通话水平测试试卷

四号卷

一、读单音节字词(100个音节,共10分,限时3.5分钟)。请横向朗读!

痛	难	太	五	佛	堆	雀	棉	产	冷
压	琼	酸	刘	日	嫩	舌	好	说	林
宗	命	坏	称	矣	均	耍	死	想	停
菜	昂	春	周	拐	地	酒	籽	准	徐
蒋	黑	沙	广	这	篾	致	蕊	片	咱
小	很	滨	圈	毛	官	节	比	瞪	愁
放	局	弱	狂	族	立	修	曾	钉	宽
壳	府	约	脓	高	特	返	嘴	钟	杭
病	夺	吮	去	瀑	辩	瓮	塞	勒	辖
咯	熊	爽	斥	掐	寡	泉	量	草	培

二、读多音节词语(100个音节,共20分,限时2.5分钟)。请横向朗读!

遗风	天堂	摔跤	符合	缺德
富翁	领海	围裙	笔杆儿	婆家
缺损	休想	矿床	转折	饱满
皑皑	杀菌	小丑	粗糙	结算
辖区	雌蕊	量变	钢镚儿	丢掉
赶趟儿	过程	电阻	推算	神化
水龙头	穷困	懦弱	芝麻	综合
一阵儿	划分	漠然	子女	赤手空拳
炽烈	保证金	贫民	自尊	搭配
流量	水肿	兄弟		

三、朗读短文(400个音节,共30分,限时4分钟)。作品42号

短文略。(见本书172页)

四、命题说话(请在下列话题中任选一个,限时3分钟,共40分)。

1. 假日生活
2. 我喜爱的艺术形式

注:考生在说话之前需说明自己选择的说话题目。例如:我选择的说话题目是……

国家普通话水平测试试卷

五号卷

一、读单音节字词(100个音节,共10分,限时3.5分钟)。请横向朗读!

苗	运	掐	非	紧	刺	尊	车	润	给
血	更	溃	创	怀	千	数	编	肯	觉
操	撒	敲	腿	盼	毛	卧	讲	视	灭
踹	绿	瓶	嗅	皿	提	具	资	香	甲
吹	罗	冰	微	刷	算	卷	叠	眨	采
卵	片	分	走	吮	海	种	日	骨	桃
乐	常	着	丢	缠	泥	流	夫	挥	鸣
过	德	贴	志	杭	饭	增	骑	晃	懂
改	掉	部	薪	愿	穷	续	寿	饵	浓
证	聋	爪	霜	呛	兄	饲	软	榔	嫩

二、读多音节词语(100个音节,共20分,限时2.5分钟)。请横向朗读!

折叠	不论	承认	石榴	香肠儿
高明	风雨	人群	总管	小鞋儿
厮杀	值得	指明	懊恼	死守
过量	贪污	人权	挑刺儿	情趣
小儿	维生素	广场	追踪	沙丘
脱胎	甲板	走访	娘家	归队
病变	千钧一发	配角	综合	转化
防护林	存在	收成	可耻	加快
对待	装潢	赔款	脸蛋儿	脑海
充血	凶残	秘密		

三、朗读短文(400个音节,共30分,限时4分钟)。作品6号
短文略。(见本书121页)

四、命题说话(请在下列话题中任选一个,限时3分钟,共40分)。

1. 我喜爱的植物
2. 如何保持良好的心态

注:考生在说话之前需说明自己选择的说话题目。例如:我选择的说话题目是……

国家普通话水平测试试卷

六号卷

一、读单音节字词(100个音节,共10分,限时3.5分钟)。请横向朗读!

熬	肯	霜	网	盼	莫	俩	重	任	追
居	品	嗅	绝	字	盛	群	铁	踹	睡
凡	使	耐	横	涮	刮	雄	通	强	满
夫	乱	拥	念	酸	类	此	舞	离	霞
粮	村	车	听	捉	瘦	德	弦	狂	洞
果	别	坏	秦	纲	瘸	遭	盆	取	指
屏	口	竟	愈	好	挤	谬	访	捐	藏
晒	堆	哈	白	池	尊	应	罚	眠	壁
选	政	仁	准	黑	赌	若	膈	钓	幢
扔	蹲	组	挑	您	妃	仄	爪	穗	秆

二、读多音节词语(100个音节,共20分,限时2.5分钟)。请横向朗读!

贫穷	凉爽	玲珑	人家	夫妇
从军	祸害	胸怀	苦恼	微微
转化	气流	大学生	水草	方略
前面	赞誉	国语	缺点	小学生
胖墩儿	党章	推理	车床	海口
挺拔	皑皑	石板	半截儿	女人
责成	官兵	啼笑皆非	牛顿	群岛
收工	跳高儿	四周	思忖	偏差
过敏	直至	停泊	出圈儿	揣摩
假想	罪犯	支架		

三、朗读短文(400个音节,共30分,限时4分钟)。作品4号

短文略。(见本书118页)

四、命题说话(请在下列话题中任选一个,限时3分钟,共40分)。

1. 我所在的学校(或公司、团队、其他机构)

2. 谈服饰

注:考生在说话之前需说明自己选择的说话题目。例如:我选择的说话题目是……

国家普通话水平测试试卷

七号卷

一、读单音节字词(100个音节,共10分,限时3.5分钟)。请横向朗读!

筐	雄	得	谬	敲	假	怀	值	顿	涮
粉	镜	风	落	举	海	凡	瘸	圈	扔
相	对	众	情	塞	黑	滚	切	俩	面
磁	秒	垮	银	戳	体	拿	别	团	惹
高	寻	针	乃	底	岁	趟	送	点	偶
镍	肥	窝	顶	同	满	吴	抢	徐	露
发	旁	瘤	光	称	转	绣	遍	坐	纯
谁	彼	仄	乘	搬	收	租	航	学	紫
撞	测	说	铆	仕	绫	拗	姜	昌	汝
豫	拼	痴	块	条	劝	最	曾	华	根

二、读多音节词语(100个音节,共20分,限时2.5分钟)。请横向朗读!

夸张	轮子	童工	亏损	碎步儿
配方	增值	巍峨	渊博	间隔
衰弱	漠视	云层	生日	大婶儿
躯干	新年	保护色	头子	掠夺
缺点	钾肥	惆怅	中学生	命令
夸奖	奖赏	牛皮	老虎	命脉
胸襟	遵从	窃取	探询	丢人
法宝	炽烈	船家	光亮	火苗儿
好歹	壮大	退回	贫穷	小偷儿
潺潺	温暖	此起彼伏		

三、朗读短文(400个音节,共30分,限时4分钟)。作品13号短文略。(见本书131页)

四、命题说话(请在下列话题中任选一个,限时3分钟,共40分)。

1. 我的理想(或愿望)

2. 对团队精神的理解

注:考生在说话之前需说明自己选择的说话题目。例如:我选择的说话题目是……

国家普通话水平测试试卷

八号卷

一、读单音节字词(100个音节,共10分,限时3.5分钟)。请横向朗读!

刮	并	凶	尺	堆	折	揣	弄	群	板
遵	畜	卵	强	点	高	说	名	根	完
都	爽	鳃	暗	紫	等	茶	穷	值	民
肥	角	狗	抹	和	期	流	方	端	于
拴	症	壁	吓	门	牙	学	弱	丛	晃
长	锐	此	黑	开	了	臀	想	铁	惹
浸	前	别	散	哭	踢	秋	窗	操	垂
炮	终	缝	年	鸟	帽	挎	改	魂	俩
挡	部	箭	甫	旋	椎	量	艇	揍	宁
涩	厥	吻	撮	撇	院	淮	什	踪	乏

二、读多音节词语(100个音节,共20分,限时2.5分钟)。请横向朗读!

采取	撤退	瓜分	墓碑	混合
陡坡	把手	亏损	体操	声称
玫瑰	举止	喇叭	火锅儿	超额
蔑视	品尝	针鼻儿	平房	潜在
相传	水运	龙卷风	袅袅	虐待
租赁	抓阄儿	矿床	买主	耳鸣
炯炯	下旬	只好	损坏	公公
牵连	绕远儿	团体	转播	心脏
适量	轻率	扣留	座位	形容词
赞叹	下跌	肆无忌惮		

三、朗读短文(400个音节,共30分,限时4分钟)。作品36号

短文略。(见本书163页)

四、命题说话(请在下列话题中任选一个,限时3分钟,共40分)。

1. 我的兴趣爱好

2. 小家、大家和国家

注:考生在说话之前需说明自己选择的说话题目。例如:我选择的说话题目是……

国家普通话水平测试试卷

九号卷

一、读单音节字词(100 个音节,共 10 分,限时 3.5 分钟)。请横向朗读!

绿	德	走	血	炙	戳	运	贴	抿	罪
坏	足	该	辖	亲	缥	乐	滚	琼	软
爪	全	呈	神	龙	体	念	举	死	村
幅	听	伤	追	遵	卷	轰	了	打	室
排	钢	抢	姓	尺	楼	桥	恩	煤	广
窝	筐	架	碳	送	蕊	兰	嚼	纱	宽
谬	熬	搓	寨	献	许	丢	捕	毁	变
脑	静	症	航	从	反	宝	憧	颌	肥
逼	幕	分	说	滴	降	蹓	穿	鼎	籽
寡	冯	块	瓮	特	片	祥	赔	您	让

二、读多音节词语(100 个音节,共 20 分,限时 2.5 分钟)。请横向朗读!

无须	追肥	穿越	探询	口罩儿
月光	军区	痴呆	过关	水塔
总队	连绵	加热	坏死	审理
仍然	穷困	揣测	小辫儿	酒家
拆迁	思考	螺旋桨	兄弟	定期
遵守	嗓门儿	袅袅	总管	婆婆
政策	背风	壮丁	怯懦	富翁
挨个儿	实话	首长	复杂	迷失
桃子	从众	方向盘	吞并	濒临
白齿	琳琅满目	辉煌		

三、朗读短文(400 个音节,共 30 分,限时 4 分钟)。作品 1 号

短文略。(见本书 113 页)

四、命题说话(请在下列话题中任选一个,限时 3 分钟,共 40 分)。

1. 我了解的地域文化(或风俗)
2. 对亲情(或友情、爱情)的理解

注:考生在说话之前需说明自己选择的说话题目。例如:我选择的说话题目是……

国家普通话水平测试试卷

十号卷

一、读单音节字词(100个音节,共10分,限时3.5分钟)。请横向朗读!

发	抹	磷	丝	恶	肺	落	娘	集	陈
儿	军	恰	晒	戳	老	懂	潘	爽	瘸
点	凶	端	组	刷	藤	灰	胖	天	绿
凑	旋	迭	视	混	拽	笋	假	虚	反
嗅	功	门	建	纸	源	处	醒	跳	转
具	溶	镍	润	对	枪	持	瓮	北	看
更	柳	特	字	跃	笔	求	瓶	增	吹
憧	扰	访	话	走	勤	和	感	箱	害
粪	聊	糠	畦	维	蹿	穗	铭	卜	过
卯	快	您	柄	踪	宅	促	麝	逛	帖

二、读多音节词语(100个音节,共20分,限时2.5分钟)。请横向朗读!

温泉	汉字	旅客	事实	当然
里程碑	水牛	莫非	破案	暴风雪
旅馆	绝食	充电	跑腿儿	云层
霜期	跳高儿	下落	苗条	前面
触目惊心	折中	贵妃	村庄	遵守
装运	领土	奶奶	搜索	加快
鞋带儿	虽然	粉笔	坐镇	穿插
胸腔	喷喷	抖动	茶馆儿	将就
民航	听从	富翁	考取	健儿
润滑	行当	把柄		

三、朗读短文(400个音节,共30分,限时4分钟)。作品23号

短文略。(见本书145页)

四、命题说话(请在下列话题中任选一个,限时3分钟,共40分)。

1. 我喜欢的职业(或专业)
2. 谈传统美德

注:考生在说话之前需说明自己选择的说话题目。例如:我选择的说话题目是⋯⋯

国家普通话水平测试试卷

十一号卷

一、读单音节字词(100个音节,共10分,限时3.5分钟)。请横向朗读!

卧	鸟	纱	悔	掠	酉	终	撤	甩	蓄
秧	四	仍	叫	台	婶	贼	耕	半	掐
布	癣	翁	弱	刷	允	床	改	逃	春
驳	纯	导	虽	棒	伍	知	末	枪	蹦
港	评	犬	课	淮	炯	循	纺	拴	李
赛	捡	梯	呕	绳	揭	陇	搓	二	棉
桩	皿	宋	狭	内	啃	字	环	州	秒
抛	代	关	停	祛	德	孙	旧	崔	凝
烈	倪	荆	擒	案	砸	垮	焚	帝	聊
颠	涌	牛	汝	粤	篇	竹	草	迟	泛

二、读多音节词语(100个音节,共20分,限时2.5分钟)。请横向朗读!

参考	船长	艺术家	聪明	她们
军	煤炭	工厂	发烧	嘟囔
黄瓜	效率	别针儿	责怪	大娘
喷洒	保温	产品	佛学	童话
男女	做活儿	缘故	谬论	穷困
今日	完整	决定性	斜坡	疲倦
爱国	能量	英雄	口罩儿	让位
叶子	封锁	核算	而且	转脸
人群	飞快	牙签儿	丢掉	往来
罪恶	首饰	此起彼伏		

三、朗读短文(400个音节,共30分,限时4分钟)。作品33号短文略。(见本书159页)

四、命题说话(请在下列话题中任选一个,限时3分钟,共40分)。

1. 我喜欢的季节(或天气)

2. 谈中国传统文化

注:考生在说话之前需说明自己选择的说话题目。例如:我选择的说话题目是……

国家普通话水平测试试卷

十二号卷

一、读单音节字词(100个音节,共10分,限时3.5分钟)。请横向朗读!

拐	搏	掌	弱	法	弯	脓	柳	腔	呕
揪	舔	日	彼	粗	狂	销	凑	舌	捉
字	歼	值	扔	拟	汉	窘	攥	胚	径
摆	忙	岁	谋	女	而	征	妄	吟	掠
雅	阔	怀	瓮	三	故	踢	浑	胸	卦
鹰	肋	广	笨	舱	抱	涡	酿	筛	找
疲	翻	树	昂	软	词	捐	扯	巡	宽
平	雪	秸	诚	花	头	总	擒	稻	晨
废	辖	犬	愣	虞	吹	咬	拿	损	爹
甭	店	瞟	凌	讨	庙	群	改	颇	酶

二、读多音节词语(100个音节,共20分,限时2.5分钟)。请横向朗读!

宣传	衰变	外省	频率	捏造
棉球儿	耽误	橄榄	状态	疟疾
打嗝儿	运行	重量	跨度	撇开
嫂子	历史	勇猛	身份	挖潜
奥秘	锦标赛	方向	安慰	心眼儿
存活	持续	柔和	哺乳	盘算
创伤	害怕	家庭	收购	以内
挫折	儿童	丢掉	摸黑儿	决定
摧毁	军人	佛寺	作风	糖尿病
工厂	穷困	气定神闲		

三、朗读短文(400个音节,共30分,限时4分钟)。作品49号

短文略。(见本书182页)

四、命题说话(请在下列话题中任选一个,限时3分钟,共40分)。

1. 我欣赏的历史人物

2. 生活中的诚信

注:考生在说话之前需说明自己选择的说话题目。例如:我选择的说话题目是……

国家普通话水平测试试卷

十三号卷

一、读单音节字词(100个音节,共10分,限时3.5分钟)。请横向朗读!

爹	维	液	昂	鬓	萍	有	凳	穷	坤
面	梯	羽	抓	耿	端	渴	批	簧	赶
文	江	热	尊	亮	捐	陈	方	赤	法
掐	缓	沾	拐	皆	琴	葱	儒	爽	夺
复	藤	掠	槽	款	擦	鳍	波	死	束
丑	弱	临	股	宅	赏	太	杭	虾	哨
朦	朽	耐	选	蛮	拥	北	能	字	而
枕	材	鸟	制	雪	杂	闹	酸	傻	并
赔	君	咧	凑	俄	津	驴	蜕	拙	莫
倾	瓦	农	涩	鬼	逊	添	踹	衍	醉

二、读多音节词语(100个音节,共20分,限时2.5分钟)。请横向朗读!

钢铁	盖子	磁场	主人翁	飞快
成品	说话	家畜	灵敏	矮小
全部	红包儿	症状	趋向	探讨
怎么	作风	亏损	儿童	蚂蚁
日见	柔软	火星儿	英雄	仙女
及时	格外	摧残	国务院	虐待
牙刷儿	佛教	棒槌	存亡	搬运
横扫	逗乐儿	粉碎	何况	缺点
连累	撇开	墙壁	管理	大娘
窘迫	群众	一带一路		

三、朗读短文(400个音节,共30分,限时4分钟)。作品41号短文略。(见本书170页)

四、命题说话(请在下列话题中任选一个,限时3分钟,共40分)。

1. 我的兴趣爱好

2. 对团队精神的理解

注:考生在说话之前需说明自己选择的说话题目。例如:我选择的说话题目是……

国家普通话水平测试试卷

十四号卷

一、读单音节字词(100个音节,共10分,限时3.5分钟)。请横向朗读!

紧	泉	扰	恩	左	溶	坎	木	甩	徐
麦	焚	凑	腔	财	诸	蠢	面	所	成
千	誉	刷	体	羹	瘌	送	癣	棕	白
苍	拐	黄	搭	访	窝	鼠	娘	飘	丸
二	盆	抠	廖	推	月	泼	示	铡	扼
柳	个	袍	仗	邻	耗	虽	怎	逢	广
肩	妙	哑	丢	圣	船	笔	含	窘	循
热	他	喜	窗	窖	肘	位	凝	允	苏
日	垒	宅	猎	叮	末	此	钡	痰	捆
拥	季	碘	丝	恰	瓦	梢	拿	后	劫

二、读多音节词语(100个音节,共20分,限时2.5分钟)。请横向朗读!

仍旧	花样儿	开会	下去	僧尼
明年	嘟囔	英雄	鬼子	钢铁
状况	舞女	佛经	窈窕	深海
抓获	逗乐儿	贫穷	涅槃	柔软
福气	差别	懊恼	平均	红外线
疲倦	侵略	职工	顺手	波长
骆驼	干脆	小瓮儿	专门	两边
决心	不快	惨死	盗贼	幼儿园
尊重	亏损	合群儿	吃饭	魅力
国家	东欧	赏心悦目		

三、朗读短文(400个音节,共30分,限时4分钟)。作品45号

短文略。(见本书176页)

四、命题说话(请在下列话题中任选一个,限时3分钟,共40分)。

1. 难忘的旅行
2. 我了解的十二生肖

注:考生在说话之前需说明自己选择的说话题目。例如:我选择的说话题目是……

国家普通话水平测试试卷

十五号卷

一、读单音节字词(100个音节,共10分,限时3.5分钟)。请横向朗读!

假	比	华	润	瘸	熊	颇	圈	色	日
爽	就	观	胚	次	肉	还	毛	坑	腿
滨	抢	嗅	解	标	点	折	翁	需	她
印	供	份	剖	裙	称	雪	端	俩	通
皿	小	闹	切	恩	填	胜	全	台	囊
球	造	蛇	语	荒	讲	幅	尺	蟒	国
先	损	景	得	水	理	闻	字	垂	竹
纵	战	撤	鸣	领	掌	拐	呆	号	尊
遗	罗	非	嘴	翻	春	督	擦	虑	拽
所	策	丙	侯	刊	镍	枢	垮	量	光

二、读多音节词语(100个音节,共20分,限时2.5分钟)。请横向朗读!

衰退	充斥	帮忙	脂肪	填塞
夹子	自满	全文	水蒸气	专家
乳牛	头号	窘迫	想象力	人民
远程	垂钓	投标	受训	尽管
烈士	痰盂儿	平行	凭空	缺陷
空旷	橱窗	主宰	苍穹	绝招儿
猜测	飞禽	火锅儿	粪便	关怀
染色	类别	取舍	中旬	混沌
篱笆	打盹儿	奶牛	梅花	高傲
明矾	检索	自力更生		

三、朗读短文(400个音节,共30分,限时4分钟)。作品35号

短文略。(见本书162页)

四、命题说话(请在下列话题中任选一个,限时3分钟,共40分)。

1. 难忘的旅行
2. 印象深刻的书籍(或报刊)

注:考生在说话之前需说明自己选择的说话题目。例如:我选择的说话题目是……

附录一　普通话水平测试用普通话常见量词名词搭配

说　明

本表以量词为条目,共选收常见量词45条。每个量词后面列举若干常见搭配的名词。一个名词可以与多个量词搭配的,在条目中的名词后以括注形式标记。

1. 把　　bǎ　　菜刀、剪刀、宝剑(口)、铲子、铁锹、尺子、扫帚、椅子、锁、钥匙、伞、茶壶、扇子、提琴、手枪(支)

2. 本　　běn　　书(部、套)、著作(部)、字典(部)、杂志(份)、账

3. 部　　bù　　书(本、套)、著作(本)、字典(本)
　　　　　　　电影(场)、电视剧
　　　　　　　手机、摄像机(架、台)
　　　　　　　汽车(辆、台)

4. 场　　cháng　　雨、雪、冰雹、大风
　　　　　　　　病、大战、官司

5. 场　　chǎng　　电影(部)、演出(台)、话剧(台)、杂技(台)、比赛(节、项)、考试(门、项)

6. 道　　dào　　河(条)、瀑布(条)、山脉(条)、闪电、伤痕(条)
　　　　　　　门(扇)、墙(面)
　　　　　　　命令(条、项)、试题(份、套)、菜(份)

7. 滴　　dī　　水、血、油、汗水、眼泪、墨水

8. 顶　　dǐng　　轿子、帽子、蚊帐、帐篷

9. 对　　duì　　夫妻、舞伴、耳朵(双、只)、眼睛(双、只)、翅膀(双、只)

10. 朵　　duǒ　　花、云(片)、蘑菇

11. 份	fèn	菜(道)、午餐、报纸(张)、杂志(本)、文件、礼物(件)、工作(件、项)、试题(道、套)
12. 幅	fú	布(块、匹)、被面、彩旗(面)、图画(张)、相片(张)
13. 副	fù	对联、手套(双、只)、眼镜、球拍(对、只) 扑克牌(张)、围棋、担架
14. 个	gè	人(口)、孩子 盘子、瓶子、杯子(只) 梨、桃儿、橘子、苹果、西瓜、土豆、西红柿 鸡蛋、饺子、馒头 玩具、皮球 太阳、月亮、白天、上午 国家、社会、故事、节目(台、套) 镜头
15. 根	gēn	草(棵)、葱(棵)、藕(节)、甘蔗(节) 胡须、头发、羽毛 冰棍儿、黄瓜(条)、香蕉、油条 针、火柴、蜡烛(支)、香(盘、支)、筷子(双、支)、竹竿、电线、绳子(条)、项链(条)、辫子(条)
16. 家	jiā	人家、亲戚(门) 工厂(座)、公司、饭店、商店、医院(所)、银行(所)
17. 架	jià	飞机、钢琴(台)、摄像机(部、台)、鼓(面)
18. 间	jiān	房子(所、套、座)、屋子、卧室、仓库
19. 件	jiàn	礼物(份)、行李、家具(套) 大衣、衬衣、毛衣、衣服(套)、西装(套) 工作(份、项)、公文、事(份)
20. 节	jié	甘蔗(根)、藕(根)、电池(块)、车厢、课(门)、比赛(场、项)
21. 棵	kē	树、草(根)、葱(根)、白菜
22. 颗	kē	种子(粒)、珍珠(粒)、宝石(粒)、糖(块)、星星、卫星 牙齿(粒)、心脏 子弹(粒)、炸弹

		图钉
23.口	kǒu	人(个)、猪(头、只)
		大锅、大缸、大钟(座)、井、宝剑(把)
24.块	kuài	糖(颗)、橡皮、石头、砖、肥皂、手表(只)、电池(节)
		肉(片)、蛋糕、布(幅、匹)、绸缎(匹)、手绢儿(条)、地(片)、饼干(片)、面包(片)
		石碑(座)
25.粒	lì	米、种子(颗)、珍珠(颗)、宝石(颗)、牙齿(颗)、子弹(颗)、药(片)
26.辆	liàng	汽车(部、台)、自行车、摩托车、三轮车、坦克
27.门	mén	课(节)、课程、技术(项)、考试(场、项)
		亲戚(家)、婚姻
		科学、学问
		大炮
28.名	míng	作家(位)、教师(位)、医生(位)、学生(位)、犯人
29.面	miàn	墙(道)、镜子、彩旗(幅)、鼓(架)、锣
30.盘	pán	香(根、支)
		磁带、录像带
		棋
31.匹	pǐ	马
		布(块、幅)、绸缎(块)
32.片	piàn	树叶、药(粒)、肉(块)、饼干(块)、面包(块)、地(块)
		阴凉、阳光、云(朵)
33.扇	shàn	门(道)、窗户、屏风
34.双	shuāng	手(只)、脚(只)、耳朵(对、只)、眼睛(对、只)、翅膀(对、只)
		鞋(只)、袜子(只)、手套(副、只)、筷子(根、支)
35.所	suǒ	学校、医院(家)、银行(家)、房子(间、套、座)
36.台	tái	计算机、医疗设备(套)、汽车(部、辆)、钢琴(架)、摄像机(部、架)
		演出(场)、话剧(场)、杂技(场)、节目(个、套)
37.套	tào	衣服(件)、西装(件)、房子(间、所、座)、家具(件)、沙发、餐具、书

(本、部)、邮票(张)、医疗设备(台)
节目(个、台)、试题(道、份)

38. 条　tiáo　绳子(根)、项链(根)、辫子(根)、裤子、毛巾、手绢儿(块)、
船(只)、游艇(只)
蛇、鱼、狗(只)、驴(头、只)、黄瓜(根)
河(道)、瀑布(道)、山脉(道)、道路、胡同儿、伤痕(道)
新闻、信息、措施(项)、命令(道、项)
胳膊、腿

39. 头　tóu　牛(只)、驴(条、只)、骆驼(只)、羊(只)、猪(口、只)
蒜

40. 位　wèi　客人、朋友、作家(名)、教师(名)、医生(名)、学生(名)

41. 项　xiàng　措施(条)、制度、工作(份、件)、任务、技术(门)、运动、命令(道、条)、比赛(场、节)、考试(场、门)

42. 张　zhāng　报纸(份)、图画(幅)、相片(幅)、邮票(套)、扑克牌(副)、光盘
脸、嘴
网、弓
床、桌子

43. 只　zhī　鸟、鸡、鸭、猫、老鼠、兔子、狗(条)、猪(口、头)、牛(头)、驴(条、头)、羊(头)、骆驼(头)、老虎、猴子、蚊子、苍蝇、蜻蜓、蝴蝶
手表(块)、杯子(个)、箱子
船(条)、游艇(条)
鞋(双)、袜子(双)、手套(副、双)、袖子、球拍(副)、手(双)、脚(双)、耳朵(对、双)、眼睛(对、双)、翅膀(对、双)

44. 支　zhī　笔、手枪(把)、蜡烛(根)、筷子(根、双)、香(根、盘)
军队、歌

45. 座　zuò　山、岛屿
城市、工厂(家)、学校(所)、房子(间、所、套)、桥
石碑(块)、雕塑、大钟(口)

附录二　普通话水平测试规程

为有效保障普通话水平测试实施,保证普通话水平测试的公正性、科学性、权威性和严肃性,依据《普通话水平测试管理规定》(教育部令第 51 号),制定本规程。

第一章　统筹管理

第一条　国务院语言文字工作部门设立或指定的国家测试机构负责全国测试工作的组织实施和质量监管。

省级语言文字工作部门设立或指定的省级测试机构负责本行政区域内测试工作的组织实施和质量监管。

第二条　省级测试机构应于每年 10 月底前明确本行政区域内下一年度测试计划总量及实施安排。

省级测试机构应按季度或月份制订测试计划安排,并于测试开始报名前 10 个工作日向社会公布。

第三条　省级测试机构应于每年 1 月底前向国家测试机构和省级语言文字工作部门报送上一年度测试工作总结。国家测试机构应于每年 2 月底前向国务院语言文字工作部门报送全国测试工作情况。

第二章　测试站点

第四条　省级测试机构在省级语言文字工作部门领导下负责设置测试站点。测试站点的设立要充分考虑社会需求,合理布局,满足实施测试所需人员、场地及设施设备等条件。测试站点建设要求由国家测试机构另行制定。

测试站点不得设立在社会培训机构、中介机构或其他营利性机构或组织。

第五条　省级测试机构应将测试站点设置情况报省级语言文字工作部门,并报国家测试机构备案。本规程发布后新设立或撤销的测试站点,须在设立或撤销的 1 个月内报国家测试机构备案。

第六条　在国务院语言文字工作部门的指导下,国家测试机构可根据工作需要设立测试站点。

第七条 测试站点设立和撤销信息应及时向社会公开。

第三章 考场设置

第八条 测试站点负责安排考场,考场应配备管理人员、测试员、技术人员以及其他考务人员。

第九条 考场应设有候测室和测试室,总体要求布局合理、整洁肃静、标识清晰,严格落实防疫、防传染病要求,做好通风消毒等预防性工作,加强考点卫生安全保障。

候测室供应试人报到、采集信息、等候测试。候测室需张贴或播放应试须知、测试流程等。

测试室每个机位应为封闭的独立空间,每次只允许1人应试;暂时不具备条件需利用教室或其他共用空间开展测试的,各测试机位间隔应不少于1.8米。

第十条 普通话水平测试采用计算机辅助测试(简称机辅测试)。用于测试的计算机应安装全国统一的测试系统,并配备话筒、耳机、摄像头等必要的设施设备。

经国家测试机构同意,特殊情况下可采用人工测试并配备相应设施设备。

第四章 报名办法

第十一条 参加测试的人员通过官方平台在线报名。测试站点暂时无法提供网上报名服务的,报名人员可持有效身份证件原件在测试站点现场报名。

第十二条 非首次报名参加测试人员,须在最近一次测试成绩发布之后方可再次报名。

第五章 测试试卷

第十三条 测试试卷由国家测试机构统一编制和提供,各级测试机构和测试站点不得擅自更改、调换试卷内容。

第十四条 测试试卷由测试系统随机分配,应避免短期内集中重复使用。

第十五条 测试试卷仅限测试时使用,属于工作秘密,测试站点须按照国家有关工作秘密相关要求做好试卷保管工作,任何人不得泄露或外传。

第六章 测试流程

第十六条 应试人应持准考证和有效身份证件原件按时到指定考场报到。迟到30分钟以上者,原则上应取消当次测试资格。

第十七条 测试站点应认真核对确认应试人报名信息。因应试人个人原因导致信息不一致的,取消当次测试资格。

第十八条 应试人报到后应服从现场考务人员安排。进入测试室时,不得携带手机等各类具有无线通信、拍摄、录音、查询等功能的设备,不得携带任何参考资料。

第十九条 测试过程应全程录像。暂不具备条件的,应采集应试人在测试开始、测试进行、测试结束等不同时段的照片或视频,并保存不少于3个月。

第二十条 测试结束后,经考务人员确认无异常情况,应试人方可离开。

第七章 成绩评定

第二十一条 测试成绩评定的基本依据是《普通话水平测试大纲》和《计算机辅助普通话水平测试评分试行办法》。

第二十二条 "读单音节字词""读多音节词语""朗读短文"测试项由测试系统评分。

"选择判断"和"命题说话",由2位测试员评分;或报国家测试机构同意后试行测试系统加1位测试员评分。

测试最终成绩保留小数点后1位小数。

第二十三条 测试成绩由省级测试机构或国家测试机构认定发布。

测试成绩在一级乙等及以下的,由省级测试机构认定,具体实施办法由国家测试机构另行规定。

测试成绩达到一级甲等的,由省级测试机构复审后提交国家测试机构认定。

未经认定的成绩不得对外发布。

第二十四条 一级乙等及以下的成绩认定原则上在当次测试结束后30个工作日内完成。一级甲等的成绩认定顺延15个工作日。

第二十五条 应试人对测试成绩有异议的,可以在测试成绩发布后15个工作日内向其参加测试的站点提出复核申请。具体按照《普通话水平测试成绩申请复核暂行办法》执行。

第八章 等级证书

第二十六条 等级证书的管理按照《普通话水平测试等级证书管理办法》执行。

第二十七条 符合更补证书条件的,按以下程序办理证书更补:

(一)应试人向其参加测试的站点提交书面申请以及本人有效身份证复印件、等级证书原件或国家政务服务平台的查询结果等相关材料。

(二)省级语言文字工作部门或省级测试机构每月底审核汇总更补申请,加盖公章后提交国家测试机构。国家测试机构自受理之日起15个工作日内予以更补。

（三）纸质证书更补时效为自成绩发布之日起 1 年内，逾期不予受理。

第二十八条 应试人应及时领取纸质证书。自成绩发布之日起 1 年后未领取的纸质证书，由测试机构按照内部资料予以清理销毁。

第九章 数据档案

第二十九条 测试数据档案包括测试数据和工作档案。

第三十条 测试数据包括报名信息、成绩信息、测试录音、测试试卷、现场采集的应试人照片等电子档案。测试数据通过测试系统归档，长期保存。调取和使用已归档保存的测试数据，需经省级测试机构或国家测试机构同意。

第三十一条 数据档案管理者及使用人员应采取数据分类、重要数据备份和加密等措施，维护数据档案的完整性、保密性和可用性，防止数据档案泄露或者被盗窃、篡改。

第三十二条 测试工作档案包括测试计划和工作总结、考场现场情况记录、证书签收单据、成绩复核资料等，由各级测试机构和测试站点自行妥善保管，不得擅自公开或外传。

第十章 监督检查

第三十三条 国家测试机构对各级测试机构和测试站点进行业务指导、监督、检查。省级测试机构对省级以下测试机构和测试站点进行管理、监督、检查。

第三十四条 监督检查的范围主要包括计划完成情况、测试实施流程、试卷管理、成绩评定、证书管理、数据档案管理等。监督检查可采用现场视导、查阅资料、测试录音复审、测试数据分析等方式。

第十一章 违规处理

第三十五条 未按要求开展工作的测试机构和测试工作人员，按照《普通话水平测试管理规定》（教育部令第 51 号）有关规定处理。省级测试机构须在处理完成后 10 个工作日内将相关情况报省级语言文字工作部门，并报国家测试机构备案。

第三十六条 受到警告处理的测试站点，应在 1 个月内完成整改，经主管的语言文字工作部门验收合格后可撤销警告。再次受到警告处理的，暂停测试资格。

第三十七条 受到暂停测试资格处理的测试站点，应在 3 个月内完成整改，经主管的语言文字工作部门验收合格后方可重新开展测试。再次受到暂停测试资格处理的，永久取消其测试资格。

第三十八条 非不可抗拒的因素连续 2 年不开展测试业务的测试站点由省级测试

机构予以撤销。

第三十九条 测试现场发现替考、违规携带设备、扰乱考场秩序等行为的,取消应试人当次测试资格。公布成绩后被认定为替考的,取消其当次测试成绩,已发放的证书予以作废,并记入全国普通话水平测试违纪人员档案,视情况通报应试人就读学校或所在单位。

第十二章　附　　则

第四十条 省级测试机构可根据实际情况在省级语言文字工作部门指导下制定实施细则,并报国家测试机构备案。

第四十一条 视障、听障人员参加测试的,按照专门办法组织实施。

第四十二条 如遇特殊情况,确有必要对常规测试流程做出适当调整的,由省级语言文字工作部门报国务院语言文字工作部门批准后实施。

第四十三条 本规程自2023年4月1日起施行。2003年印发的《普通话水平测试规程》和2008年印发的《计算机辅助普通话水平测试操作规程(试行)》同时废止。

附录三　普通话水平测试管理规定

第一条　为规范普通话水平测试管理,促进国家通用语言文字的推广普及和应用,根据《中华人民共和国国家通用语言文字法》,制定本规定。

第二条　普通话水平测试(以下简称测试)是考查应试人运用国家通用语言的规范、熟练程度的专业测评。

第三条　国务院语言文字工作部门主管全国的测试工作,制定测试政策和规划,发布测试等级标准和测试大纲,制定测试规程,实施证书管理。

省、自治区、直辖市人民政府语言文字工作部门主管本行政区域内的测试工作。

第四条　国务院语言文字工作部门设立或者指定国家测试机构,负责全国测试工作的组织实施、质量监管和测试工作队伍建设,开展科学研究、信息化建设等,对地方测试机构进行业务指导、监督、检查。

第五条　省级语言文字工作部门可根据需要设立或者指定省级及以下测试机构。省级测试机构在省级语言文字工作部门领导下,负责本行政区域内测试工作的组织实施、质量监管,设置测试站点,开展科学研究和测试工作队伍建设,对省级以下测试机构和测试站点进行管理、监督、检查。

第六条　各级测试机构和测试站点依据测试规程组织开展测试工作,根据需要合理配备测试员和考务人员。

测试员和考务人员应当遵守测试工作纪律,按照测试机构和测试站点的组织和安排完成测试任务,保证测试质量。

第七条　测试机构和测试站点要为测试员和考务人员开展测试提供必要的条件,合理支付其因测试工作产生的通信、交通、食宿、劳务等费用。

第八条　测试机构和测试站点应当健全财务管理制度,按照标准收取测试费用。

第九条　测试员分为省级测试员和国家级测试员,具体条件和产生办法由国家测试机构另行规定。

第十条　以普通话为工作语言的下列人员,在取得相应职业资格或者从事相应岗位工作前,应当根据法律规定或者职业准入条件的要求接受测试:

(一)教师;

(二)广播电台、电视台的播音员、节目主持人;

(三)影视话剧演员;

(四)国家机关工作人员;

(五)行业主管部门规定的其他应该接受测试的人员。

第十一条 师范类专业、播音与主持艺术专业、影视话剧表演专业以及其他与口语表达密切相关专业的学生应当接受测试。

高等学校、职业学校应当为本校师生接受测试提供支持和便利。

第十二条 社会其他人员可自愿申请参加测试。

在境内学习、工作或生活3个月及以上的港澳台人员和外籍人员可自愿申请参加测试。

第十三条 应试人可根据实际需要,就近就便选择测试机构报名参加测试。

视障、听障人员申请参加测试的,省级测试机构应积极组织测试,并为其提供必要的便利。视障、听障人员测试办法由国务院语言文字工作部门另行制定。

第十四条 普通话水平等级分为三级,每级分为甲、乙两等。一级甲等须经国家测试机构认定,一级乙等及以下由省级测试机构认定。

应试人测试成绩达到等级标准,由国家测试机构颁发相应的普通话水平测试等级证书。

普通话水平测试等级证书全国通用。

第十五条 普通话水平测试等级证书分为纸质证书和电子证书,二者具有同等效力。纸质证书由国务院语言文字工作部门统一印制,电子证书执行《国家政务服务平台标准》中关于普通话水平测试等级证书电子证照的行业标准。

纸质证书遗失的,不予补发,可以通过国家政务服务平台查询测试成绩,查询结果与证书具有同等效力。

第十六条 应试人对测试成绩有异议的,可以在测试成绩发布后15个工作日内向原测试机构提出复核申请。

测试机构接到申请后,应当在15个工作日内作出是否受理的决定。如受理,须在受理后15个工作日内作出复核决定。

具体受理条件和复核办法由国家测试机构制定。

第十七条 测试机构徇私舞弊或者疏于管理,造成测试秩序混乱、作弊情况严重的,由主管的语言文字工作部门给予警告、暂停测试资格直至撤销测试机构的处理,并由主管部门依法依规对直接负责的主管人员或者其他直接责任人员给予处分;构成犯罪的,依法追究刑事责任。

第十八条 测试工作人员徇私舞弊、违反测试规定的,可以暂停其参与测试工作或者取消测试工作资格,并通报其所在单位予以处理;构成犯罪的,依法追究刑事责任。

第十九条 应试人在测试期间作弊或者实施其他严重违反考场纪律行为的,组织测试的测试机构或者测试站点应当取消其考试资格或者考试成绩,并报送国家测试机构记入全国普通话水平测试违纪人员档案。测试机构认为有必要的,还可以通报应试人就读学校或者所在单位。

第二十条 本规定自2022年1月1日起施行。2003年5月21日发布的《普通话水平测试管理规定》(教育部令第16号)同时废止。

附录四　国家法律、法规有关推广普通话和普通话水平测试的条文、规定

国家推广全国通用的普通话。

《中华人民共和国宪法》第十九条

学校及其他教育机构教学,应当推广使用全国通用的普通话和规范字。

《中华人民共和国教育法》第十二条

凡以普通话作为工作用语的岗位,其工作人员应当具备说普通话的能力。

以普通话作为工作语言的播音员、节目主持人和影视话剧演员、教师、国家机关工作人员的普通话水平,应当分别达到国家规定的等级标准,对尚未达到国家规定的普通话等级标准的,分别情况进行培训。

《中华人民共和国国家通用语言文字法》第十九条

(申请认定教师资格者的)普通话水平应当达到国家语言文字工作委员会颁布的《普通话水平测试等级标准》二级乙等以上标准。

少数方言复杂地区的普通话水平应当达到三级甲等以上标准;使用汉语和当地民族语言教学的少数民族自治地区的普通话水平,由省级人民政府教育行政部门规定标准。

《〈教师资格条例〉实施办法》第八条第二款

严把教师准入关,民族地区少数民族教师资格申请人普通话水平应至少达到三级甲等标准,并逐步达到二级乙等以上标准。

学校、机关、新闻出版、广播影视、网络信息、公共服务等系统相关从业人员,国家通用语言文字水平应达到国家规定的等级标准。

《国务院办公厅关于全面加强新时代语言文字工作的意见》(国办发〔2020〕30号)

加大普通话培训测试力度,为毕业生就业从事相关职业达到国家规定的普通话水平提供支持。

落实国家关于高校教师任职资格的普通话等级要求,鼓励具有副教授以上职称或博士学位的教师参加普通话水平测试并达到二级乙等及以上水平。

摘自教育部、国家语委《关于加强高等学校服务国家通用语言文字
高质量推广普及的若干意见》(教语用〔2022〕2号)

教育行政部门公务员和学校管理人员的普通话水平不低于三级甲等,新录用公务员和学校管理人员的普通话水平亦应达到上述标准。

教师应达到《教师资格条例实施办法》规定的等级标准:各级各类学校和幼儿园以及其他教育机构的教师应不低于二级乙等,其中语文教师和对外汉语教师不低于二级甲等,语音教师不低于一级乙等。

1954年1月1日以后出生的教师和教育行政部门公务员,师范专业和其他与口语表达关系密切的专业的学生,均应参加普通话培训和测试。……师范专业和其他与口语表达关系密切的专业的学生,普通话达不到合格标准者应缓发毕业证书。

教育部　国家语言文字工作委员会《关于进一步加强学校
普及普通话和用字规范化工作的通知》(教语用〔2000〕1号)

各地各部门要采取措施,加强对公务员普通话的培训。……通过培训,原则要求1954年1月1日以后出生的公务员达到三级甲等以上水平;对1954年1月1日以前出生的公务员不作达标的硬性要求,但鼓励努力提高普通话水平。

人事部　教育部　国家语言文字工作委员会《关于开
展国家公务员普通话培训的通知》(人发〔1999〕46号)

除需要使用方言、少数民族语言和外语的场合外,邮政系统所有员工在工作中均需使用普通话。营业员、投递员、邮储业务员、报刊发行员以及工作在呼叫中心、信息查询等直接面向用户服务的职工,普通话水平不低于国家语言文字工作委员会颁布的《普通话水平测试等级标准》规定的三级甲等;邮运指挥调度人员、检查监督人员也应达到相应水平。

国家邮政局　教育部　国家语言文字工作委员会《关于加强
邮政系统语言文字规范化工作的通知》(国邮联〔2000〕304号)

铁路系统员工应以普通话为工作语言,除确需使用方言、少数民族语言和外国语言的场合外,铁路系统所有职工在工作中均应使用普通话。直接面向旅客、货主服务的职工的普通话水平一般应不低于国家语言文字工作委员会颁布的《普通话水平测试等级标准》规定的三级甲等;站、车广播员的普通话水平应不低于二级甲等。

铁道部　教育部　国家语言文字工作委员会《关于进一步加强
铁路系统语言文字规范化工作的通知》(铁科教〔2000〕72 号)

参考书目

1. 国家语委普通话与文字应用培训测试中心.普通话水平测试实施纲要 2021[M].北京:语文出版社,2022.
2. 中国大百科全书出版社编辑部.中国大百科全书·语言文字卷[M].北京:中国大百科全书出版社,2004.
3. 中国社会科学院语言研究所词典编辑室.现代汉语词典[M].7 版.北京:商务印书馆,2016.
4. 张颂.朗读学[M].4 版.北京:中国传媒大学出版社,2022.
5. 王璐,吴洁茹.语音发声[M].4 版.北京:中国传媒大学出版社,2019.
6. 高廉平.普通话测试辅导与训练[M].北京:北京大学出版社,2006.
7. 黄伯荣,廖序东.现代汉语 上册[M].增订六版.北京:高等教育出版社,2017.
8. 曾志华,吴洁茹,熊征宇,等.普通话训练教程[M].3 版.北京:中国传媒大学出版社,2022.
9. 王克瑞,杜丽华.播音员主持人训练手册 绕口令[M].2 版.北京:中国传媒大学出版社,2019.
10. 张慧.绕口令[M].3 版.北京:中国传媒大学出版社,2019.
11. 贾毅,钟妍,叔翼健.普通话语音与科学发声训练教程[M].2 版.北京:中国传媒大学出版社,2021.
12. 陈超美.普通话口语表达与水平测试[M].北京:清华大学出版社,2011.
13. 宋欣桥.普通话水平测试员实用手册[M]. 3 版.北京:商务印书馆,2019.